メディアは社会を変えるのか

メディア社会論入門

津田正太郎
Tsuda Shotaro

世界思想社

はじめに

何のためにメディアを学ぶのか

1 メディア教育への批判

期待はずれ？のメディア教育　この本はメディアについて初めて学ぶ人のための入門書です。もちろん，ただメディアに興味がある人や，まったく関心のない人であっても，読んでいただけるのであれば筆者として大変に光栄であります。

ところで，みなさんはどうしてメディアを学ぼうと思ったのでしょうか。インターネットに興味があるから？　スマートフォンのようなテクノロジーに未来を感じるから？　それともテレビドラマが好きだからでしょうか。将来，マスメディアで働きたいという人もいるかもしれません。

しかし，大学などでメディアに関する授業を受けると，期待が外れたと思う人もいるかもしれません。「○○というドラマの撮影では，こんな裏話があって……」とか「××事件の報道の裏には，こんな陰謀があって……」といった話を楽しみにしていたのに，蓋を開けてみれば「限定効果理論とは……」とか「メディアのアジェンダ設定とは……」とかいった抽象的な話ばかり。あるいは，「私が△△新聞の政治部デスクだったときには……」といった自慢話のオンパレードにうんざりしてしまった人もいるかもしれません。

メディア教育は就職に役立たない？　もっとも，「べつに学問として面白くなくても，マスメディアへの就職に役立つならそれでいい」と考える人もいるかもしれません。けれども，大学でメディアについて学んだことが就職にそのまま役立つかと言えば，少し，いやかなり微妙な部分があるように思います。たとえば，ある現役の新聞記者さんがツイッターで以下のように述べているのを筆者は目にしたことがあります。

現場で働いてから，ジャーナリズムを学び直す人はともかく，現場を知らないのに先に大学でジャーナリズムを学んできた，という人はたぶん，現場では一番使えない人。これ，実感です。[1]

　大学でメディアを教える立場にある身としては，非常に気になるツイートです。そこで，この記者さんに理由を尋ねてみました。すると，大学でメディアについて学ぶことによって頭でっかちになり，フットワークが重くなるのが問題だというのです。東日本大震災にさいして「被災者を傷つけることになるから」「型にはまったような記事にしかならないから」といった理由で「震災の現場には行かない」という記者もいたのだそうです。

　たしかに大学のメディア教育では，記者クラブや報道被害の問題など，マスメディアが抱える様々な問題を取り上げます。そうしたメディア批判が先に頭のなかに入ってしまうと，どうしても腰が重くなる部分が出てくるのかもしれません。現場で働く記者からすれば「使えない」という判断が下るのは当然と言えるでしょう。

　実は，大学でメディアやジャーナリズムを学んだ学生は使えないという声は，この記者さんだけではなく，いろいろなところで耳にします。メディアについて学ぶよりも，経済の仕組みや法律についてしっかり勉強してきてほしいという意見も少なくありません。

底の浅いメディア教育？　さらに，多くの大学に設置されているメディア関連の学部や学科に対して厳しい意見が出てくることもあります。たとえば，ジャーナリストの武田徹さんは，大学でメディア関連の新しい学部や学科が設置されるようになったことを厳しく批判しています（武田 2004: ii）。マスメディアに就職できる人の数は限られているのに，それをはるかに上回る定員の学部や学科が設置され，メディア志望の学生を「喰い物」にしているというのです。加えて，武田さんは次のようにも述べています。

　（大学のメディア教育では：引用者）ギョーカイ話を聞かせて，学生に自分もギョーカイの中に片足踏み込めたかのように錯覚させる。プロ並みの映像コンテンツ制作機材を揃えて，かたちからもギョーカイ気分を盛り上げる。……マスメディアの既存の方法を表面的に模倣してギョーカイ気分に浸るだけに終わっ

ている……。こうして批判を差し挟まずにマスメディアの「作法」を模倣することの最大の問題点は，メディアが孕（はら）んでいる問題点をもそのまま受け継いでしまうことだろう。(武田 2004: ii-iii)

　これもメディア社会学科なるところで教えている筆者にとっては耳の痛い指摘です。実際，大学で教える映像技術など，企業の現場で教えるなら3ヵ月もあれば十分だという声もあります。

　メディアを学ぶことの意味　　学問としても面白くない，就職にも役立たないというのであれば，メディアを学ぶことにいったい何の意味があるのでしょうか。まず一つ言いたいのは，それでも学問としてのメディア研究は面白いということです。その面白さがどうもうまく伝わっていないのではないか，というのが本書を書こうと思った最大の動機です。
　そもそも，メディア研究というのはどうしても「宙ぶらりん」になる部分が出てきます。メディアについて論じるためには関連する様々なテーマにも目を向ける必要があり，どこまでがメディア研究でどこからがそうでないのかが他の分野以上にあやふやになりがちだからです。さらに，経済学は言うまでもなく，政治学や社会学と比較しても学問としての体系化が進んでおらず，人によって言うことがまったく違ったりもします。しかしその分だけ，いろいろな要素を取り込んで発展させていける余地が大きいようにも思うのです。そこに面白さを感じられるかどうかが一つのポイントになるでしょう。
　就職について言えば，たしかに大学で学んだことがそのまま採用につながるというのは稀だろうと思います。とはいえ，より良き職業人を目指すのであれば，大学でメディアについて学ぶことは決して無意味ではないようにも思うのです。次節ではこの点についてより詳しく見ていくことにしましょう。

2　「現場で使えない」と「無批判な模倣」のあいだ

　なにが批判されているのか　　先ほど，新聞記者さんとジャーナリストの武田さんによるメディア教育に関する批判を紹介しました。しかし，この二つの批判を並べてみると，その矛先が違っていることがわかります。まず新聞記者さんのツイートは，頭でっかちであるがゆえに現場で使えない記者を批判した

ものです。それに対して，武田さんの指摘では，大学でマスメディアのやり方を無批判に模倣させてしまい，何の問題意識も持たないまま既存のメディア組織に順応させてしまう人材育成のあり方が批判されています。

　つまり，これら二つの指摘はいずれも大学でのメディア教育に批判的でありながら，正反対のことを言っているのです。前者の指摘では大学でメディアを学んだ学生が既存のマスメディア組織のあり方に「なじめない」ことが問題視されているのに対して，後者の指摘ではメディア教育が学生を「なじませる」ことが批判されています。

　批判のポイントがこのように正反対なのは，これらのコメントをした人の立場の違いにその理由を求めることができるかもしれません。現場の記者からすれば，やはり組織の一員として活動してもらわないと困りますから，記者として使える／使えないが重要な判断基準になる。他方で，メディア組織の外にいるジャーナリストからすれば，今のマスメディアが抱える様々な問題が目につくわけですから，組織のやり方をそのまま踏襲するようなメディア教育には批判的にならざるをえない。おそらく，メディア教育に対するこの対照的な批判をそれぞれに引き受けていくことが，これからメディアやジャーナリズムに携わる人間には求められるのではないかと筆者は考えています。

　表現活動の「原罪」　　実際のところ，いくらマスメディアの問題点を学んだからといって，取材に行かない記者というのはやはり問題です。誰かを傷つけてしまうかもしれないから取材をしたくない，記事を書きたくないというのは，表現活動が本質的に有する「原罪」を理解していないのではないかと思います。映像であれ文章であれ，あらゆる表現はそれが生み出された瞬間から誰かを傷つけてしまう可能性を抱えています。

　たとえば，殺人事件の報道を考えてみましょう。その加害者がどのようにして人を殺すに至ったのかを取材し，広く知らせることはマスメディアの重要な役割です。どんな家庭環境だったのか，人間関係はどうだったのか。それらの情報を社会で共有していくことが，犯罪を少しでも減らしていくためには必要となります。

　しかも，社会のルールには，それを破る人の存在が広く周知されることで維持されていくという側面があります。虐待の末に小さな子どもが亡くなったという事件の報道に接すると，子どもを持つ親の多くは胸を痛め，せめてわが子

だけはきちんと育てねばならないという意識を持つでしょう。犯罪報道は「なにをしてはいけないか」を人びとに再確認させ，社会の秩序の維持に役立っているのです。加えて，犯罪の背後に失業，貧困，障がい，家庭内暴力などの問題が存在するなら，社会がそれらの問題に取り組むためのきっかけを報道が生み出すかもしれません。犯罪に関する情報に接することで「この犯人を厳罰に処することは果たして適切なのだろうか」という問題意識が生まれ，社会のルールそのものが変わるケースすら存在します（デュルケム 1978: 159）。

ところが，犯罪の加害者に関するそうした報道は，被害者遺族の感情をひどく傷つけてしまうことがあります。被害者を批判する意図がまったくなくとも，加害者の生い立ちを伝え，犯行に至った理由を報道するだけで，あたかも被害者の側に何らかの落ち度があったかのような報道だという印象を遺族に与えてしまうことがあるのです。だからといって加害者に関する報道をやめるわけにはいきません。これが報道の抱える原罪の一つだと思います。

その一方で，現在のメディア組織のあり方をそのまま肯定することも難しいと言わざるをえません。第10講で詳しく論じますが，インターネットが普及してきたことで，マスメディアによる報道のあり方に対してこれまで以上に厳しいまなざしが向けられるようになっています。事件や災害の現場での報道陣の粗暴なふるまいがネットを通じて広まることで，マスメディアが厳しく批判されるという事態はもはや珍しいことではありません。以前であれば見逃されていたかもしれない誤報が告発され，訂正に追い込まれるというケースもあります。すなわち，情報の唯一無二の発信者としての地位を失うことで，マスメディアにはこれまでとは異なるルールに従う必要が生まれてきているのです。こうした点を考慮するなら，メディアへの就職希望者がその様々な問題点を理解しておくことは決して無駄ではないでしょう。

3　メディアで働かない人にとってのメディア教育の意味

とはいえ，以上の話はあくまでメディアで働くことを考える人たちにとっての有用性ということであって，そうでない人たちには関係ないと思われるかもしれません。実際，メディア関係の学部や学科に入学したとしても，多く（場合によってはほとんど）の学生はメディア以外の職場に就職することになります。就職の選考に漏れるというケースもありますが，大学でメディアについて勉強

したことで進路を変える学生も少なくありません。メディア教育がメディアで働くことを目指す学生のためだけのものであるなら，進路を変えた時点で大学での学びは無駄になってしまいます。

　筆者はメディア教育がメディア業界志望の学生のためだけのものだとは考えていません。あるいは，**メディアリテラシー**を習得させることで情報を批判的に読み取ることのできる市民を育成する，というのとも少し違います。むしろ，経済学，政治学，社会学といった社会科学がそれぞれの角度から現代社会を分析し，理解しようとしているのと同じ意味で，メディア研究はメディアという観点から現代社会を分析，理解しようとする試みなのだと筆者は考えています。もちろんメディア研究によってすべてが説明できるわけではありませんが，現代社会がメディアによって伝達された情報に強く依存していることを踏まえるなら，メディアに関する理解を深めていくことは自ずと現代社会に関する理解を深めていくことにもなるはずです。つまり，メディア研究には学問それ自体としての価値があるということです。いやまあ，本書にそこまでの価値があるのかと問われると筆者としては辛いところなのですが。

4　本書の構成

　以上の観点から，本書の第1部では国家，ナショナリズム，戦争，資本主義，都市，開発途上国，グローバル化といったテーマを取り上げ，メディア研究の観点からそれらがどのように理解されうるのかを論じていきます。第2部ではマスコミュニケーション研究の展開に目を向け，マスメディアが抱える様々な問題や，その受け手である読者や視聴者に与える影響についての学説を紹介します。第2部の最後では，それらの研究を踏まえたうえで，民主主義とメディアとの関わりについて論じます。第3部では社会問題とメディアとの関係に視点を移し，犯罪，貧困，排外主義，原発といった問題をメディア研究の観点から考えたいと思います。

　以上の説明にあたってはメディアと直接的には関係しない話もたくさん出てくることになりますが，それらはメディアのあり方を理解するうえでも必要な知識だと筆者は考えています。メディアのことだけを理解しようとしても，メディアに関する本質的な理解は得られないからです。

　実際，メディアについて深く学ぼうとすればするほど，メディア以外の事柄

に関する知識がどうしても必要になってきます。その結果，メディアに対する関心が薄れて，他の問題に関心を持つようになる人も出てくるかもしれません。メディアを教える教員としては失格かもしれませんが，それはそれで非常に良いことだと筆者は考えます。日常的に接する機会の多いメディアの問題を出発点として，必ずしも身近とは言えない問題やテーマに関心が広がっていくのであれば，それもまた教育の成功だと言えるのではないでしょうか。

注
（1） https://twitter.com/omugikomugi/status/154763308870803456 ［2012/1/4 アクセス，ただし，2015年12月現在では消去されている］

目　次

はじめに　何のためにメディアを学ぶのか　i

1　メディア教育への批判（i）　2　「現場で使えない」と「無批判な模倣」のあいだ（iii）　3　メディアで働かない人にとってのメディア教育の意味（v）　4　本書の構成（vi）

第1部　現代社会とメディア

第1講　メディアは社会のあり方を変えるのか　2

1　現代人の生活とメディア（2）　2　メディアとはなにか（4）　3　社会とはなにか（5）　4　メディアは社会を変えるのか（8）

第2講　国家はいかに情報ネットワークを活用してきたのか　12

1　国家の役割とはなにか（12）　2　国家と情報ネットワーク（14）　3　民衆の自発的服従の促進（17）　4　抵抗する民衆と情報ネットワーク（19）

第3講　メディアはナショナリズムを高揚させるのか　22

1　ナショナリズムと「国益」（22）　2　「想像の共同体」としての国民共同体（25）　3　ナショナリズムにおける「比較」の意味（27）　4　ナショナリズムの日常化と非日常化（30）

第4講　戦争プロパガンダにメディアはどのように関わってきたのか　32

1　総力戦の到来とプロパガンダ（32）　2　マスメディアの誘導と統制（36）　3　PR会社と世論形成（38）　4　プロパガンダは肯定できるか（40）

第5講　メディアは資本主義といかに結びついてきたのか　43

1　資本主義の勃興とマスメディア（43）　2　消費社会の出現（45）　3　記号の消費（47）　4　マスメディア広告と消費社会（50）

第6講　変化する都市空間でメディアはいかなる役割を果たすのか　54

1　「権力の正当化」から「経済の活性化」へ（54）　2　マスメディアと空間の意味づけ（57）　3　郊外イメージの変容（60）　4　テーマパーク化の限界（62）

第7講　開発途上国の発展にメディアは役立つのか　65

1　開発途上国の近代化とメディア（65）　2　コミュニケーション発展論の挫折とその背景（67）　3　開発途上国の発展とメディア（69）　4　他者の苦しみをいかに伝えるか（73）

第8講　メディアは国境を越えるのか　76

1　国境を越えるメディア（76）　2　文化帝国主義論の展開（77）　3　新たな情報秩序の形成（79）　4　文化帝国主義論への批判（81）　5　メディアは国境を越えるか（84）

第2部　マスメディアと世論

第9講　マスメディアは世の中を操っているのか　88

1　陰謀論はなぜ魅力的か（88）　2　日本のマスメディア（90）　3　マスメディア経営の困難（91）　4　マスメディアとスポンサー（96）

第10講　マスメディアはなぜ批判されるのか　100

1　マスメディア批判の変容（100）　2　記者クラブをめぐる問題（101）　3　報道被害をめぐる問題（105）　4　報道の論理と市民の論理（107）　5　マスメディアはなぜ批判されるのか（111）

第11講　マスメディアは世論にいかなる影響を及ぼすのか（前編）　112

1　マスメディアは世論を操作できる？（112）　2　弾丸効果理論とはなにか（113）　3　限定効果理論のアイデア（116）　4　普及学の展開（119）　5　「弾丸効果」とは何だったのか（120）

第12講　マスメディアは世論にいかなる影響を及ぼすのか（中編）　123

1　マスメディアと現実の認知（123）　2　アジェンダ設定理論の登場（125）　3　ニュースバリューの研究（128）　4　アジェンダ構築と政策アジェンダ（130）　5　アジェンダ設定理論の発展（132）

第13講　マスメディアは世論にいかなる影響を及ぼすのか（後編）　135

1　マスメディアによる現実観の培養（135）　2　沈黙の螺旋とマスメディア（139）　3　マスメディアの影響に関する「理論」の理論（142）

第14講　メディアは民主主義の停滞をもたらしているのか　146

1　操作の手段としてのマスメディア（146）　2　多元化を促進するマスメディア（149）　3　熟議と闘技の手段としてのメディア（152）　4　民主主義とシニシズム（155）

第3部　社会問題とメディア

第15講　社会問題とメディアはいかに関わるのか　158

1　社会問題とメディア（158）　2　社会病理学的アプローチ（160）　3　モラルパニック論のアプローチ（161）　4　社会的構築主義のアプローチ（165）　5　研究者の覚悟（167）

第16講　メディアは犯罪をいかに描くのか　169

1　犯罪報道の変容（169）　2　被害者の選別（172）　3　「理想的な被害者」化の帰結（174）　4　不可視化される犯罪（177）

第17講　メディアは貧困を再生産するのか　179

1　経済格差と貧困（179）　2　貧困者とはいかなる存在か（181）　3　選別の逆説（183）　4　不信と格差の悪循環（185）

第18講　メディアは排外主義といかなる関係にあるのか　191

1　排外主義の高まり（191）　2　「差別ではなく区別」？（192）　3　在日コリアンに対する差別（197）　4　サイバーカスケードと排外主義（198）　5　マスメディアはどう対応すべきか（199）

第19講　メディアは原発をいかに報じてきたのか　202

1　「メディアと原発」という問題設定（202）　2　原子力の「軍事利用」と「平和利用」（203）　3　メディアイベントとしての原子力平和利用博覧会（204）　4　「安全神話の崩壊」はなぜ必要とされたか（208）　5　原発を語る立場（211）

おわりに　何のためにメディアを学ぶのか，再考　213

1　「正しさ」の二つの意味（213）　2　氾濫するメディア批判（215）　3　○×式の「要約」を超えて（219）

読書案内　221
参考文献一覧　226
あとがき　243
索　引　245

第1部
現代社会とメディア

第1講
メディアは社会のあり方を変えるのか

1　現代人の生活とメディア

変容するメディア環境　もう10年以上も前の話です。筆者はオンラインのロールプレイングゲームで遊んでいました。そのとき,「揺れてる」という誰かの言葉がチャット欄を流れていきました。続いて,「○○市地震」「こわい」といった言葉が次々と画面上を流れます。それからすぐに筆者の足元が本当に揺れ始めました。チャットに遅れて地震がようやくやってきたのです。

緊急地震速報が行われるようになった今では珍しくもないエピソードですが,当時の筆者は「ネットすごいな」と改めて思いました。地震波よりもメッセージのほうが早く届くという経験がとても新鮮だったのです。もうちょっと言えば,遠く離れたところに住んでいる人たち,時には地球の裏側にいる人たちとすら同時にプレイできるというオンラインゲーム自体が,以前には考えられないものでした。

オンラインゲームの話はさておき,インターネットや携帯電話などのメディアはわれわれの日常生活に深く浸透し,そのあり方を大きく変化させてきました。いわゆる「テレビ離れ」が進み,特に若年層ではテレビの視聴時間が減少する一方で,インターネットの利用時間が長くなっています。2010年と2015年を比較すると,テレビを毎日見る人の割合が84％から79％に低下した一方,インターネットに毎日接触するという人の割合は27％から38％に上昇したという調査結果が報告されています（木村ほか 2015）。ただし,高齢者が長時間にわたってテレビを視聴する傾向は続いており,70歳以上の約6割が毎日4時間以上も見ているとされます。言わば,インターネットをよく使う若年層とテレビをよく見る高齢者層とのあいだでメディア利用の棲み分けが行われているのです（橋元 2011: 179）。

ところで,24時間から睡眠や食事,学習や仕事など生活に必要な時間を引

き，さらに様々なメディアに接触している時間を全部引いていくとマイナスになるという指摘が行われたのは，もうずいぶん前の話です（中野 1997: 303）。なぜそうなるかと言えば，複数のメディアに同時に接触している人が少なくないからです。自宅でテレビを見ながらスマートフォンで LINE やツイッターをしている人も多いのではないでしょうか。われわれの多くは言わば「メディア人間」として，衣服の重ね着をするのと同じような感覚でメディアへの同時接触を続けているのです（前掲書: 258）。

メディア論の視点　新しいメディアが生まれ，それが多くの人びとによって利用されるようになることで社会のあり方も変わっていく。こうした観点からの研究を**メディア論**と呼ぶことがあります。メディア論を代表する人物が，マーシャル・マクルーハンです。マクルーハンによれば，われわれがメディアを使ってどのようなメッセージを伝えようとも，たいして重要ではありません（マクルーハン 1967: 16）。社会全体の変化という大きな観点から見れば，個人がツイッターにろくでもない写真をアップして炎上したりすることに意味はないわけです（マクルーハンが活躍した時代にはツイッターなんてものはありませんが）。マクルーハン的な観点からすれば，重要なのは膨大な数の人びとがインターネットを経由してお互いにつながり，以前には体験できなかった感覚を覚えるようになることであって，それが社会を変えていくということになるでしょう。言い換えれば，メディアはその存在自体が社会に変化を与える一種のメッセージなのです。

　マクルーハンはこうした観点から新たなメディアの登場がいかに社会の変化と結びついてきたのかを論じています。たとえば，第二次世界大戦前のドイツでアドルフ・ヒトラーが台頭し，ファシズム政権を樹立するのに成功した背景には，当時の最新メディアであったラジオが大きな役割を果たしたと主張します（マクルーハン 1967: 385）。ただし，ヒトラーがラジオでなにを語り，聴取者がそれをどう受け止めたのかは重要ではない。むしろ，ラジオは「部族的魔術」によってヒトラーと一対一で向き合っているような感覚を聴取者に与え，熱狂を生み出すことに成功したのだ，というのです。

　マクルーハンのこのような立場からすると，メディアは社会に対して一方的に影響を与えるという話になりがちです。このような考え方は**メディア（技術）決定論**とも呼ばれます。メディアが社会のあり方を決めるという発想があ

るからです。ただし，マクルーハン自身はメディア決定論者ではないという指摘もあります（宮澤 2008: 105）。他方で，社会の側がメディアのあり方や使われ方を決定するという**社会決定論**という立場も存在します。本講の最後ではこの論点を取り上げますが，その前にそもそも「メディア」とはなにか，「社会」とはなにかについて説明しておきましょう。

2 メディアとはなにか

情報を伝達するものとしてのメディア　「メディアとはなにか」というのはなかなか難しい問いです。メディアにはいくつもの意味があるからです。きわめて大雑把に言えば「情報を媒介するもの」ということになるでしょう。携帯電話やスマートフォンはもちろんメディアですし，新聞，雑誌，テレビ，ラジオは少数の人びとが多数に向けてメッセージを発信するわけですから，マス（大量，大衆）メディアになるわけです。

ただし，「情報を媒介するもの」は，それらにとどまりません。われわれの身の回りには情報を伝えるものが満ち溢れているからです。この点からすれば，通常イメージされるよりもはるかに多くのものが「メディア」に含まれることになります。たとえば，信号機は道路をいつ渡るべきなのかという情報を伝えるメディアだと考えることもできます。

あるいは衣服もメディアとしての側面を持っていることになります。どの服を着るかという選択には「自分はどのような人間なのか」という情報を周囲に伝えるという側面があるからです（バウマン 1993: 83）。特に社会の規模が大きくなり，道ですれ違う人のほとんどが見知らぬ他人という状況になると，メディアとしての服が持つ意味は大きくなります。大規模な社会では，誰が駅員で誰が警察官なのかを一目見ただけで教えてくれる制服は大きな意味を持つのです。1968 年 12 月には，白バイ隊員になりすました人物が現金輸送車を停車させ，車にダイナマイトが仕掛けられているというウソと発煙筒によって運転手を下ろし，輸送車ごと現金をだまし取る 3 億円事件が起こりました。これは制服が持つメディアとしての性格を悪用した犯罪だと言うことができるでしょう。

メディアとしてのディズニーランド　さらに，広い意味でのメディアという観点からしばしば取り上げられるのがディズニーランドです。ディズニーラ

ンドはそれを構成する空間が明確なメッセージを発することで，独特の世界観を生み出しているからです。ファンタジーランド，トゥモローランドなど，個別のテーマを有するエリアに分かれており，それぞれのエリアからは別のエリアができるだけ見えないように計算されて建物が配置されています。つまり，一つのエリアが伝達するメッセージにほかのメッセージが入り込まないようにすることで，空間が持つ意味をより明確にしているわけです。日本にディズニーランドが建設されるさい，候補地として現在の浦安のほかに御殿場も挙がっていたのですが，後者では純日本的なシンボルである富士山が園内から見えてしまうという理由で候補から外れたというのも（粟田 2013: 54），空間にメッセージ性を持たせることを重視するディズニーランドらしい逸話だと言えるでしょう。こうした手法は現代の都市計画にもしばしば取り入れられていますが，この点については第6講で改めて解説したいと思います。

ただし，メディアの意味をこのように広くとると，通常の言葉遣いから外れてしまうことは否めません。そこで本書では以下，多様な情報の伝達を主目的とする手段および組織をメディアと呼ぶことにします。こう考えれば，携帯電話，インターネット，テレビ，新聞や書籍のような情報を伝達する手段と，それらによって伝達される情報を生み出す新聞社やテレビ局などの組織が「メディア」となり，道路を渡るタイミングを伝えることに特化した信号機や，身体の保護を主目的とする衣服はそこから外れることになります。

3　社会とはなにか

社会と分業　次に，「社会とはなにか」ということですが，これも本が1冊書けてしまうほどの非常に難しい問題です。ここでは議論を進めるためのごく大まかな話をしておきます。

一般的に社会という言葉は「生活をともにする人間集団」ぐらいの意味で用いられることが多いと思われます。ただし，なにをもって「生活をともにする」のかを決めるのは簡単ではありません。お互いに会ったことのない九州と北海道の人は「日本社会」の一員ではありますが，生活をともにしているとは言いづらいように思います。

社会学的には，分業によって結びついた人間集団という側面が重視される傾向にあります。現代社会は高度な分業によって成り立っています。かつては一

人でやらねばならなかった様々な作業を分担することで，より快適な生活を送ることができるようになっているのです。農家が小麦を育て，水道局が水を供給し，ラーメン屋が美味しいラーメンを調理してくれる……といったかたちで特定の業務に特化した人びとが役割を分担し合うことで現代の社会は動いているわけです。

　しかし考えてみると，こうした分業の範囲は「社会」という言葉によってイメージされるものの範囲と合致するわけではありません。現代の諸社会は多くの資源や食料，工業製品などの輸出入を行っており，分業の範囲は国境をはるかに越えて広がっています。したがって，分業という観点からだけでは「社会のあいだでの境界線がどこに引かれるのか」を説明することができません。

　実際のところ，社会の範囲はより政治的な存在，つまり国家の領土とイコールと見なされることが多いのです。日本において社会という言葉が用いられる場合，それは暗黙のうちに「日本社会」であることが多く，日本社会の範囲は日本という国家の領土によって決定されているということになります。もちろんこれは日本に限った話ではなく，他国でも同じようなニュアンスで社会という言葉は用いられています（Billig 1995: 53）。この点については，第3講で改めて論じることにします。

　ハンナ・アレントと社会　　別の観点から見ると，「経済と政治とのあいだにあるもの」が社会だとも考えられます。政治哲学者のハンナ・アレントによると，経済とは，個々の人間が生きていく資源を生み出すための私的な領域を意味します（アレント 1994: 50）。食料を作ったり，それを買うためのお金を稼いだりする場ということです。他方，政治とは，そういった個々人の経済的利害を離れて，公共の利益のために人びとが自由に意見を戦わせる領域ということになります。自分が儲かる／損をするといった観点からではなく，集団全体にとって正しいことはなにかを各々が考え，議論しあうことで政治的な決定を下さねばならないということです。アレントのこうした観点からすれば，経済と政治とが切り離されていることが重要になります。

　ところが，経済的な利害は政治の領域へと入り込むようになっていきます。現代風に言えば，経済成長や人びとの私有財産の分配が政治的な課題になるということです。そして，経済的な論理が政治と結びつくようになることで生まれるのが社会だというのです。アレントによれば，社会が形成されることで経

済的な論理に合致しない意見は許容されなくなってしまいます（前掲書: 62）。人びとに経済的利益を約束する主張は無類の説得力を発揮するようになる一方で，それに反すると見なされる意見は許容されなくなるというわけです。そのことが政治的な領域での意見の多様性を損ない，場合によっては全体主義に帰結してしまうというのがアレントの判断だったわけです。

ナチスドイツが勢力を増すなか，ユダヤ系だったアレントはドイツを脱出して，最終的に米国に落ち着くまで長年にわたって無国籍状態に置かれるという経験をしています。ナチスドイツはまさに「ドイツ民族の生存の自由」という（アレント的に言えば）社会的な論理のもとで反対言論を弾圧し，他国への侵略を繰り広げる一方で，ユダヤ人やロマ，身体障がい者の人びとを虐殺したわけですから，社会に対するこのような見方には彼女自身の経験が強く反映されていると言えるかもしれません。

「社会的なもの」への注目　ただし，このアレントの見解を逆方向から眺めるなら，お互いの生活を支え合うべく結びついた人間集団こそが社会だと言うこともできます。つまり，社会という概念は単に人間の集団のあり方を指し示すだけではなく，同じ社会に暮らす人間は富を分かち合い，お互いに助け合うべきだという主張を含んでいるということです（ミルズ 1971: 416; 市野川 2006: 35）。1979年から1990年まで英国の首相を務めたマーガレット・サッチャーには「社会なんてものは存在しない」という有名な言葉があります（Thatcher 1987）。社会福祉に甘えることを覚えた英国人は勤勉さの精神を失ってしまったという問題意識のもと，サッチャーは福祉国家の解体を試みました。サッチャーは助け合いの精神を暗黙のうちに説く社会という概念を否定し，個々人が自分で自分を支えることが重要だと訴えたのです。近年では再び「社会的なもの」に対する注目が高まっているのですが，その背景にはサッチャー的な思想に基づく政策によって経済格差や貧困が深刻化する一方，競争の重視により人びとのあいだのつながりが分断されていることへの問題意識があると言えます（市野川／宇城 2013）。

以上のように，社会という言葉にはいくつもの異なる側面があります。加えて，日本では社会のほかに「世間」という概念も存在します。社会が学校や役所などのフォーマルな空間を指す概念だとすれば，世間とはよりインフォーマルな日常生活が営まれる空間を指すとも言われます（厚東 1991: 38）。日本で

はむしろ世間こそが支え合いの空間として機能してきたとも考えられるのですが，社会と世間とのそういった区別がいまも有効なのかは考えるに値する問いなのではないでしょうか。

4　メディアは社会を変えるのか

メディア社会とはなにか　ところで最近では，「メディア社会」という言葉もしばしば使われています。言葉として使われ始めたのは1980年代までさかのぼるようですが，本格的に使われるようになったのは1990年代以降と言っていいでしょう。筆者が大学で所属しているのはメディア社会学科ですし，担当しているのもメディア社会論という科目です。そこで，これまでの議論を踏まえたうえで「メディア社会」とはなにかについて考えてみましょう。

まず分業という観点からすれば，メディア社会とは人びとが作業を分担し合うにあたってメディア情報からの影響を大きく受ける社会，もしくはメディアを介して分業が行われる社会ということができます。有史以来，人間が集団や組織を生み出し，それを維持していくにあたって情報はきわめて大きな役割を果たしてきました。しかし，現代社会では以前とは比較にならないほどの大量の情報が超高速のネットワークを経由して伝達され，それが人びとの仕事や生活に影響を与え続けています。地球の裏側で起きた出来事に関する情報が一瞬で伝えられ，それが株価を大きく変動させることも珍しくありません。メディアを介した分業としては，電子会議システムを使ってそれぞれに異なる場所にいる人びとが一緒に会議を行うといった事例などが挙げられるでしょう。メディア決定論的に言えば，まさしく「インターネットが社会を変える」ということになるかもしれません。

メディアの社会決定論　とはいえ，そうしたメディアの利用方法は，社会の側の論理によって強く規定されているという点にも注意が必要です。たとえば，どれだけ情報ネットワークが発達したとしても，実際に人と会って話をする必要がなくなるわけではありません。重要な話を電話やメールだけで済まそうとすれば，相手の怒りを買ってしまうことすらあります（佐藤　2010: 158）。それどころか，手軽に連絡のとれる手段が普及するほど，実際に人と会うことの価値は大きくなるとも言えます。わざわざ時間や手間，交通費をかけてまで

会いに来るというのは，それだけ「その人に会う」ことに大きな意味を見出しているというメッセージを言外に伝えるからです。企業が高い賃貸料を支払ってまで都心にオフィスを構える理由の一つも，体面的なコミュニケーションを重視しているという点に求められるでしょう。

　また，インターネットは機能的には社会の境界線（つまりは国境）を軽々と越えていくことのできるネットワークですが，実際にはやはり社会の枠にはめられていると言うことができます。ネットの利用形態の一つであるワールドワイドウェブ⁽¹⁾が開発された当初，情報の置き場所を示す URL（Universal Resource Locator）は，.com（商業用）や .gov（政府機関用）など，情報の用途によって決定されていました（Mihelj 2011: 37）。ところが，インターネットの普及が進むにつれ，.jp（日本），.uk（英国），.de（ドイツ）など，国家の存在を前提とする URL が使用されるようになっていきました。中国では一般市民のネット利用が政府によって厳しく監視され，国外のサイトへのアクセスにも制限が課せられていることが知られていますが，これも国家の論理によってメディア利用が制限されている一例と言えるでしょう。

　さらに言えば，新しいメディアの開発にあたっては膨大な資金が必要です。当然，どのメディアの開発に資金を割り当てるのかが決定されるにあたっては，社会の側のニーズが反映されることになります。しかも，新たなメディアが生み出されたとしても，そのメディアが製作者の意図通りに使われるという保証はありません。たとえば，電話は当初，一方向的に音楽や演劇を伝達する用途が想定されており，実際にそのように使われていました（吉見 1995: 109）。ところが，開発や普及が進むにつれ，電話は社会のニーズに従って双方向のコミュニケーション・メディアとしての性格を強くしていくことになりました。以上のような社会決定論の立場からすれば，社会の側がメディアのあり方や使われ方を決めているということになるでしょう。

メディア決定論はなぜ語られ続けるのか　　社会決定論から見て興味深いのは，メディア決定論には根拠が乏しいにもかかわらず，なぜそれが繰り返し語られ続けるのかという問題です。メディア決定論は大きく分けて二つのタイプ，すなわち「新たなメディアが社会を良くする」と「新たなメディアが社会を悪くする」という主張に分類することができます。前者のタイプには「インターネットが新たな民主主義を可能にする」といった主張があり，後者のタイプと

しては「携帯電話のせいで若者のコミュニケーション能力が低下している」といった主張が挙げられます。歴史的に見ても，新たなメディアが登場するたびに，それに過剰な期待を寄せる主張と，過剰な警戒心を示す主張とが様々に語られてきました。

「メディアが社会を良くする／悪くする」という二つのタイプの決定論は，評価こそ正反対であれ，メディアが一方的に社会に影響を与えると想定しているという点でコインの裏表の関係にあります。言い換えれば，社会が抱える様々な問題をメディアに押し付けているという点で共通しているのです。メディアが勝手に問題を解決してくれる，あるいはメディアの問題さえ解決すれば物事はすべてうまくいく。こういった発想は人びとが厄介な問題から目を逸らすにあたっては非常に有用です。だからこそ，新たなメディアに過剰な期待を寄せたり，逆に過剰な警戒心を煽る主張は人びとに受け入れられやすく，言論市場における価値が高くなるのです（桜井 1994: 138; 佐藤 2010: 74）。

メディアと社会の相互作用　もっとも，社会がメディアのあり方や使われ方を規定するといっても，メディアが社会に何の影響も与えないということにはなりません。メディアの普及が進むことで，人びとの暮らしに新しい側面が加わったり，以前の慣習が失われていく可能性は確実に存在するからです。加えて，メディアにはそれ特有の性格があり，それがいったん普及するようになれば社会の側の論理を超えて自律的な影響力を発揮することがあるという社会決定論への反論も行われています（ライアン 2002: 47）。たとえばインターネットの場合，普及を進めるためにテレビ視聴と近い感覚でウェブ上の情報を読み取ることのできるブラウザというソフトウェアが必要とされたものの，そこからやがてネット本来の特性である双方向的な利用が拡大してきたと指摘されています（和田 2013: 61）。

これらの点を踏まえると，ありきたりな発想ではありますが，社会とメディアはお互いに影響を及ぼし合う関係にあると考えるほうがよいでしょう。たとえば，自由がもともと制限されている社会では，最新メディアはそれ以前には不可能だったようなやり方で人びとを監視することを可能にし，結果的に自由がよりいっそう制限されるということにもなります。他方で，政治制度がもともと不安定な社会では，反体制運動を組織するために最新メディアを活用し，以前には考えられなかったほどの成果を上げる集団が出現したとしても不思議

ではありません。そうした事例については次講で取り上げます。

メディア社会の可能性　本講を終えるにあたり，メディア社会の別の可能性についても述べておきたいと思います。先ほど，政治と経済のあいだに社会を位置づけるアレントの見解を紹介しました。この見解からすると，メディア社会とはメディアによって少数意見が攻撃され，画一化が進む社会だと言うこともできます。筆者自身の見解からすれば，価値観の多様性が肯定されつつも，マスメディアやインターネットで発見された「他人に迷惑をかける人びと」へのバッシングが，「迷惑」とされる事柄の範囲を拡大させながら生じる社会だということにもなります（津田 2012: 79-81）。つまり，理念的には個々人の選択が尊重されるがゆえに，他人の生き方を尊重していないかに見える迷惑な存在に対しては情け容赦ない攻撃が加えられるようになる。結果として，誰にも迷惑をかけない無難な選択を強いる同調圧力が働く，ということです。

他方で，相互扶助の側面を重視するなら，メディアを使ってお互いを支え合うべきだとされるのがメディア社会ということになります。実際，近年ではクラウド・ファンディング[2]など，インターネットを使った相互扶助の仕組みも活用されるようになっています。英国では末期がんに侵された青年がネット上で小児がん研究のための募金活動を開始し，19歳で生涯を終えるまでに5億円以上もの資金を集めたという事例があります。これもまた，メディア社会の一つの側面だと言えるのではないでしょうか。

注
(1) スイスにあるヨーロッパ原子核機関（CERN）に勤務していた，ティム・バーナーズ＝リーによって提案されたネットワークシステム。われわれがインターネットで閲覧しているウェブサイトはこのシステムの上で運用されている。なお，「インターネット」はインターネット・プロトコル（IP）技術を利用するネットワーク全体を指す言葉であり，その利用形態にはワールドワイドウェブのほかに，電子メールやLINE，スカイプなどが含まれる。したがって，「ワールドワイドウェブ＝インターネット」ではない。
(2) インターネット上で何らかの社会運動や企画，ベンチャー企業などへの資金提供を募る仕組みのこと。少額からの寄付が可能で，不特定多数の人びとから協力を得ることができる。

第2講
国家はいかに情報ネットワークを活用してきたのか

1 国家の役割とはなにか

統治機構としての国家　前講で「社会」について説明したさい，その境界線を決めるうえで国家が重要な役割を果たすという話をしました。そこで本講では，国家と情報ネットワークとの関係に注目してみたいと思います。

一般に国家という場合，その領土内で暮らす人びとも含めた社会全体を指すこともあるのですが，以下では国家を一定の領土を統治する機構として考えていきます。国家権力という言葉が意味している国家と考えてよいでしょう。現代社会においても国家の役割はきわめて大きく，メディアについて考えるうえでも欠かすことのできないテーマです。

といっても，普通に生活を送っているぶんには国家の存在を意識する機会はあまりないでしょう。国家によって保たれている秩序は言わば空気のようなもので，なくなって初めて意識される性質のものだからです。あるいは，国家の方針と対立するような運動に参加することで，初めてその権力の大きさに気づくという側面もあります。ここでは国家の役割について考える出発点として，国家がその機能を喪失した旧ユーゴスラヴィアのエピソードを紹介したいと思います。

旧ユーゴスラヴィアにおける国家の崩壊　旧ユーゴスラヴィアはセルビア人やクロアチア人などの多民族によって構成される国家でした。しかし，東西冷戦の終結後に悲惨な内戦が勃発し，1990年代前半には国家が完全に機能不全に陥るという状況が生まれることになりました。その結果，各地にいくつもの武装集団が生まれ，人びとはそれらの集団に依存して暮らしていかざるをえなくなります。武装集団による統治はきわめて暴力的で，場当たり的で，なおかつ排他的でした。他民族に対する憎悪を煽り，彼らを追い出し，場合によっ

ては殺害することこそが,「われわれ」が安心して暮らすことのできる唯一の方法なのだと訴えたのです。やや長くなりますが,当時の様子を描いたマイケル・イグナティエフの著作からその一部を引用してみましょう。

> 現在,旧ユーゴの多くの地域が,中世後期以来,欧州では絶えて見られなかったある種の人間に支配されてしまっている——軍司令官。国民国家が崩壊するとき,彼らは必ず現れる。レバノン,ソマリア,インド北部,アルメニア,グルジア,オセティア,カンボジア,そして旧ユーゴスラヴィア。自動車電話,ファクスを備え,精巧な武器を携えていて,見た目はじつに近代的。だが,中身は中世初期そのものだ。……
>
> 共産主義国家ユーゴが民族ごとに分裂を始めたとき,人々は真っ先に自問した。クロアチアの警察はセルビア人の自分を守ってくれるだろうか。セルビア人かムスリム人が上司になったら,クロアチア人の自分は石鹸工場に勤めていられるだろうか。否だった。それまでの異民族間協定はあらゆる場面でその効力を失った。当然の結果として,誰もかれもが,頼っていけるつぎなる保護者,軍司令官のふところへと雪崩れ込んでいったのだ。
>
> 軍司令官は保護してくれるだけではない。解決策をも示してくれる。飛び込んできた民を前に彼は言う。「隣人を信じられなくなったなら,彼らを追い払うことだ。同じ社会で共生できないのであれば,われわれだけの澄んだ社会を創ることだ」。民族浄化のロジックに火をつけるのは,民族主義的憎悪だけとはかぎらない。「浄化」とは,万人が万人を敵とする戦いで軍司令官たちが示す,合理的な冷たい解決策なのだ。隣人を追い払え,と彼らは言う,そうすれば,もう恐れずにすむのだと。血を同じくする者同士集まれば,平和に暮らしていけるのだと。わたしと部下が,守ってやろう。
>
> (イグナティエフ 1996: 58-61)

ここでのポイントは,国家が機能しなくなった時点で武力(政治学／社会学的には**暴力装置**と呼ばれます)を独自に所有する複数の集団が出現するということです。逆に言えば,国家の役割は暴力装置を独占し,自らの暴力のみを正当なものとすることによって安定した秩序を実現することにあるのです。

暴力装置の独占と法の支配　暴力装置の独占は，一面においては国家が民衆を弾圧することを容易にしているとも言えますし，もともとは特定の領域内で最強の暴力装置を所有していた集団が現在の国家のもとになっているというのが実情です（萱野 2005: 35）。国家の暴力装置がつねに秩序の安定に寄与するというわけでもなく，大災害が発生したさいにパニックが生じることを恐れた政治家や官僚が，被災者を犯罪者予備軍として敵視し，かえって被害を拡大させるケースがあることも指摘されています（ソルニット 2010: 64）。たとえば1906年に発生したサンフランシスコ大地震では，震災直後には人びとはお互いに助け合い，秩序を維持していたにもかかわらず，治安の悪化を恐れた軍部が強圧的な介入を行い，地震による倒壊を免れた建物を焼き払ったり，多くの市民を射殺したりしたと言います。それでも長期的に見れば，国家の暴力装置は複数の武装集団がめちゃくちゃな支配を繰り広げることを食い止める役割を果たしてきたのです。

　国家の重要な役割としてもう一つ挙げられるのが，法による支配です（ギデンズ 1999: 30）。法が存在することで，そこに暮らす人びとは高い予測可能性を持つことができるようになります。つまり，「Aという行為をすればBという結果が待っている」というように，次になにが起きるのかを予想できるようになるわけです。人を殺せば警察に捕まる，契約を無視すれば裁判所に訴えられる，といった予測可能性こそが，人びとが安心して生活し，仕事を続けるうえで決定的に重要な役割を果たしています。独裁者が思いつきで政策をコロコロ変えるような社会では予測可能性は低く，経済活動が発展していくこともきわめて困難です。もちろん，法に逆らう人がいた場合，最終的には強制力によって従わせることが必要になるわけですから，法の支配と暴力装置の独占とは深く結びついています。

2　国家と情報ネットワーク

前近代国家における統治　ただし，国家による暴力装置の独占といっても，その程度は様々です。銃の所有に対して厳しい規制が行われている日本のような国と比較した場合，米国では大量の銃が民間人によって所有されており，その独占の度合いは低いと言えます。それでも，国家以外の個人や組織に暴力手段の所有がどこまで認められるのかを決定するのはあくまで国家です。また，

国家のなかでもいわゆる近代国家は，それ以前の国家に比べて暴力装置の独占度が高い傾向にあります。そして，そのような独占を可能にした要因の一つが情報ネットワークの発達なのです（ウェーバー 1960: 90）。

　高度な情報ネットワークが存在しない場合，中央の統治機構が地方に対して指示を与えるスピードはどうしても遅くなってしまいます。反乱が起きたり，外国からの侵略を受けた場合，地方の統治機構は中央からの指示を悠長に待つことはできず，自らの判断で武力を展開しなくてはなりません（前掲書: 247）。もちろん，そのように地方の統治機構が独自の暴力装置を保持しているという状態は，それ自体が反乱の温床にもなります。日本の明治維新も，地方の統治機構が有していた暴力装置が中央のそれを転覆させることで成就したのです。

中央集権化の進行と情報ネットワーク　　ところが，電信のように遠方へと情報を一瞬で伝達できる情報ネットワークが登場したことで，中央の国家機構は地方に対して以前よりもはるかに強い統制力を発揮することが可能になりました。電信網の発達は国家と深く結びついていたために，スペインとフランスの国境地帯のようにそれぞれの電信網が接近した箇所であっても，相互の接続は保証されていなかったとも指摘されています（フリッシー 2005: 44-45）。もちろん国境を越えて情報が流通することがなかったわけではありませんが，国内での情報流通の飛躍的な増大によって，国境をまたぐ情報流通の相対的な割合は減少していくことになります。

　日本では西南戦争（1877年）が勃発したさい，政府軍は東京と九州とを結ぶ電信網を整備し，戦局を有利に進めることに成功したとも言われています（石井 1994: 107-110）。明治政府はその後も電信網や鉄道網の整備を進め，中央集権的な国家形成を進めていくことになります。電話についても民間より警察での導入が先行し，北海道での開拓作業に従事させられていた受刑者が逃亡したさいの情報共有などに用いられるようになりました。

　この電話の利用法にも見られるように，国家が情報ネットワークを利用するさいの重要な目的の一つが社会の監視です。より最近の例としては，高速道路や主要道路に設置されたNシステムを挙げることができるでしょう。Nシステムはその道路を走行する自動車のナンバーを自動的に記録していく装置で，自動車がいつどこの道路をどちらに向かって走っていたのかを検索することが可能です。犯罪捜査に活用される一方で，プライバシーの侵害につながりかねな

いという批判も寄せられています。

　近代国家にとって，社会の状態をつねに監視し，そこから得られた情報を統治に活かしていくという**再帰的モニタリング**はきわめて大きな課題です（ギデンズ 1999: 210）。その理由の一つは，近代国家がその巨大な力を国民の動員から引き出していることに求められます。戦争時の徴兵制度が典型的な例になりますが，それ以外でも国民の経済活動を活発化させ，徴税をきちんと実施できることが国家の力の源泉となっているのです。そのためにも，国民の様々な活動を統計というかたちでデータ化し，その分析結果を政策に反映させていくことが必要になるわけです。

　福祉と監視　　さらに，近代国家における福祉制度の拡充も，国民に対する監視の必要性を高めたと言うことができます。福祉制度が発達してきた理由としては，産業化の進行によってもたらされた病気や失業のようなリスクに対処する必要性や，労働者階級の人びとの政治参加，国家による統治能力の向上などが挙げられますが（佐藤 2014: 213-219），戦争の大規模化とも強く結びついています。

　19世紀から20世紀にかけて，戦争の形態は膨大な人員の動員と高度な兵器の生産を通じて行われる**総力戦**へと変化していきます。すなわち，戦争での勝利を目指して国家が社会のあらゆる領域を統制，動員するようになっていったのです。したがって，それまでよりもはるかに多くの人びとが戦場や軍需工場に送り込まれるようになりましたが，そこで大きな問題となったのが一般民衆の健康状態の悪さでした。兵士や工員として役に立たないばかりか，戦場や工場で伝染病を蔓延させる要因にもなりかねません。そこで，総力戦に勝利するためにも民衆の生活水準を向上させる必要性が認識されるようになったのです。英国を例に取れば，同国で福祉制度の拡充に向けた機運が高まった背景には，貧弱な体格の英国軍兵士が屈強なドイツ軍兵士と戦わねばならないというイメージが広がったことがあるとも言われています（ジョーンズ 1997: 89）。

　そして，福祉国家の誕生は，誰が福祉の受給資格を持ち，誰が持たないのかといった判断をするために，国家が国民一人ひとりの状態をより詳細に把握する必要性を生じさせました（ライアン 2002: 125）。日本ではデータベースの不備によって年金を支給すべき対象が誰かわからないケースが多数存在するという問題が発覚しましたが，これは国家がきちんとした情報管理を行ってこなか

ったがゆえの問題だと言うこともできます。多くの人びとが生活を営むうえで福祉が大きな役割を果たしていることを踏まえれば，監視がつねに悪だとも言えないのではないでしょうか。

3　民衆の自発的服従の促進

いかにして自発的服従を確保するか　　国家が民衆を動員するにあたって重要な課題となるのが，自発的服従の確保です。いくら国家が強力な暴力装置を独占していたとしても，民衆をいつも銃で脅かして言うことを聞かせねばならないのであれば，その統治は著しく非効率的です。監視の目が届かないところでは国家の命令がまったく有効性を持たなくなってしまうからです。そこで民衆が自発的に国家の秩序に服従するような価値観を育成する必要が生まれます。つまり，たとえ監視されていなくとも，国家が決めたルールに反する行動をしてしまったときに罪悪感を抱くような教育を行うということです。

　近代国家は学校や軍隊での教育を通じて，そうした態度を民衆に身につけさせ，国家の統治を正当なものとして彼らに認識させることを試みてきました。哲学者のミシェル・フーコーはそのような近代的統治のあり方を体現する存在として，**パノプティコン**を挙げています（フーコー 1977: 202）。パノプティコンとは，18 世紀後半に英国で考案された牢獄の様式です。そこでは中央の監視塔をとりまくかたちで独房が円形に配置されています。監視塔からはすべての独房の様子を見ることができますが，独房の囚人からは自分がいま監視されているかどうかはわかりません。囚人は自分がいつ監視されているのかがわからないので，つねに適切にふるまわねばならなくなります。こうして，囚人が自分自身を監視するように仕向け，国家の決めたルールを教え込むことがパノプティコンの目的だったわけです。別のたとえを用いるなら，学校での自習時間，教員が生徒からも見える教壇に立っている場合には，その目を盗んで遊んだり，いたずらをすることができます（浅田 1983: 211-213）。しかし，教員が生徒の見ることのできない教室の後ろに立っていると，自分が見られているのかどうかわからないので真面目に勉強するしかなくなってしまいます。

　実際にはパノプティコン型の牢獄はほとんど採用されなかったのですが，人びとに自分自身を監視させ，国家の決めたルールを守らせようとするメカニズムは，学校教育をはじめとして様々なところで作動しています。「はじめに」

でも触れたマスメディアによる犯罪報道はそのための重要な役割を果たしています。犯罪報道はなにが社会的に許されない行為なのかを広く知らせることで、ルールを破ってしまったさいには罪悪感を覚えるような心理構造を人びとに植えつけていくのです（村上 1995: 198）。そうしたルールは決して普遍的なものではなく、たとえば同性間の性交渉が犯罪と見なされている社会では、同性への性的感情を抱くこと自体が罪だという感覚を無理にでも植えつけようとする努力がなされることになります。

「国家のイデオロギー装置」としてのマスメディア　哲学者のルイ・アルチュセールは学校や教会、マスメディアなどのように、国家の決めたルールに対して人びとの自発的な服従を促す組織を、**国家のイデオロギー装置**と呼んでいます（アルチュセール 1993: 35）。イデオロギーという言葉の定義もまた難題ではあるのですが、ここでは大まかに特定の政治的立場に基づいた世界観というニュアンスで理解してよいと思います。イデオロギーは一人ひとりに語りかけ、なにが正しく、なにが間違っているのかを教えることで、混沌とした社会のなかでいかに生きるべきかを人びとに教えます（イーグルトン 1999: 315）。したがって、異なるイデオロギーを支持することとは、ある人にとっての犯罪行為が別の人にとっては正当な権利の行使に見えるといったように、世界のあり方を大きく異なる角度から眺めるということを意味します。しかも、他人によってそう仕向けられているのではなく、自分自身で判断していると個々人に思わせるという狡猾な働きをするのです。国家のイデオロギー装置は国家機構の一部であるとは限らず、民間の組織であることも多いものの、国家の支配的な立場にある人たちにとって都合のよいイデオロギーを広めるのに重要な役割を果たす、とアルチュセールは論じています（アルチュセール 1993: 38）。

　日本においても明治政府が近代国家の建設を進めるにあたっては、学校や軍隊に加え、新聞の役割も重視されました。新聞を無料または有料で読むことのできる新聞縦覧所を設置したほか、当時は文字を読めない人も少なくなかったので、教員や僧侶などが人びとに新聞を読んで聞かせる新聞解話会なども開かれていました（永嶺 2004: 170-172）。それによって国家の新しいルールを広めるとともに、「国民」としての自覚を持たせ、場合によっては国家のために命を投げ出すことすら求めてきたのです。

国家の二面性　以上のように，近代国家にとって情報ネットワークは民衆を監視するのみならず，彼らに自発的服従を促すためにも重要な役割を果たしてきました。ただし，国家が民衆をつねに抑圧し，洗脳してきた（！）というのは，乱暴すぎる言い方です。国家による国民の監視と保護とは表裏一体という側面を有しており，それが福祉制度の拡充を可能にしてきたことは先に述べた通りです。犯罪行為に対して人びとが罪悪感を抱くようになるというのも，なにが「犯罪行為」とされるべきかについては検討の余地が大いにあるとはいえ，それ自体は悪いことだとは言えないでしょう。しかも，そのような社会秩序の形成をどこまで国家の意図に帰することができるのかという重大な問題もあります。マスメディアが犯罪報道に熱を上げるのはそれが売れるからだという商業的な理由が大きいわけですから，すべてを国家のせいにしてしまうとかえって見えなくなってしまう部分が出てきます。

4　抵抗する民衆と情報ネットワーク

抵抗運動の変質　国家による民衆の監視や統制はつねに成功してきたわけではありません。情報ネットワークの整備やマスメディアの発達は，他方において民衆の側に抵抗のためのリソースを提供することにもなったからです。

　近代国家が登場する以前にも，支配者に対して民衆が決起するという事態は決して珍しいものではありませんでした。とはいえ，近代以前の民衆の反乱はどうしても散発的なものになりがちでした。連絡手段が乏しいなかにあっては，遠く離れた地域に暮らす人びとが自分たちと同様の境遇にあると知ることも，彼らと協力して立ち上がることも難しかったからです。

　けれども，情報ネットワークの整備は民衆が互いに連携しながら抵抗運動を組織化していくことを容易にしました（Calhoun 1987: 61）。劣悪な労働条件や生活環境に苦しむ労働者たちが自分たちを同じ「労働者階級」として認識し，経営者や政府に抵抗するためのノウハウを共有するようになっていったのです。

社会運動と情報ネットワーク　ヨーロッパではこのような労働運動が，福祉国家の拡大にとって大きな意味を持ったとも指摘されています（Alesina and Glaeser 2004: 109）。福祉と戦争との関係については先に述べましたが，民衆の側にも福祉の拡充を求める強い要望があったことは指摘しておかねばなりませ

ん。小規模な国家の多いヨーロッパでは労働者がネットワークを通じて団結することが容易であり，彼らの運動は即座に国家体制の危機として認識されました。だからこそ，政府が労働者の要求に屈しやすかったというのです。他方，広大な国土を有する米国では全国規模での運動の組織化はより困難であり，分裂も生じやすいのに対し，首都から遠く離れた地域での運動であれば政府が強圧的に鎮圧することも容易でした。そのことが，今日の米国における福祉制度の弱さをもたらす一因になったとも言われています。

労働運動に限らず様々な**社会運動**にとって，情報ネットワークやマスメディアは重要な資源になっています（大石 1998: 136）。差別や人権，環境保護などに関する問題を提起し，その改善を訴えていく社会運動は，国家の方針と対立することが少なくありません。にもかかわらず，マスメディアはそれらの社会運動を取り上げることで，問題が存在していることを広く人びとに知らせる役割を果たしてきました。そのことが世論を動かし，結果として国家に方針変更を強いる可能性も存在しているのです。

より新しいメディアであるインターネットについても同様の指摘を行うことが可能です。インターネットの起源は米国の軍事用ネットワークとして開発されたARPAネットにあるとされていますが，国家の情報管理のために開発されたネットワークがウィキリークスのような国家の機密暴露を行うサイトをも生み出したというのは，管理と抵抗とのせめぎ合いの新たな形態と言うことができるでしょう（和田 2013: 110）。

国家のイデオロギー装置の限界　加えて，国家のイデオロギー装置による民衆の自発的服従の促進も，つねに成功するわけではありません。国家によるイデオロギーの押しつけは，往々にしてそれと異なるイデオロギーを有する人びとの強い反発を招くからです。たとえ国家のイデオロギー装置を使用することができなかったとしても，そうした人びとは代替的なメディアを使用することで自分たちのイデオロギーを拡散しようと試みます。

たとえば，1979年2月にイランではパーレビ王朝が打倒され，イスラム教シーア派による宗教政権が樹立されるという革命が発生しました。パーレビ王朝のもとでは主要なマスメディアは国家の強い統制のもとにあったのですが，その支配に抵抗する人びとは街頭のビラやカセットテープなどの**スモールメディア**によって反体制的なメッセージを伝達し，革命の土台を築いていったので

す (Sreberny-Mohammadi and Mohammadi 1994: 24)。

　また，2009年から2012年にかけて中東諸国で続発した反体制運動（アラブの春）では，ツイッターやフェイスブックなどのSNS（Social Networking Service）が大きな役割を果たしたと言われています。ただし，当時においてそれらの国々ではSNSの普及率は低く，それが多くの人びとを動員したというのは事実ではありません。運動の中心人物たちがデモなどの計画を立案するのが「計画局面」，情報を拡散することで人びとを動員するのが「動員局面」，外国を含む運動の外部へと幅広く情報を発信するのが「発信局面」だとすれば，SNSが活用されたのは計画局面と発信局面だったというのです（伊藤 2012: 104）。動員局面で活用されたのは従来からの口コミや携帯電話のSMS（Short Message Service）だったとされています。

　これらの事例が示すように，情報ネットワークやマスメディアを活用した国家の監視や統制はつねにうまくいくわけではありません。さらに言えば，国家は往々にして，民衆に国民としての自覚を植えつけることでその忠誠心を確保しようとするのですが，そのようにして喚起された「ナショナリズム」はつねに国家の思い通りになるわけではありません。次講ではこのナショナリズムの問題について，マスメディアと関連づけながら説明することにしましょう。

第3講
メディアはナショナリズムを高揚させるのか

1 ナショナリズムと「国益」

高揚するナショナリズム　近年，日本や中国，あるいは韓国などのナショナリズムが話題になることが多くなってきました。歴史認識や領土問題など，国家の主張がぶつかり合うことで，お互いの国に対する強い反発がしばしば生じています。それがナショナリズムという言葉で表現されているのです。歴史的に見ると，ナショナリズムはメディアと深く結びついており，前者が生み出す様々な問題を考えるうえでも後者の役割に目を向けることは有用です。本講ではこうしたメディアとナショナリズムとの関わりについて見ていくことにしましょう。

ナショナリズムと愛国心　ただし，その前に「ナショナリズムとはなにか」について考えておく必要があります。ナショナリズムという言葉は，それを使う人によって意味が大きく異なることが少なくないからです。たとえば，ナショナリズムはしばしば**愛国心**（愛国主義）との対比のもとで用いられます。この場合，ナショナリズムは批判されるべきものとして，愛国心は肯定されるべきものとして見なされる傾向にあります。ナショナリズムは国家の利益を追求するあまり外国に対して攻撃的になる思想や運動で，往々にして外国人に対する強い偏見や差別意識と結びついている。他方で，愛国心とは国家というよりも文化や風土，そこに暮らす人びとに対する愛であり，敵対心や偏見，差別を生み出すものではない，というのです。

ただし，このナショナリズムと愛国心との区別にはかなり危うい部分があります。まず一つは，愛と憎しみとは簡単に切り離せないという問題があります（Balakrishnan 1996: 209-213）。なにかに対する愛がもっとも燃え上がるのは，愛する対象が危機に瀕しているときです（登場人物が大ピンチに陥ることで愛の深

さが確認されるという筋書きのアニメや小説を思い出すとよいかもしれません)。なにかへの愛を表明するためにはそれを脅かす存在を持ち出すことがもっとも手っ取り早く，だからこそ愛と憎しみは結びつきやすいのです。

　さらに，自分たちの目からすれば「健全な愛国心」であるものが，他国から見れば「危険なナショナリズム」にしか見えないということもしばしば生じます (Billig 1995: 55)。立場の違いによって，愛国心なのかナショナリズムなのかという判断が変わってしまうのです。そのため，自分たちの国のそれは健全な愛国心だが，隣国のそれは危険なナショナリズムである，といったそれ自体でナショナリズム的だと言えるような区別が生み出されてしまうことにもなります。ナショナリズムを国家の利益追求とし，愛国心を文化や風土，人びとに対する愛情と見なす区別にしても，民主主義国家において国家は人びとの意思を体現する存在なのだから，愛国心があるなら国家の利益追求に従うべきだという主張の前ではどうしても曖昧になってしまいます。このように，ナショナリズムと愛国心とを区別することは容易ではありません。

イデオロギーとしてのナショナリズム　他方で，ナショナリズム研究の領域では，ナショナリズムの善悪に関する価値判断は棚上げしたうえで，それが有する特徴に基づいて定義を行おうとする発想が一般的です。ただしそこでも，研究者によってナショナリズムに対する見方には大きな違いがあります。強引に分類するなら，ナショナリズムをイデオロギー (第2講参照) やそれに基づく運動の一種と見なす立場と，もっと漠然とした認識の枠組みとして考える立場とが存在すると言うことができます (津田 2007: 199)。ここではまず前者の立場から見ていくことにしましょう。

　ナショナリズムをイデオロギーの一種として見なすということは，それが何らかの明確な主張と結びついていると考えるということです。たとえば，「あの島はわが国の領土であり，断固として防衛せねばならない」「移民を受け入れないことがわが国の文化を守るためには必要である」「歴史教育を通じて国に対する誇りを培わねばならない」等々の主張や，そうした主張を実現するための運動をナショナリズムと呼ぶということです。大まかに言えば，「国益」の実現を求める思想や運動がナショナリズムということになるでしょう。

「国益」の定義をめぐる対立　　ただし，なにが国益とされるのかは，それを主張する人の政治的立場によって大きく変わります。国益がもっとも語られやすいのが領土問題ですが，たとえば誰も住んでいない島を獲得するために隣国と戦争に突入することが果たして国益と呼べるのかどうかは意見の分かれるところでしょう。あるいは，自由貿易の推進が国益に寄与すると考える人がいる一方で，関税障壁などによって国内産業を保護することこそが国益なのだと主張する人もいるというケースも考えられます。言い換えると，政治的闘争とは多くの場合に国益の定義（なにが国にとって良いことか）をめぐる闘争でもあるわけです。

　国家はしばしば国益の定義を独占することで，ナショナリズムを利用しようとします。「戦争を勝ち抜くことこそが国民全体にとっての利益になる」といった主張をすることで，国民の積極的な支持や協力を勝ち取ろうとするのです。ただし，歴史的に見ればナショナリズムは反体制的な主張として出現することが多いと指摘されています（佐藤 2014: 152）。ナショナリズムには「将軍も武士も農民も同じ国民である」といった平等主義的な前提がありますから（小熊 1995: 50），身分の違いに基づく前近代的な支配体制に抵抗するイデオロギーとして機能しうるのです。ところが，ナショナリズムの思想が広がり，それらの支配体制もその影響力を無視できなくなると，国家によるナショナリズムの利用が始まります。いわゆる「公定ナショナリズム」の出現です（アンダーソン 2007: 148）。公定ナショナリズムを採用した国家では，前講でも取り上げた国家のイデオロギー装置が活用され，ナショナリズムを通じて国家への忠誠心の涵養が図られます（西川 1995: 5-8）。そこに暮らす人びとが国民としての一体性を有する国家，すなわち**国民国家**の形成が進められるようになったのです。それでも，国家がつねにナショナリズムを制御できるとは限らず，ナショナリズムの高揚によって既存の支配体制が転覆させられるといった事態が生じることもあります。

　いずれにせよ，ここで言うナショナリズムの特徴は，何らかの明確な主張を有している点にあります。それに対し，もっと漠然とした認識の枠組みとしてのナショナリズムを論じる研究者もいます。次にそうしたナショナリズム観について説明することにしましょう。

2 「想像の共同体」としての国民共同体

見ず知らずの「同胞」への信頼　認識の枠組みとしてのナショナリズムについて説明するにあたり，まず個人的な体験談をお話ししたいと思います。筆者が以前，ロンドンの街なかを歩いていると，日本人の女性に話しかけられたことがありました。ATMの使い方がわからないので教えてほしいというのです（ちなみにロンドンでは街の至るところにATMが設置されています）。そこで筆者は女性から銀行カードを受け取り，暗証番号を入力するところまで操作しました。自分で入力してもらうためです。ところがその女性は筆者に暗証番号を伝えてきたのです。さすがに驚きましたが，せっかくなのでお金を取り出すところまでやってあげました。

　通常であれば，この女性が街なかで見知らぬ人物に銀行カードの暗証番号を教えるということはまずありえないように思います。しかし，言葉が通じない異国の地での不安は日本人と思しき人物に対する信頼感を相対的に強め，普段ではありえないような行動をさせたのでしょう。日本にいるときにはなかなか現れない「同胞意識」が顕在化したのです。

「想像の共同体」としての国民共同体　とはいえ考えてみると，名前すら知らない人物に対して同胞意識を感じるというのは奇妙な話ではあります。実際，日本にいるときにはそういった感覚を抱く機会は決して多くないでしょう。にもかかわらず，そうした感覚はほとんど意識されないままわれわれの心の奥深くに内面化されており，外国人と接触したりする場合に一気に表面に出てきます。著名なナショナリズム研究者であるベネディクト・アンダーソンは，このような感覚によって結びついた国民共同体（nation）を**想像の共同体**（imagined community）と呼びました（アンダーソン 2007: 24）。同じ国民共同体に帰属しているという想像力によって，たとえ見知らぬ人物であっても何らかの絆によって結びついているという感覚が生み出されるというのです。

　アンダーソンの論に従うなら，このように見ず知らずの「同胞」の存在を想像することがナショナリズムだということになるでしょう。いま自分が生きているこの時間を，同じように生きている無数の同胞が存在するという想像力。それこそがナショナリズムだというわけです。小説家の村上春樹による次の文

章は，このようなナショナリズムのあり方をうまく捉えていると思います。

> しかし僕があらためて言うのもナンだけれど，日本人というのは本当に愛しい（いとお）くらいよく働く人種ですね。よく働くし，仕事そのものの中に楽しみや哲学や誇りや慰めを見出（みいだ）そうと努めている。それが正しいことなのかどうかは僕にはもちろんわからないし，それが今後どう変わっていくのかもわからない。でも，それはともかくとして，僕がこうして原稿を書いている今も日本中の工場で無数の人々が体を動かし，いろんなものを作りつづけているのだと思うと，僕の心はなんとなく慰められ，勇気づけられるのである。（村上／安西 1990: 15）

アンダーソンによれば，このようなナショナリズムの出現はマスメディアの発達と深く結びついています。マスメディアは人びとの時間や空間に対する意識を大きく変化させ，そのことがナショナリズムを可能にしたというのです。

時間／空間意識の変容　まず時間感覚について言うと，現代において時間は「過去から未来に向かって一方向的に流れていくもの」と認識されています。過ぎ去った時間は消え去ってしまい，二度と帰ってはこないという感覚です。しかし，こうした直線的な時間感覚は人類にとって決して普遍的なものではないと言われています（真木 1997: 7）。たとえば，反復的な時間感覚によれば，時間というのは昼／夜，乾燥期／雨期といったように対照的な状況のあいだを反復し続けるものとして意識されます。他方，円環的な時間感覚では，春夏秋冬というように同じサイクルが延々と続くものと意識されます。これらの時間感覚のもとでは時間は不可逆なものではなく，むしろ果てしない繰り返しとして意識されるというのです。ところが，新聞は新しい日付のもとで新たな出来事が次々に発生していくことを伝え，時間が一方向的に前に進んでいくものだという感覚を広めていくことになりました（アンダーソン 2007: 60）。

さらに，このような新しい時間の感覚は，時間と空間の切り離しという現象を伴っていました。前近代社会では，人びとの時間感覚は空間と深く結びついていたと言われています（ギデンズ 1993: 32）。自分が暮らしている空間のなかだけで時間は流れているという感覚があったというのです。逆に言えば，自分が行ったことのない場所でも同じように時間が流れているという感覚が希薄だったということです。ところが，新聞はある日，ある場所である事件が起きて

いたのを報じる一方で，同じ時間に別の場所では別の事件が起きていたことを伝えます。現代風に言えば，会社で残業中にツイッターを見たら誰かが現在進行中の飲み会の楽しそうな写真をアップしているのが目に入ってムカつくという感じでしょうか。

見ず知らずの同胞に対する想像力が生み出されるためには，このような時間や空間に対する感覚の変化が必要でした。先に引用した「僕がこうして原稿を書いている今も……」という感覚こそがナショナリズムの発生には不可欠だったのであり，マスメディアはその感覚が広がっていくうえで大きな役割を果たしたのです。

社会の範囲の拡大と想像力　もっとも，こうした想像力がマスメディアだけによってもたらされたというのは言いすぎでしょう。近代化が進むなかで，人びとの暮らしが遠く離れた場所で起きた出来事に大きく左右されるようになってきたということがやはり重要です。それまでは自給自足に近いかたちで狭い地域のなかだけで完結していた生活が，遠く離れた場所での政治的決定や市場の動向からの影響を強く受けるようになります。人びとがより大きな社会に組み込まれていくことで，遠く離れた場所で暮らす人びとに対する想像力が育成されていったのです（真木 1997: 79）。

ともあれ，アンダーソンが言うような意味でのナショナリズムと，先に説明した「国益」を追求する思想や運動としてのナショナリズムとでは，そのニュアンスが大きく違ってくることは明らかです。もちろん，これら二つのナショナリズムがどのような関係にあるのかを探っていくことも重要な課題だと言うことができます。

3　ナショナリズムにおける「比較」の意味

「比較の亡霊」とナショナリズム　これまで説明してきたように，アンダーソンはナショナリズムが発生するための必要条件としてマスメディアの登場による時空間意識の変化を挙げているのですが，それだけでは十分ではないとも述べています。というのも，ナショナリズムが生み出されるためには「比較」という視点が必要になるからです。

先に紹介した銀行のATMの事例からも明らかなのですが，ナショナリズ

ム的な感覚は「自分たちとは異なるもの」との遭遇によって大いに強化されます。実際，海外に滞在することでナショナリストになって帰ってくるという人は少なくありません。不便な生活を強いられることで「やっぱり日本が一番」という発想が強くなるというのが典型的なパターンです。明治時代であれば先進的な欧米社会に触れることで「日本は一刻も早く欧米列強に追いつかねばならない」という強烈な問題意識を抱いた人も多かったでしょう。いずれにせよ，自分がそれまで暮らしてきた場所と他の場所とを比較する視点を手に入れることで，自らが帰属する共同体に対する認識が生まれるのです。アンダーソンはそのような感覚を「比較の亡霊」と呼び，ヨーロッパ社会を体験することでナショナリストになった，あるフィリピン人について次のように論じています。

　（比較の亡霊とは：引用者）新しくて落ち着きのない二重の意識である。いったんそれにとりつかれると，ベルリンを体験したならばマニラを思い起こさずにはいられなくなり，あるいはマニラではベルリンについて考えざるをえなくなる。ここにまさしく，ナショナリズムの起源があり，それは比較をなすことによって生き長らえる。(アンダーソン 2005: 363, 改訳)

　女性が存在することで男性という属性が初めて意味を持つ（その逆も同様です）のと同様に，自らを日本人として認識するためには，米国人や中国人といった別の国民共同体の存在を意識する必要があるわけです。明治期における日本人としての自覚の高まりも，様々な国民共同体によって世界が分割されているという世界認識の広がりと表裏一体の関係にあったとも指摘されています（加藤 1977: 183）。先に述べた，愛国心と敵への憎悪とが結びつきやすい理由をここにも見ることができるでしょう。敵が意識されることで初めて同胞の存在が意識されるということもありうるからです。

　他の国民共同体との比較　　ただし，ナショナリズムにとって「比較」が持つ意味はそれだけではありません。自分たちとは異なる国民共同体との比較のみならず，同じような立場に置かれている国民共同体との比較も重要です。たとえば，同じように列強の植民地支配のもとに置かれていたはずの別の国民共同体が独立を果たしたという情報は，「自分たちも同じように独立ができるはずだ」という意識を高揚させ，独立運動の活性化につながります。そのため，

ナショナリズムの運動は比較を通して連鎖的に生じることが多いのです。第一次世界大戦後にヨーロッパの国々が大国からの独立を果たしたという事実が，第二次世界大戦後におけるアフリカやアジアの植民地諸国での独立闘争を刺激し，そうした闘争が今度はヨーロッパ諸国内の少数民族の独立運動を活性化させていくといった連鎖を挙げることができるでしょう（ロスチャイルド 1989: 14）。また，1989年から1991年にかけて生じた旧共産主義諸国や旧ソビエト連邦共和国における体制変革や独立，2010年から2012年にかけてアラブ諸国で生じた「アラブの春」も同様の現象として位置づけられるでしょう。

差異の発見と創出　他方で，「比較」はほかの国民共同体との違いを可能な限り強調しようという動きにもつながります。その違いが小さいほど，国民共同体としての独自性や境界線があやふやになりかねませんから，このような動きは文化的な距離の近い近隣の国民共同体とのあいだで強くなる傾向にあります。ここで前講でも取り上げたマイケル・イグナティエフの別の著作からまた一部を引用してみたいと思います。当時のユーゴスラヴィアではセルビア人とクロアチア人が激しい戦いを繰り広げていましたが，イグナティエフはセルビア人兵士との次のような会話を記録しています。

> わたしは何食わぬ顔で，セルビア人とクロアチア人は自分には見分けがつかないとあえて言ってみる。
> 「どうしてお互いがそんなにちがうと思うのかね？」
> 男は何を馬鹿なといった表情で，カーキ色の上着のポケットから煙草を取り出す。「ほらな。これはセルビアの煙草だ。向こうでは」彼は窓の外を身振りで示す。「クロアチアの煙草を吸っているんだ」（イグナティエフ 1999: 49）

明確な境界線に従って区別できるような違いが存在しないにもかかわらず，それでも違いがあると主張しなくてはならない。比較をするためには，その両者に何らかの違いが存在していなくてはならないからです。だからこそ，第三者から見れば取るに足りない，あるいはまったく重要ではないような違いが，あたかも生死を分かつほどの重要性をもって語られる状況が生まれることになるのです。言い換えれば，違いが対立や差別を生み出すというよりも，対立や差別がまず先にあって後づけで違いが「発見」されたり，生み出されたりする

事態が生じます。旧ユーゴスラヴィア紛争の場合，新たに独立を遂げたクロアチアにおいて，ほぼ同じ言語であったセルビア語とクロアチア語との違いを生み出すために，新しい言葉が次々と生み出される「新生クロアチア語運動」が展開されることになりました（木村 2001: 22）。

マスメディアはしばしば国民共同体のあいだに存在する違いを「文化」や「習慣」といった言葉で強調します。その違いが大きければ大きいほど，自分たちの目から見て相手の文化が奇異であるほど，読者や視聴者の注目を集めやすいからです。実際に文化や慣習の違いが存在しないわけではありませんが，時にそれが差別や偏見に結びついてしまうことには注意が必要です。違いだけに目を向けてしまうと，同じ人間であることから生まれる共通性が見えなくなり，他の集団をあたかもモンスターであるかのように語る主張に説得力を与えてしまうことになりかねないのです。

4 ナショナリズムの日常化と非日常化

日常のナショナリズムとは　本講ではこれまで「想像の共同体」としての国民共同体の成り立ちについて論じてきました。しかし，想像の共同体という言葉はミスリーディングだという批判もあります（Billig 1995: 77）。というのも，国民共同体の形成が進み，それが人びとにとって当たり前のものとして受け入れられるようになるなかで，国民共同体を想像する機会はしだいに稀になっていくからです。国民共同体は改めて想像されるものというよりは，人びとが日常生活を送っていくなかで当たり前のカテゴリーとして用いられるようになっていく。社会心理学者のマイケル・ビリッグは普段の生活に溶け込んだそのようなナショナリズムを**日常のナショナリズム**（banal nationalism）と呼んでいます。われわれはこのような日常のナショナリズムを内面化することによって，国境線で区分された世界を自明のものとして受け入れているのです。

こうした日常のナショナリズムはマスメディアのあり方にも強い影響を及ぼしています。たとえば，新聞は通常，国内面と国際面とに分かれており，国際的な大事件でもない限り，両者を区別することは当然と見なされています。あるいは，日本の新聞に何の留保もなく「政府」とだけ書かれている場合，それは「日本の政府」を指しますし，「首相」や「天気」についても同様です。第1講でも述べたように「社会」という言葉にしても，ほとんどの場合に「日本

社会」という意味で用いられます。最近の社会学では，このように社会という言葉を日本社会とのイコールで用いることに対して批判が行われるようになっていますが，通常の用法ではまだまだ両者は同じものとして語られることのほうが圧倒的に多いでしょう。

いずれにせよ，国民共同体というカテゴリーは当たり前のものとして受け入れられており，改めて意識されることはそれほどありません。ただし，だからといってそれが消滅したわけではないとビリッグは主張します（前掲書: 77）。普段は半ば忘れ去られていたとしても，戦争や大災害などの非常時において，国民共同体というカテゴリーは忘却の底から一気に浮上し，非常に強い拘束力を発揮するというのです。日本においても2011年の東日本大震災のさい，「日本はひとつ」といったフレーズがさかんに用いられたことは記憶に新しいでしょう。

危機感の煽動　その一方で，「危機のもとでは国民としての団結が必要だ」という論理は，逆向きに利用されうる点にも注意する必要があります。つまり，反対意見を封じ込めたいという願望が先にあって，そこから危機が煽られる可能性があるということです。

マスメディアにしても，危機は売り上げを増大させるチャンスです。たとえば，満州事変以降の日本では，太平洋戦争が勃発するまで新聞の発行部数は急増を続けました（佐々木 1999: 355）。このように，人びとの危機意識に訴え，非日常的なナショナリズムを喚起することは，政治家やマスメディアの利益にかなう部分があるのです。

ただし，この点を重視しすぎると「陰謀論」に陥る危険性が生まれてしまいます。2001年9月11日に米国で発生した同時多発テロは，戦争を引き起こす機会をうかがっていた米国政府の自作自演である，といった主張はその典型例です。このような陰謀論については第9講で改めて論じることにしましょう。

第4講

戦争プロパガンダに
メディアはどのように関わってきたのか

1　総力戦の到来とプロパガンダ

プロパガンダとマスコミュニケーション研究　マスコミュニケーション研究（第11講参照）と総力戦（第2講参照）とのあいだには深い結びつきがあります。戦争の規模が拡大し、多くの人びとを戦場や軍需工場へと動員する必要が高まるなかで、**プロパガンダ**（政治宣伝）によって人びとを説得し、戦争に協力させることが重要な課題として認識されるようになったからです。しかも、映画やラジオのような新しいメディアを利用することで、より効果的な説得が可能になるとも考えられました。そこで、政府や軍の支援のもとマスコミュニケーションの研究が大々的に実施されることになったのです。

第7講でより詳しく論じますが、とりわけ米国では国家の政策とマスコミュニケーション研究との関係が深く、第二次世界大戦中には著名な研究者の多くが政府や軍のプロパガンダ部門に所属し、戦争終結後も何らかのかたちで支援を受けていたことが今日では明らかになっています。ただし、少なくとも第二次世界大戦の段階では、マスコミュニケーション研究の成果は出てくるのが遅すぎ、しかも抽象的すぎたので、プロパガンダの作成にはあまり役立たなかったとも言われています（Doob 1947: 667）。

なお、プロパガンダを扱った文献ではその威力を強調するあまり、国際政治や戦争の成り行きをすべてプロパガンダが決定するかのような主張がなされることがあります。言うまでもなく、政治や戦争は様々な要因から影響を受けるのであり、プロパガンダですべてが決まるかのような主張は端的に言って誤りです。この点については、以下の指摘が参考になるでしょう。

> PR戦略といっても、トップがそのメッセージを裏切る行動を続けていてはその効果にも限界がある。国家が情報戦を戦うなら、まずその政策や行動が問わ

れるのは当然のことだ。それをひっくり返すことはどんなプロでもできない。

（高木 2014: 146）

　こうした観点からすれば，自分たちが批判されているのはすべて敵対的なプロパガンダのせいであるというのは往々にして責任回避のための方便でしかなく，第9講で取り上げる陰謀論にも近づいていくことになるのです。

　戦争の正当化　　人びとを戦争に協力させるためにまず必要なのは，戦争の目的を理解させることです。何のために戦わねばならないのかを伝えることで，戦意を高揚させようとするわけです。たいていの場合，戦争の目的として語られるのは「なにかを守る」ことです。つまり自分たちの国や，他国で抑圧を受けている同じ民族の人びと，あるいは隣国から侵略を受けて苦しんでいる人びとを守るためには，戦うよりほかに手段がないという論理です。今は他国によって支配されているが，あの土地の正当な所有者はわれわれである，といった論理が語られることもあります。他方で，隣国の防衛力が弱まっているためにいまなら楽に領土をかすめ取ることができるといった理由や，隣国の地下資源を入手できればより高い経済成長が可能になるといった理由が正直に語られることはまずありません。ヨーロッパ中に戦線を拡大していったナチスドイツですら，ドイツ国民の生存を守るためには戦争に訴えるしかないという主張を展開していました。ヒトラーの側近であったヘルマン・ゲーリングは次のようにドイツの戦争を正当化していたと言います。

　　ドイツは戦争を望んではいない。国民は，（アドルフ・ヒトラー：引用者）総統の決断に無言の信頼を寄せ，平和を待ち望んでいるのだ。だが，一方で，もし，この平和を拒絶し，欧州を戦火にまきこもうとする者があれば，われわれドイツは防衛のために立ちあがるだろう。（モレリ 2002: 25）

　憎悪の喚起　　こうした説得の裏返しとして，敵国に対する憎悪が煽動されることになります。自国が絶対的に正しいのであれば，敵国は絶対的な悪でなければならないからです。そのため，戦争時のプロパガンダには，しばしば敵国の人間のきわめて醜悪な描写が出現します。殺人鬼，怪物，神の敵，野蛮人，動物などとして描かれることになるのです（キーン 1994）。敵国の人間に良心

はなく，強欲や性欲によってのみ突き動かされる動物のような野蛮人であり，彼らを放置すればわれわれの文明そのものが危機に陥ることになるという主張が繰り返されるようになります。彼らのような存在であれば殺害することもやむをえない，もっと言えば悪しき魂に支配されているのだから殺害することこそが彼ら自身の救済にもなるという殺人の正当化が行われるのです。

　敵の描き方のなかでも特に重要なのが強姦者としての敵です。もともと，多くの死者が生じる大規模な戦争では，国民共同体の不滅性のシンボルとして「母親」が賞揚される傾向にあります (Pettman 1996: 192; 若桑 2000: 269)。女性だけが次世代の国民を産むことができ，未来の希望になりうるからです。それゆえに女性に対する性暴力は国民共同体の未来が危うくなるという危惧を生じさせるのであり，自国の女性に危害を加える強姦者として敵を表象することは激しい敵意を喚起しやすいのです。実際，戦争時に性暴力が蔓延する理由としては，軍隊や戦場において抑圧された性欲の暴発のみならず，敵対している国民や民族を根絶やしにしようとする衝動があるとも指摘されています (Korać 1996: 137)。

　敵国民の解放という論理　　ただし近年では，敵対する国民や民族全体に対する憎悪が煽動されることは少なくなっています。差別や偏見に対する批判が高まっている現在の国際世論においては，そうしたかたちでの憎悪の煽動は支持を得づらくなっているということが背景にあると言えるでしょう。そのため，敵対している国をその指導者と抑圧されている一般民衆とに分類し，前者に対してのみ敵意を煽る手法が採用される傾向にあります。つまり，指導者の排除だけが目的であり，一般民衆と敵対するつもりはない，むしろ彼らを圧政から解放するための戦争なのだという論理です。その典型的な例が 2003 年のイラク戦争です。当初はフセイン政権が大量破壊兵器を所有しているという名目で開始されましたが，それはまた独裁体制のもとで苦しめられている人びとを救い出すための戦争でもあるとも主張されました。戦争が終結したのち，イラク国内からは大量破壊兵器が発見されなかったことから，その後には後者の目的だけが戦争を正当化する理由として語られるようになったのです。

　いずれにせよ，こうしたプロパガンダを通じて，平時であれば悪とされる殺人が肯定されるべき行為へと転換されることになります。もちろん，戦争終結後に日常生活に復帰した兵士は，殺人が悪とされる社会規範に再び順応しなく

てはなりません。しかし，人によってはそうした切り替えをスムーズに行うことができず，「罪」や「恥」といった意識により非常に大きな心理的ストレスを受けることになります。9.11（米国同時多発テロ）後のアフガニスタンやイラクでの戦争から帰還した米国兵の多くがストレス障害に苦しんでおり，戦場で死亡するよりもはるかに多くの兵士が任期中および退役後に自殺していると報道されています（*The Guardian* 2013/2/1）。

敵側へのプロパガンダ　他方で，敵側に誤った情報を流して混乱させたり，説得を通じて戦意を喪失させることも，プロパガンダの重要な役割です。誤情報の例としては，第二次世界大戦中に連合国軍がドイツに対して行った「オペレーション・アニー」を挙げることができます（岩島 1968: 17-18; 江畑 2006: 204）。この作戦ではルクセンブルクにラジオ局「ラジオ・アニー」を極秘に設置し，親ドイツ的な放送を行いました。当初，この放送局は事実を忠実に報じたため，多くのドイツ人がそれを信頼するようになります。ところが，1945年3月に連合国軍がライン川を渡りドイツ本土に本格的な侵攻を開始すると，ラジオ・アニーは連合国軍の侵攻地点について誤情報を流しました。そのため，ドイツの避難民が侵攻地点に向かうという事態が発生し，ドイツ軍の撤退を妨害することに成功したとされています。

　敵の戦意の喪失について言えば，士気の高い軍隊の兵士を説得することは容易ではないようです（Shils and Janowitz 1948: 281-282）。兵士たちの士気はほかの兵士との仲間意識に由来する部分が大きく，プロパガンダによって敵国の思想やイデオロギーを攻撃してもそれほどの効果は期待できないというのです。第二次世界大戦中の研究では，連合国軍が行ったプロパガンダのなかで効果的だったのは，ナチスのイデオロギーを批判するものではなく，枢軸国側の敗色が濃厚になった時点で安全な降伏の方法を伝えるものだったと報告されています。降伏の方法を指示するこうしたプロパガンダは2003年のイラク戦争でも用いられました（江畑 2006: 154-155）。

　もっとも，敵軍がプロパガンダを信じなくても効果はあるという主張も存在します。太平洋戦争における硫黄島での戦いのさい，白人の指揮官とアフリカ系米国人の兵士から構成される米国軍部隊に対して，日本軍は「これは日本と白人との戦争であり，白人のために諸君が命を危険に晒す必要はない」といった趣旨のビラを撒いたのだそうです（Davison 1983: 1-2）。そのビラはアフリカ

系の兵士たちの士気に影響を及ぼすことはありませんでしたが，白人の指揮官に影響を及ぼしました。兵士たちがビラに影響されることを心配した指揮官は，翌日にその部隊を撤退させたのです。

このように，敵軍の内部に潜在的な亀裂が存在する場合，その亀裂を利用するようなプロパガンダを展開すると，たとえそれを相手側の誰も信じなかったとしても，疑心暗鬼を生じさせることができる場合があります。マスメディアは自分よりも他人に大きな影響を与えると多くの人が考えるという傾向を**第三者効果**と呼ぶのですが，日本軍による先のプロパガンダはまさにそれを狙ったのではないかと言われています。

2　マスメディアの誘導と統制

ベトナム戦争の「教訓」　　戦争の遂行にあたってマスメディアにどう対応するのかは政府や軍にとって重要な課題となります。米国の場合，ベトナム戦争時における反戦運動の広がりがその後のマスメディア対応に大きな影響を及ぼしたと言われています（ヌーマン 1998: 256）。たとえば，1968 年 2 月に撮影された，米国が支援する南ベトナム政府の警察庁長官によって敵軍の捕虜が射殺される写真は，世界中に報道されてベトナム反戦運動のアイコンにもなりました。そうして戦争への反対世論が広がり，結果として米軍がベトナムから撤退せざるをえなくなった以上，戦争時においてはマスメディアへの統制を厳格に実施せねばならないと考えられるようになったというのです。

ただし，1968 年ごろまで米国でのベトナム戦争に関するテレビ報道は圧倒的に米軍に好意的であったにもかかわらず，1967 年の時点ですでに米国人の半数がベトナム戦争を誤りだと考えていたという世論調査結果も存在しています（Schudson 2011: 13）。後にテレビ報道もベトナム戦争への批判に転じますが，そのことが世論に影響を与えたというよりも，戦争に批判的な世論をテレビが反映しただけではないかと言われています。にもかかわらず，ベトナム戦争で米軍が敗れたのはマスメディア報道のせいだという発想から，戦場取材をより厳しく規制する動きが生まれることになりました。

湾岸戦争におけるプール取材方式　　そうしたメディアへの統制が顕著になったのが，1990 年 8 月のイラクによるクウェート侵攻によって始まった湾岸

戦争でした。この戦争では，1989年の米国によるパナマ侵攻でも実施されたプール取材という方式が採用されました（ヌーマン 1998: 242-243）。各メディアを代表する記者がまず取材を行い，その成果をほかのメディアに伝えるという方式です。記者が自由に戦場に入ることで軍の作戦遂行に支障をきたしかねないという理由により，代表記者団は軍の司令部に滞在することを求められました。監視の目をかいくぐって抜け出そうとした記者もいたのですが，ほぼ全員が逮捕され，急造の監獄で「取材許可を取り消す」という脅しを受けたのだそうです（武田 2003: 152）。その一方で，代表記者団を対象とする会見が絶え間なく実施され，大量の情報や画像が提供されました。それがそのままマスメディアで伝えられることになったのです。

　それらのなかにはカメラを搭載したミサイルがピンポイントでイラクの軍事施設を破壊するという有名な映像も含まれており，湾岸戦争の代名詞ともなりました。こうして，米国軍を主力とする多国籍軍はイラクの軍事施設だけを攻撃しており，民間人の被害は最小限に食い止められているというイメージが広がっていったのです。湾岸戦争が勃発した当時，筆者はまだ高校生でしたが，さすがに米国の戦争のやり方は人道的だと感心したことを覚えています。米軍が使用したミサイルのうち軍事施設を正確に狙う誘導式のものはたった7％にすぎず，しかも投下された爆弾全体の70％がターゲットを外していたことや，米軍の攻撃によってイラクの一般市民にも多数の犠牲者が出ていた（ハチテン／ハチテン 1996: 351）のを知ったのはずっと後になってからのことでした。

イラク戦争におけるエンベッド取材方式　　湾岸戦争のプール取材方式はマスメディアからは非常に不評であり，米軍の情報操作に乗せられてしまったという反省もありました。そこで2003年のイラク戦争ではエンベッド取材方式が採用されました。これは戦場で移動する部隊に記者を同行させるというやり方で，記者は部隊の兵士たちと一緒に行動しながら取材活動を行うことができました。ただし，このエンベッド取材方式では，兵士と記者とのあいだに強すぎる一体感が生まれてしまうという点が問題視されています。つまり，兵士の視点を内面化するあまり，記者としての客観性が保てなくなってしまうのではないかということです。実際，なかには「従軍中，私はずっと自分も武器を取って部隊を助けたいという衝動にかられていた」と告白した記者や，兵士から武器の操作を習って「必要であればいつでも戦闘に加わるつもりだった」と述

べた記者もいます（永島 2005: 100-101）。米軍の観点からするとこれは好ましい結果ということになるでしょうが，ジャーナリズムの観点からすれば軍や兵士たちが引き起こす問題を見逃すことにもつながりかねず，疑問の余地があると言わざるをえないでしょう。

マスメディアによる自発的協力　他方で，戦争報道に関しては自由な報道を抑圧しようとする政府や軍と，それに抵抗するジャーナリストという構図で語られがちですが，実際にはそんな単純な話ではありません。第3講でも触れたように，戦争は往々にしてマスメディア企業にとって大きなビジネスチャンスでもあるわけですから，マスメディアが一面的な情報流通に積極的に加担していく可能性は十分に考えられます。たとえば，米国における戦争と放送メディアとの関係に関しては，次のような指摘がなされています。

> 放送メディアは人びとが合意していると認識されたことに反対するのを恐れ，人びとを遠ざけることを恐れ，不人気な立場に立つことを恐れる。視聴率を失うことで利益まで失うのを恐れるからだ。少なくとも初期の段階において米国の軍事行動は人びとの大多数から支持される特徴がある。そのため，人気の高いことが判明した軍事作戦に対する批判をテレビは極度に嫌がるのである。
> （Kellner 1995: 213）

加えて，戦争を熱狂的に支持する一般の人びとがマスメディアに大きな圧力をかけることも考えられます。言わば，「検閲官」としての民衆が「国益」に反すると見なされる報道を制限していくのです。インターネットを通じて人びとが運動を組織化することが容易になっている現在では，報道に対するこのような圧力に目を向けることがさらに重要度を増していると言えるでしょう。

3　PR会社と世論形成

PR会社と戦争　これまで見てきたのはおもに自国が戦争に突入した後でのマスメディア統制に関する話ですが，世論の動向がより重要な意味を持つのは参戦する以前の段階だと言えるかもしれません。戦争に踏み切るか否か，いかなる立場で参戦すべきかを決めるうえで，世論の後押しは不可欠になるから

です。そこで重要な役割を果たすようになっていると言われるのがPR会社です。

　戦争時のPR会社の役割に関しては，湾岸戦争や旧ユーゴスラヴィアでの内戦がよく知られています（高木 2002）。湾岸戦争は1990年8月にイラクがクウェートに侵攻したことに始まり，翌年に米国を中心とする多国籍軍がイラク軍をクウェートから放逐して終戦を迎えました。米国がこの戦争に参加するにあたって大きな役割を果たしたと言われるのが，イラク侵攻後のクウェートから命からがら逃れてきたと称するナイラという少女の証言であり，彼女を背後で動かしていたのがクウェート政府から依頼を受けたヒル・アンド・ノウルトンというPR会社でした。ナイラの証言によれば，クウェートの病院に侵入したイラク軍兵士が保育器に入っていた多数の新生児を床に投げ出し，殺害していたというのです。この証言は参戦の必要性を訴えるジョージ・ブッシュ大統領（当時）や複数の上院議員の演説にも引用されています。ところが，実際にはナイラは駐米クウェート大使の娘であり，イラク占領下のクウェートには入ったこともなかったばかりか，イラク兵による新生児殺害も虚偽であったことが後に明らかになっています。そして，病院での出来事に関する証言の台本をナイラに渡したとされるのがヒル・アンド・ノウルトンなのです。

　ただし，ナイラの証言のようにまったくの虚偽を用いるのは，世論誘導の方法としては水準が低いとも指摘されています（前掲書: 37）。事実，虚偽が発覚した後にヒル・アンド・ノウルトンは苦しい釈明へと追い込まれ，PR業界全体のイメージの悪化をもたらしました。その反省を踏まえ，現在ではまったくの虚偽を訴えるのではなく，事実の一側面だけにスポットライトを当てる，より洗練された手法が用いられるようになっているといいます。その手法がいかんなく発揮されたのが，第2講でも触れた旧ユーゴスラヴィアの内戦でした。

　一面的な情報の流通　　内戦以前のユーゴスラヴィアは社会主義政権によって統治されていた多民族国家でした。ところが，冷戦終結後には民族間の対立が激化し，やがて内戦に突入します。セルビア人，クロアチア人，ボシュニャク人（モスレム人）やアルバニア人の武装勢力のあいだで激しい戦いが繰り広げられましたが，そのなかでセルビア人こそが悪であり，それ以外の民族はセルビア人に虐げられる被害者だとする構図が国際世論によって共有されるようになっていきます。セルビア人がクロアチア人やボシュニャク人に対して「民

族浄化」を行っているという報道が大々的に行われるようになったのです。

民族浄化とは，その対象となった地域から特定の民族を暴力的な手段により追い払うというニュアンスの言葉で，それが殺戮を伴うか否かは曖昧な部分を有しています。しかし，この言葉を耳にする者には大規模な殺戮を想像させることから，キャッチフレーズとしては非常に高い有用性を有していたのです。もちろん，セルビア人が残酷な行為を働いていたことは厳然たる事実のようですが，ほかの民族も同様の行為に手を染めていたと言います。英国の元外相は「セルビア人も，クロアチア人も，モスレム人も，誰もが同じことをしていたのだ。にもかかわらず，セルビア人が被害者となり，他の民族に追い出された場合には"民族浄化"とは呼ばれない」と指摘しています（高木 2002: 96-97）。

このように特定の勢力だけを悪と名指しするには旧ユーゴスラヴィアの情勢はあまりに複雑すぎたわけですが，それにもかかわらずNATO（北大西洋条約機構）軍はボスニア・ヘルツェゴビナ紛争（1992-1995年）やコソボ紛争（1996-1999年）においてセルビア人勢力をターゲットとする空爆を実施したのです。長期間にわたって旧ユーゴスラヴィアでの取材を続けたジャーナリストの木村元彦は，コソボ紛争でのNATO軍による空爆がかえって民族間の憎悪に火をつけていることや，欧米や日本のメディア報道がセルビア人を一方的に糾弾する論調になっていることを指摘し，「絶対的な悪者は生まれない。絶対的な悪者は作られるのだ」と述べています（木村 2001: 224）。

4　プロパガンダは肯定できるか

プロパガンダを肯定する論理　　以上のように，現代でも様々な戦争プロパガンダが展開されています。ここで難しいのは，プロパガンダを完全に否定することができるかという問題です。とりわけ敵軍の士気を低下させることを意図したプロパガンダについては，敵が内部崩壊してくれれば無用な戦闘を回避することにもなり，敵味方双方の人命を助けることにもつながります。

他方，戦争というのはやはり勝利こそが絶対的な目的なのだから，戦争遂行の妨げとなるような情報の流通は抑制されるべきだと主張することも可能です。自軍の行動を詳細に報道するとそれが敵軍に筒抜けになり，自軍を危機に陥れる危険性は否定できないでしょう。また，自軍の損害や敗走，残虐な行為を詳細に報道することで厭戦ムードが高まってしまうと，勝てたはずの戦争にも勝

てなくなってしまう可能性も指摘できます。

　さらに言えば，戦争は敵対する勢力のいずれかが勝利しないとなかなか終わりません。勝敗が定まらないまま延々と内戦が続いていくような場合，膨大な人命が損なわれることにもなります。いずれの勢力も戦争犯罪に手を染めているという事実が大々的に報道されれば，「もう好きなだけ殺し合いをさせておけ」という諦めと無関心が広がり，国際世論からは忘れられたまま殺戮だけが続いていくという状況も考えられます（イグナティエフ 1999: 36）。これを防ぐには，たとえ戦争犯罪を行っていたとしても相対的には正当性があると見なしうる勢力を外部から支援し，可能な限り早く内戦を終結させるべきだという判断もありうることになります。外部からのそうした介入を正当化し，国際世論の支持を取り付けるためには，「善」と「悪」という構図を無理にでも作り出すことが不可欠であるという主張も可能でしょう。

　プロパガンダがもたらすリスク　　他方で，プロパガンダには多大なリスクが伴うことも認識されねばなりません。そもそも，プロパガンダを肯定する論理は「状況を客観的に把握しているエリート（軍のトップや政治家）」と「プロパガンダにより操作される大衆」という構図を暗黙のうちに採用しています。エリートまでもがプロパガンダを本気で信じてしまうと冷静な状況判断が不可能になりますから，それは当然です。しかし，情報流通に関してエリートと大衆とが分断された構造を維持し続けることはそれほど容易ではありません。プロパガンダの論理を採用した組織では「本当のこと」が言えないムードが蔓延し，たとえ現場から上層部へと正確な情報が上がってきたとしても，エリートがそれをうまく処理できなくなってしまうのです。

　しかも，プロパガンダにより国内世論が沸騰していけば，やがてエリートにも制御がきかない状況を生じさせます。先にも述べたように，プロパガンダに反する情報は，上からの統制がなくとも一般民衆からの圧力によって抑圧されるようになるからです。そうなれば，国家が根本的な方針転換を図ることが困難になり，壊滅的な被害が生じるまで戦争目的を勝利から和平へと切り替えることができないということになりかねません（Deutsch 1966: 182-184）。不利な戦況を伝える情報を「ノイズ」として切り捨てる意志の強さが称賛される一方，和平の追求が「戦争で命を落とした者への裏切り」という主張によって糾弾され，いくら敗色が濃厚でも和平を口にすることすらできない状況にもなりうる

のです。

プロパガンダを肯定する者の責任　プロパガンダを通じて内戦の早期終結を図るという立場については，それを主張する者の立場が厳しく問われます。大局的に見ればそれが犠牲者を減らす可能性があったとしても，強引な「善」と「悪」との線引きによって失われる人命を前にしてそれを唱え続けることができるかという問題です。旧ユーゴスラヴィアの内戦では悪とされたセルビア人のうち何十万人もの人びとがもともと住んでいた土地を追われ，多くの人命が失われました。そうした判断を果たして人間が引き受けることができるのかが問われることになるのです。

　あるいは，あらゆるプロパガンダの肯定／否定という極端な二分法を採用する必要はないのかもしれません。自軍の作戦遂行に支障をきたす情報の報道は控える一方で，冷静な状況判断に寄与する情報は積極的に伝えるというのが「落としどころ」になるようにも思います。しかし，そうした線引きがいつも可能なわけではありません。いったん戦争が始まってしまえば，その熱狂を止めることは誰にもできず，真偽不明な情報が氾濫するなかで冷静な議論はきわめて困難になってしまいます。だとすれば，われわれにできることと言えばせいぜい，過去の事例を検証し，そうした状況に至らないように平時から議論を積み重ねていくことしかないのかもしれません。

第5講
メディアは資本主義といかに結びついてきたのか

1 資本主義の勃興とマスメディア

グーテンベルクの活版印刷　本書ではこれまで近代国家やナショナリズムとマスメディアとの関係について論じてきましたが，近代において社会の変化を促してきた推進力はそれだけではありません。言うまでもなく，資本主義がそれにあたります。歴史的に見ても，マスメディアの誕生や発達と資本主義は深く結びついてきました。

マスメディアの誕生を語るうえで欠かせないのがヨハネス・グーテンベルクによる活版印刷の発明です。この発明によって人類の歴史に名を残すことになったグーテンベルクですが，その後の人生は必ずしも恵まれたものではありませんでした（小林 1994: 42）。活版印刷技術を開発するにあたってグーテンベルクはその資金を銀行家のフストという人物から借り入れたのですが，フストは借金の返済を求めて裁判に訴えます。しかも，フストはグーテンベルクの弟子であるシェッファを引き抜き，自ら印刷業に乗り出します。かくしてグーテンベルクは機材や仕事まで奪われてしまうことになったのです。この世知辛さにもマスメディアと資本主義との結びつきを見ることができるかもしれません。

それは措くとしても，活版印刷は非常に重要な発明でした。同一商品の大量生産を可能にした最初の技術だったからです（マクルーハン 1986: 193）。同じような商品を短時間で大量に生産することができれば，それだけビジネスの規模を大きくすることが可能になります。そして，生産効率の上昇を求めるこうした論理は，やがて言語のあり方にも大きな影響を与えるようになったと言われています。

活版印刷が登場した当時，ヨーロッパでは様々な書体が用いられていました（フェーヴル／マルタン 1998: 41）。学者用，教会用，役人用，作家用など，文書の種類によって印刷に用いる活字を使い分ける必要があったわけです。ところ

が，活版印刷が誕生してからわずか1世紀足らずのうちに，ヨーロッパ全域でローマン体という活字が用いられるようになりました。その背景には，活字の種類が少ないほうが印刷を効率的に行えるということがあったと考えられます。

ラテン語の没落と出版言語の出現　さらに，活版印刷は当時のヨーロッパにおいて支配エリートの共通言語だったラテン語の没落をもたらしたとも言われています（アンダーソン 2007: 82-86）。当時のヨーロッパでは貴族と庶民とはしばしば別の言語を用いていました。貴族たちは自国の民衆よりも他国の貴族とより深く結びついており，他国から王や王の結婚相手を迎えるということが頻繁に行われていました。活版印刷技術は当初，そうした支配エリートたちの言語であるラテン語の書物のために用いられていたのです。しかし，エリートの数は少なく，その市場はすぐに飽和してしまいます。そこで潜在的にははるかに大きな市場であった「民衆の言語」を使った出版物が販売されるようになり，ラテン語を駆逐していくことになったのです。

　もっとも，「民衆の言語」とは言っても，地域ごとの言語的多様性はかなり大きなものでした。より大きな市場を生み出すためには，相対的には似ている言語をまとめて「一つの出版言語」にしてしまうことが効率的です。そのため，活版印刷と資本主義の結びつきは，地域ごとの出版言語の統一を促進していきます。ただし，「どの言語」をベースに出版言語を生み出すかという選択にあたっては国家の政治的な思惑も働いていたという指摘もあり（Breuilly 1996: 152），資本主義が勝手に言語を統一していったというのはやや言いすぎであるようにも思います。いずれにせよ，出版言語の登場は，第3講で説明した国民共同体への想像力を喚起するうえで重要な役割を果たしたと言われています。つまり，見たことも会ったこともないけれども，コミュニケーションができるはずの同胞が無数に存在しているという想像力が共通の言語の存在を通じて喚起されることになったわけです（ただし，本当に円滑なコミュニケーションが可能か否かはまた別の話です）。

　以上のように，マスメディアは登場した当初から資本主義と深く結びついており，そこでは「同じもの」を大量に生産することを求める論理が強く働いていました。しかし，発達した資本主義はやがて同じものを生産するだけでは存続できなくなっていくのです。

2　消費社会の出現

大量生産技術の発展　これまで見てきたように，資本主義の発達にとって大量生産を可能にする技術革新はきわめて重要でした。しかし，そのような大量生産は，大量に消費する人びとが存在することで初めて意味を持ちます。ここで「消費する」というのは，商品を購入できるだけのお金を持ち，それを使う意思があるということを意味しています。逆に言えば，いくらたくさんの人がいたとしても購買能力や購買意思がなければ市場が存在しているとは言えません。

そして，大量生産技術の発達は，人びとの購買能力や購買意思をはるかに上回る生産量を可能にしていきます。商品を生産するよりも売ることのほうが難しくなったのです（ボードリヤール 1995: 85）。そこで，消費者の欲望の創出などを通じて，より新しいものを消費させることが経済のサイクルを回すうえで不可欠になりました。人間にはつねになにかが不足しており，その不足が埋め合わされたとしても決して満足することはなく，すぐに別のなにかの不足を埋めようとするという人間観に従って社会が形成されることになったのです（クセノス 1995: 36）。いわゆる**消費社会**の誕生です。

買い物の変化　このような資本主義の変化に伴い，買い物のあり方も大きく変化したと言われています。たとえば，消費社会が到来する以前の 19 世紀前半のパリでは，商店に入るまえに自分がなにを買うのかを決めておく必要があったのだそうです（鹿島 1991: 15）。商品が店内に展示されていないことが多く，自分が欲しいものを店の奥から出してきてもらわねばならなかったからです。しかも，店に入った以上は必ずなにかを買わねばなりませんでした。品物に値札は付いておらず，できるだけ高く売りつけようとする店員との交渉もしなくてはなりませんから，当時の買い物というのはかなり苦痛だったのではないかと想像されます。

買い物客に対する店側の立場が強かった理由の一つには，交通機関が未発達だったという事情があります。馬車を使えるのは身分の高い人びとに限られていましたから，庶民は徒歩で買い物に行くしかありません。そうなると行ける店も限られていますから，いくら気に入らなくてもその店で買うしかないわけ

です。そうした状況を変えたのが都市計画による道路の整備と乗合馬車の発達であり、庶民の移動範囲は大幅に拡大しました。そのため、買い物客が店を選ぶことができるようになり、客側の立場は強くなっていきます。

ただし、買い物のあり方の変化という点でより重要な意味を持ったのは、先に述べた生産技術の向上です。以前よりも大量に商品が供給されるようになったわけですから、どうにかして商品を買ってもらう必要が出てきたのです。消費者の購買意欲を煽るために、新たに出現したデパートでは商品の展示に工夫を凝らしたり、エスカレーター間の接続を悪くすることでわざと客に店内を長く歩かせるといった設計が行われるようになりました。こうして買い物を楽しむ人が増えると同時に、それに付き合わされる人の苦労も増していくことになったのです。

消費を促進する工夫　　他方で、商品の寿命を意図的に短くするという「工夫」が行われる場合もあります。売る側からすれば、消費者が一つの商品を大切に長く使うというのは必ずしも好ましいこととは言えません。むしろ、次から次に新しい商品を買ってもらったほうが都合の良いケースのほうが多いでしょう。たとえば、戦前のドイツでは複数の電球メーカーが秘密の協定を結び、電球の寿命を2500時間から1000時間へと意図的に短くし、協定に違反した企業には罰則を加えるということまで行われていました（Peretti 2014）。現在でもプリンタのインクリボンなどで似たような方法が採用されていると主張する研究者もいます。

消費を促進するより大がかりな「工夫」として戦争が挙げられることもあります。戦争は様々な物品への需要を大きく増大させるからです。そのため、冷戦期には資本主義が存続していくためには戦争が必要になるという批判が社会主義陣営から行われることになりました（見田 1996: 10）。ただし、これらの主張を突き詰めていくと、またも「陰謀論」になりかねない点に注意が必要でしょう。むしろ、消費を促進するより正攻法的なやり方として挙げられるのが、商品が持つ「記号」としての意味を次から次へと塗り替えていくという方法です。

T型フォードの逸話　　この方法を理解するうえで参考になるのが、消費社会に関連して必ずと言っていいほど取り上げられるT型フォードのエピソード

です（内田 1987: 8-11）。T型フォードとは，1908年に米国のフォード社が販売を開始した自動車の名称です。生産過程で使用する部品の規格化や新素材の採用により，T型フォードはそれまでよりも安いコストでの生産が可能でした。しかも，販売開始後にもベルトコンベアーによる生産方式を採用することでさらなる値下げに成功し，庶民でも自動車を買える時代を到来させたとも言われています。つまり，「同じもの」を大量に生産する技術の導入によって，それ以前には職人が長い時間をかけて作っていた自動車をより安価に販売できるようになったのです。

ところが，あるときから値段を下げてもT型フォードは売れなくなっていきました。その要因の一つが，フォード社のライバルであるゼネラル・モーターズ社が販売を開始したシボレーという自動車にあったと言われています。それでは，シボレーはT型フォードに比べてなにが優れていたのでしょうか。販売開始当初，T型フォードの車体カラーは3色のなかから選ぶことができました。しかし，生産効率を上げるために黒色だけに絞り込まれました。それに対して，シボレーにはよりスタイリッシュなデザインが採用されたほか，多彩なカラーバリエーションが用意されたのです。

もちろん，空気抵抗を軽減したり，居住性を向上させるような工夫を除けば，デザインや色が自動車の性能に影響することはありません。しかし，大量生産や技術革新によって自動車の価格が下がり，全体的な性能も上がってくると，消費者は価格や性能だけで商品を選ばなくなっていきます。難しい言い方をすれば，商品が「記号」として持つ意味が相対的な重要性を増していくということです。自動車選びで言えば，加速や燃費，居住性や安全性だけではなく，かっこいい，かわいいといった自動車本来の性能とは無関係な記号としての価値が重要になっていくということです。

そこで次に，記号の消費という問題についてもう少し考えてみましょう。ここでメディアの問題が大きく関わってくるからです。

3　記号の消費

「スタバでマック」は記号消費か　　近年，インターネット上では「スタバでマック」が嘲笑の意味を込めて語られることがあります。スターバックス・コーヒーでアップル社のノートPCであるMacBookを広げている人は，自分

をおしゃれだと勘違いしていると言うのです。実際にそういう人が「勘違い」しているか否かは措くとして，スタバであれ，MacBookであれ，ここではそれらの場所やアイテムが強い記号性を帯びているということが前提になっています。つまり，彼らはスタバをコーヒーを飲むだけの場所としては見なさず，またMacBookを単なるノートPCとしても見ていない。どちらも「おしゃれ」という意味を帯びた記号として認識し，消費していると見なされている。それが嘲笑されているのです。繰り返しますが，「スタバでマック」な人たちが本当にスタバやMacBookを記号として消費しているのかどうかは定かではありません。

　ともあれ，商品がある種の記号性を帯びるということは決して珍しい現象ではありません。それがもっとも顕著に現れるのが衣服の消費でしょう。衣服には流行り廃りがあって，流行遅れの服を着ているとそれだけで恥ずかしくなることがあります。筆者が大学生のころ，当時すでにバブル景気が崩壊してしばらく経っていましたが，なにかの機会にダブルのスーツ（わからない人はネットで検索してみてください）を着ていると，先輩から「バブルっぽい」と言われたことがあります。筆者は大変なショックを受け，以降，そのスーツを二度と着ませんでした。

　このように流行からいったん外れてしまうと，まだまだ着られる服ではあっても，多くの人はそれを着なくなってしまいます。つまり，衣服は単に寒さから身を守るという機能よりも，それが他人からどのように見られるかということのほうが重要な意味を持ちうるのです。Tシャツのほうがずっと快適に過ごせる真夏日であっても，あえて暑苦しいおしゃれファッションをする人は，服の機能よりも意味を重視していると言えるでしょう。

　ただし，流行やTPOに応じて，なにがおしゃれでなにがおしゃれでないのかは次々と変わります。先ほどの例で言えば，バブル景気のころにはおしゃれアイテムだったダブルのスーツは，バブル崩壊後にはすっかりダサいアイテムになっていたわけです。ここで重要なのは，ダブルのスーツが本来的におしゃれなのかダサいのかを決めることはできない，という点です。言い換えれば，なにが流行するかによって記号としての衣服が帯びる意味は刻々と変化していくのです。

記号論における記号の意味　これまで記号という言葉を使ってきたのは，それが言語学で言うところの記号論の発想に基づいているからです。大ざっぱに言うなら，そのままでは影も形もない情報を他人に伝えることができるようにするものが記号だと言うことができます（池上ほか 1994: 14）。代表的な記号は言うまでもなく言葉であり，先の例で言うなら「おしゃれ」という言葉があることで初めてそれが指し示す意味を伝えることが可能になるのです。記号論とは，記号とほかの記号との関係，記号とそれが指し示すものとの関係，記号とそれを使う人についての研究分野を指します（池上 1984: 45）。ここで注目したいのは，記号とそれが指し示すものとの関係についてです。

かつて記号とそれが指し示すものとの関係は本質的なもの，必然的なものと考えられていました。たとえば「木」という言葉と，それを聞いたときにみなさんが頭のなかで思い描く木のイメージとのあいだには，必然的なつながりがあると見なされていたのです。しかし考えてみれば，日本語では木であっても，英語では tree，ドイツ語では Baum になるなど，言語が変われば木に該当する言葉も変わってきます。そうなると，木という言葉と，それによってイメージされるものとの関係は，必然的ではなく恣意的なものと考えるべきだということになります。もちろん，恣意的と言っても個々人が好き勝手に記号とその指示対象とを結びつける決まり（コード）を変えることはできません。多くの人びとによってコードが共有されていることで初めてコミュニケーションは可能になるからです（池上ほか 1994: 16）。

別の例を挙げると，東京に新たな電波塔が建設されているとき，その名称をどうするかで公募が行われました。大江戸タワーや新東京タワーという候補もあったのですが，最終的にスカイツリーという名称に決定されました。現在ではスカイツリーという言葉を聞くと，あの独特のフォルムの塔が思い浮かぶ人が多いのではないかと思います。しかし，もし仮に大江戸タワーという名称が選ばれていたとすれば，その名前であの塔をイメージするようになっていたはずです。このようにスカイツリーという記号とそれによってイメージされるものとの関係はもともと恣意的だったわけですが，いまでは両者を自然に結びつけるコードが共有されるに至っているのです。

差異が生み出す意味　ここでもう一つ重要なのは，新しい電波塔に東京タワーという名称を付けることはできなかったということです。そうしてしまう

と，もとから存在していた東京タワーとの区別ができなくなってしまいます。スカイツリーという記号は，東京タワーでも京都タワーでも通天閣でもないがゆえに，ある特定の対象を指し示すことができる。つまり，記号の意味は，それによって指し示されるものとの関係によってではなく，ほかの記号との違いによって生み出されるということになるのです。難しく言えば，記号の意味は，無数の記号が織りなす差異のネットワークのなかで生じるということになります。

　ここで衣服の話に戻るなら，なにがおしゃれでなにがおしゃれでないのかを決めるコードは，その服が本質的，必然的に持つ性質ではなく，他の服との差異によって生み出されることになります。バブル景気の時代にやたらと大きな肩パッドが入った服が流行したのは，大きな肩パッドが普通の服との比較において「おしゃれ」だと見なされるようになったということです。もし肩パッドの大きな服が本質的におしゃれなのだとすれば，流行が終わった後でそれを着ているとダサく見えるなんていうことにはならなかったはずです。

　このように，われわれの多くは単なる機能（暖かさ，軽さなど）の面よりも，それが記号として持つ意味を重視して服を選んでいます。商品が記号として持つ意味によって消費が行われていく。それが記号消費であり，消費社会を支える重要な原理になっているわけです。人びとにより多く消費させたいのであれば，商品が持つ記号としての意味を次々に書き換えていけばよいということになるからです。そして，こうした意味の書き換えにおいて，マスメディアの広告は重要な役割を果たしているのです。

4　マスメディア広告と消費社会

　商品へのイメージの付与　　ヨーロッパの街角を軽快に走る自動車。有名アイドルが使うスマートフォン。そういった広告をテレビでは日常的に目にします。商品の性能が語られることもありますが，そういった説明が一切なく，おしゃれっぽい映像や人物だけが流されることも稀ではありません。あるいは有名タレントを起用した分譲マンションの広告もあります。そのタレントもそこに住むというのなら話もわかるのですが，おそらくそんなことはないでしょう。これらの広告は，記号としての商品に特定のイメージを与えるために行われているのです。

有名人を起用した広告の歴史は古く，たとえば19世紀フランスの小説『レ・ミゼラブル』(1862年)の作者ヴィクトル・ユゴーのイメージは，粉末カルシウムやインクの広告に用いられていました(山田 1995: 96)。偉大な作家であるユゴーの知的なイメージを商品に与え，それを使用する者もまた知的なのだという暗黙のメッセージを伝えることが意図されていたと言えるでしょう。このように商品広告にあたっては，いかなる人物を起用するのかが大きな意味を持ちます。その商品が主たるターゲットとしている層から好まれそうな人物を起用することが必要になるわけです。

　ちなみに，少し古いデータ(2003年)ですが，日本のテレビ広告で映される外国の街並みのうち，6割以上が「欧米風」であり，登場する外国人の7割以上が白人だという調査もあります(萩原 2004: 18-20)。ここには，戦後の経済成長，もっと言えば明治維新以降の近代化のなかで，欧米の「豊かさ」が目標や憧れの的とされ，欧米的なイメージを付与された商品を消費することこそが豊かさに近づく方法だという発想が反映されていると言えるかもしれません。

　ステップアップのための消費　その一方で，商品に求められるイメージが時代に応じて変化していく可能性も存在しています。たとえば，消費社会論の名著として知られるジャン・ボードリヤールの『消費社会の神話と構造』(1970年)で強調されているのは，特定の商品を消費することでより高い階級にステップアップできるというイメージの創出です(ボードリヤール 1995: 68)。上流階級の人たちが使うものだというイメージを広告によって商品に与えることで，それを使用する人もまた上流階級に接近できるというメッセージを伝えようとするということです。日本の例で言えば，高度経済成長期におけるピアノがそれに該当するかもしれません。人びとの生活水準が大幅に上昇していくなかで，自分たちが中流階級に到達したことの証として子どもにピアノを習わせるという現象が広く見られたわけです。

　実際，「お金さえあれば，社会的地位を上げることができる」という原理はある種の平等と結びついています。固定的な身分制社会では，どう頑張っても身分を上げることは難しいからです。そのような社会では自らの身分にそぐわない生活スタイルを採用するだけで社会的に抹殺される可能性がありました(クセノス 1995: 29)。しかし，資本主義が発達し，旧来の身分に基づく秩序が揺らぐようになると，もともとの社会的地位は低くとも富を築いた人びとは，

高価な流行品を身につけることで自らの地位をアピールするようになります。それに対し，旧来の支配層はお金では買えない「センス」や「マナー」で彼らに対抗するという図式が生まれることにもなったのです。

消費の多様化　　しかし，消費社会が成熟していくなかで，階級移動を誇示するイメージの消費とは言い難いものが主流になっていきます。より高い階級を目指すということは，その階級のあり方を模倣した消費を行うということですが，そうではなく自分の「個性」を表現するために消費が行われるようになったというのです（博報堂生活総合研究所編 1985: 57）。日本においてそのようなタイプの消費が大きく花開いたのが1970年代から80年代にかけてだと言われています。精神科医の大平健は，どのようなブランドを使っているかという観点からしか自分や他人の「個性」を語れない人物を「モノ語りの人びと」と呼びました（大平 1990: 9）。さすがにそれは極端な例としても，他人と同じものを消費するだけでは満足できない心理が広く見られるようになっていったのです。

このように消費の多様化が進めば，広告もそれに従って多様なイメージを提供する必要が出てきます。「わたしだけの」や「あなただけの」というフレーズを使った広告を一つや二つは思い浮かべることができるのではないでしょうか。第9講でも取り上げますが，テレビ広告に対してインターネット広告はターゲットを細かく設定することが可能なので，消費の多様化の進んだ現代ではより適合的な広告の形態だと言えるかもしれません。

他方で，上述した「スタバでマック」というフレーズが象徴するように，記号消費という発想が広く行き渡ったことで，それを嘲笑する流れが生まれていることも見逃せません。バブル崩壊以降の失われた20年のなかで，消費を通じた差異化や自己実現に対する醒めた視点もまた着実に広がってきたのではないでしょうか。さらに，記号消費による他者との差異化は消費者にとってそもそも重要ではなく，むしろ現代においては消費を通じた精神的な満足感こそが求められているという観点から，記号消費という発想そのものを放棄すべきだという主張も行われています（間々田 2007: 205）。

不安を煽る広告と捨てさせる広告　　広告の役割としてはさらに消費者のニーズそのものを生み出すというものも考えられます。ここで注目されるのが人

びとの不安を煽る広告です。つまり，それまでは意識されていなかったリスクの存在を知らせることで，そのリスクを解消するためには商品を購入する必要があるというメッセージを伝えるのです。「こんなところにも雑菌が……」「放っておくと歯槽膿漏に……」「日本人の英語は誤解を招く……」等々，新しいリスクを生み出すことで，人びとの購買意欲につなげていくという戦略です。

　こういったリスクには際限がないので，リスクが商売と結びつく限り，人びとの不安はいつまでも煽られ続けることになります。一つのリスクが解消したとしても，また新たなリスクが「発見」され，商品の購入を通じてそれを解消しないことには大変なことになってしまうと主張されるのです。ちなみに，英語の文法ミスを過剰に恐れてなにも話せなくなるぐらいだったら，間違えてもいいのでガンガンしゃべったほうが英語の上達にとってはプラスだと筆者は思います。

　以上のように，広告は「いかにして新しい商品への欲望をかきたてるのか」という観点から展開されてきました。見方を変えればそれは古い商品への執着をいかに捨てさせるかということでもあります。この点を見事に示したのが，スウェーデン発祥の家具チェーン店 IKEA が 2002 年に発表したテレビ広告です。この広告は電気ランプが家の前のゴミ捨て場に捨てられるシーンから始まります。悲しみを誘う BGM が流れるなか，降りだした雨に打たれるランプの姿がアップで映されます。家のなかでは新しいランプが使われている様子が窓ガラス越しに伝わってきます。多くの視聴者は古いランプに感情移入することでしょう。そこに突如として男がカメラの前に現れ，視聴者に向かってこう言い放つのです。

　　「あんたたちの多くが，このランプをかわいそうに思っただろう。それはあんたたちが狂っているからだ。ランプに感情はない。新しいやつのほうがずっといいんだ」

第6講

変化する都市空間で
メディアはいかなる役割を果たすのか

1 「権力の正当化」から「経済の活性化」へ

ディズニーランドの空間設計　第1講でメディアの定義について考えたさい，「情報を伝達するもの」という広い意味で見れば，衣服やディズニーランドもメディアの一種と考えることができると論じました。ディズニーランドは建築物のデザインや配置を通じて，訪れた人たちに対して様々なメッセージを発しているからです。ディズニーランドに観覧車がない理由の一つは，観客を高いところに上げてしまうとテーマパークの外が見えてしまうために，メッセージの完結性が損なわれるからだと言われています（粟田／高成田 1984: 52）。

　こうしたディズニーランド的な空間設計の発想は，テーマパークにとどまらず，都市計画にも影響を与えていると指摘されています。つまり，都市の一部を特定のテーマに基づいてデザインするという発想です。言わば，都市のテーマパーク化とも呼びうる現象が生じているというのです。

権力を正当化する都市　もっとも，空間に特定の意味を持たせるという発想は，決して新しいものではありません。古来より都市は権力の中心であり，その権力の正当化にあたって建築物は大きな役割を果たしてきました。第2講で述べたように，国家にとって民衆の自発的服従の確保はきわめて重要な課題ですが，国家に限らず様々な権力主体は何らかの「物語」を通じて自分たちの支配が正当なものであることを人びとに示そうとします（藤田 1991: 200）。典型的には，偉大なる神や祖先によって現在の統治者には支配する資格が与えられているという筋書きがそこでは語られます。

　建築物はそういった物語を表現するうえでは格好のメディアたりえます。中世ヨーロッパの教会は，ステンドグラスや壁面に描かれた聖書の物語を通じて文字を読めない民衆にもキリスト教を伝え，教会の権力を誇示するうえで重要

な役割を果たしました（藤沢 1997: 233）。19世紀に国民国家の建設が進むなかでは，「伝統の創造」によって国家の正統性を誇示しようとする動きが強まります。ビッグベンで有名な英国の国会議事堂が現在の姿になったのは 19世紀半ばですが，その建設にあたって当時すでに時代遅れになっていたゴシック様式が採用された背景には，古めかしさの意図的な演出によって過去と現在との連続性を強調しようとする意図があったと指摘されています（ホブズボウム 1992: 10）。

　日本の場合，明治維新後に天皇を中心とする新たな国家形成が進められることになります。もっとも，当初は日本の中心をどこに置くのかという問題で意見が定まらなかったことや，天皇の威光を知らしめるための全国巡幸が重視されていたことから，明治の前半には東京の荒廃が進んでいたと指摘されています（フジタニ 1994: 44）。1863年と1873年には江戸城で火事が発生し，明治天皇・皇后は約16年間にわたって赤坂の仮皇居で暮らすことになります。しかしその後，過去を象徴する京都，現在と未来を象徴する東京という役割分担が確立し，国家儀礼の場として壮麗な皇居の建設が進むことになりました。

独裁と都市改造　もちろん，現代でも権力の正当化という機能が都市から失われたわけではありません。革命や戦争での勝利，英雄の偉大さを讃えるモニュメントなどが数多く建設されています。さらに，アドルフ・ヒトラーが首都ベルリンの壮大な改造を構想していたことに示されるように，独裁者ほど都市改造を熱心に行うという傾向も存在します（モッセ 1994: 201）。ヒトラーは自らの後継者が自分ほどのカリスマを発揮できないだろうと考え，たとえ後継者が「ぼんくら」であっても人びとを統制できるような儀式や，そのための舞台装置の開発に取り組んだのです。また，2005年に北朝鮮を訪問した建築史家の五十嵐太郎は，「統一された個人の意思」によって作り上げられた首都・平壌の整然とした街並みについて次のように論じています。

> 平壌では，見ていい場所が厳密にコントロールされている。その風景は，すっきりとしており，「美しい」。とりわけ，ごちゃごちゃとした日本の都市に慣れていると，違いがきわだつ。平壌の都市計画は，パリのように，壮大な軸線を通しながら，モニュメントを配置する。……平壌ではすべてが浄化されている。「商店のはみ出し陳列」も「ラブホテルの奇観」もない。完全にノイズが除去

された都市。景観の教科書とされるヨーロッパ以上に徹底している。

(五十嵐 2006: 236, 241-242)

ただし,「美しさ」から「ノイズ」が排除されていく意味を考えることは,独裁国家だけではなく,以下で見ていくテーマパーク化された都市空間について考えるうえでも非常に重要な課題です。

経済活動を促進する都市　他方で,現代の都市では多くの場合,権力の正当化よりも経済活動の促進を目的として空間の意味づけが行われていると言うべきでしょう。ある空間に特定の意味を与えることで,人びとの購買意欲をかきたてることが目指されているのです。田中康夫は小説『なんとなく,クリスタル』(1980年に発表)において,主人公の女子大生に次のように語らせて空間と消費との結びつきを示しています。

　野菜や肉を買うなら,青山の紀ノ国屋がいいし,魚だったら広尾の明治屋か,少し遠くても築地まで行ってしまう。パンなら,散歩がてらに代官山のシェ・リュイまで買いに行く。
　ケーキは,六本木のルコントか,銀座のエルドールで買ってみる。学校の子たちと一緒なら,六本木のエストや乃木坂にできたカプッチョの,大きなアメリカン・タイプのケーキを食べに行くのがいい。淳一(主人公の彼:引用者)と一緒の時は,少し上品に高樹町のルポゼで,パイにトライしてみる。

(田中 1985: 40-42)

もちろん,これはかなり極端な例だとは思いますが,テーマパークに行ったときにその場の雰囲気に呑まれて,普段ならまず買わないようなものまで買ってしまったという経験がある人は少なくないのではないでしょうか。園外では絶対にできないような格好をして歩いている人たちをディズニーランドでは数多く見かけます。空間の意味づけが「奇抜な格好をしてもよい場所」だというメッセージを訪問者に与え,グッズの販売を促進している事例と言うことができるでしょう。

第6講　変化する都市空間でメディアはいかなる役割を果たすのか

テーマパーク型都市開発　このようなテーマパーク型の都市開発の事例としてよく知られているのが，1960年代から70年代にかけて行われた渋谷の再開発です。その過程で渋谷は一種の「劇場」に見立てられ，そこを歩く人たちが自らを物語の登場人物であるかのように感じることができるような演出が施されました（吉見 1994: 201）。民家や病院，工場が立ち並ぶごく普通の裏通りが「スペイン通り（坂）」と名づけられ，その名前にふさわしい飲食店や店舗が増えていきました。街路を一気に見渡せないようにし，少しずつ街並みが変化していく様子を見せることで，スペインの賑やかな裏路地を舞台とするかのようなストーリーを歩行者に意識させるという手法がとられたのです。

　言うまでもなく，特定のテーマに沿ったこうした開発手法は，日本に限らず海外でも広く展開されています。単に消費を促進するばかりでなく，住宅地にまでテーマを持たせることで，生活の場としての魅力がアピールされているのです。有名な事例としては，米国フロリダ州にあるセレブレーションという街を挙げることができるでしょう。ディズニーの関連会社によって開発された，「古き良きコミュニティ」を再現したとされる街です（ブライマン 2008: 101-102）。ディズニーランド風の住居が立ち並ぶ一方，住民に対してはテーマを壊さないように暮らすことを求めるルールが定められています。テーマに沿ったまちづくりは，テーマに合致しない異物を街から排除することにもなりうるのです。

2　マスメディアと空間の意味づけ

ドラマによる郊外イメージの形成　都市には社会構造を反映する性格があると言われます（橋本 2011: 65）。産業構造や経済格差が空間設計や建築物に反映され，工場が立ち並ぶエリアや上流階級の人びとが好んで住むエリア，貧困層の人びとが多く暮らすエリア，エスニック・マイノリティが集中し，彼らのための商業施設が充実するエリアなどが生まれます。そのような空間の性格は建築物やモニュメントを見ればわかることも多く，豪邸が立ち並んでいる街並みを歩くと，来てはいけないところに来てしまったのではないかという感覚を覚えることもあるかもしれません。しかし，空間に意味を与えるのは建築物だけではありません。マスメディアはそうした空間の意味づけを事後的に補強することもあれば，もともとは意味の希薄な場所に新しい意味を与えていくこ

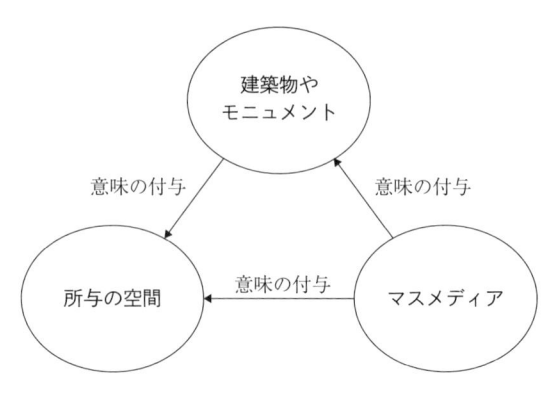

図6-1　マスメディアと空間の意味づけ

ともあるのです。図6-1はこの関係を示したものです。

　たとえば、『金曜日の妻たちへ』(1983-85年にTBS系列で放送)というテレビドラマシリーズは東急田園都市線沿線を舞台としていたのですが、この番組の人気が同沿線におしゃれなイメージがもたらされる大きな要因になったとも言われています(月刊『アクロス』編集室編 1987: 10-11)。もちろん、おしゃれなカフェや店が実際にあることがそういったイメージの形成にあたっては不可欠の要素になります。しかし、目には見えない「意味」を訪問者がそこに見出すこともまた必要になるのです。

　上の例でも示されるように、マスメディアによる空間の意味づけが大きな役割を果たしたと言われるのが、大都市の郊外での住宅地の開発です。都市化が進むなか、急増する人口を収容するために都市周縁部において大規模な宅地開発が行われていきました。テレビ放送が開始された1950年代、日本でも人気を博していた米国製のテレビドラマは、郊外地域での満ち足りた生活を描き出すことで、都心部のごみごみした環境とは異なる、清潔で文化的な生活というイメージを郊外住宅に与えたと言われています(宮台 1997: 136-137)。米国の「豊かさ」に対する憧れと重なり合うことで、郊外の住宅地はテレビドラマの登場人物のような暮らしを約束する場所という意味を持つようになりました。そして、1970年代の不況によって住宅需要が落ち込むと、市場を再活性化する手段として採用されたのが住宅のテーマ化でした(上野 2003: 31)。「アイビーとレンガの街」といったテーマに基づいて住宅の外観や町並みが決められるとともに、広告を通じてそうしたテーマが大々的に宣伝されるようになったの

です。

コンテンツ・ツーリズム　さらに近年では，マスメディアによる空間の意味づけを観光に活かそうというコンテンツ・ツーリズムがさかんに行われるようになっています。NHK の大河ドラマを利用した観光キャンペーンはずっと以前から行われていましたが，最近の特徴としては深夜に放送されるアニメとタイアップすることで「聖地巡礼」を行うファンを呼び込もうとする試みが活発に行われています（岡本 2013: 74）。一例を挙げると，『花咲くいろは』（2011 年に日本テレビ系列で放送）というアニメは石川県の架空の温泉街を舞台としているのですが，その主要なモデルとなった湯涌温泉にはたくさんのファンが訪れ，アニメで登場する「ぼんぼり祭り」という祭りが実際に行われるようになっています。これ以外にも様々なアニメ作品が地域とのタイアップによって作成されていますが，作品自体に魅力がない場合には集客に結びつかないこと，一時的なブームにとどまりがちなことなどが問題点として挙げられます。

ネガティブなイメージの付与　他方で，メディアによる空間の意味づけはポジティブなものにとどまらないことに注意する必要があります。時にマスメディアは特定の場所をきわめてネガティブに描くことで，そこに暮らす人びとの自尊心を奪ってしまうのです。実際には活発なコミュニティ活動が行われている地域であっても，マスメディアが貧困や犯罪とその地域とを関連づけて報じることで，荒廃した地域というイメージが定着し，そこに暮らす人びとへの差別にもつながるということが問題視されています（リスター 2011: 110-111）。

　一例として，英国のチャンネル 4 というテレビ局が放送した『ベネフィッツ・ストリート（給付金通り）』（2014 年）というドキュメンタリー番組を挙げることができます。生活保護の受給率が 90 ％を超えるというバーミンガムのある通りの住民たちの姿を生々しく描いたこの番組は大きな反響を呼び，その是非をめぐって論争を巻き起こしました（ブレイディ 2014）。こうした番組は社会問題に対する人びとの関心を高めるという意味では大きな役割を果たしうる一方，登場した人びとのみならず地域全体に対する差別的な意識を高揚させてしまう可能性もあります。実際，番組で取り上げられたことで，この通りの不動産はバーミンガムの平均の約半額であるにもかかわらず売れそうにないという報道も行われています（*The Independent* 2014/1/9）。

また最近では，インターネットで「住みたくない街ランキング」が行われるなど，特定の地域に暮らす人びとへの偏見を煽り立てるような情報がネット上でも流通するようになっています。

空間の意味づけの難易度　　いずれにせよ，マスメディアによる空間の意味づけは，その場所にもとからある要素（建築物や習俗など）を活かす場合もあれば，まったく新しい意味を与える場合もあります。後者の場合，空間がもともと有している意味が希薄であるほうが意味づけは容易になります。その意味では，都市の郊外に新たに開発された地域は新たな意味づけにとって最適な場所と言うことができます（若林 2007: 29）。ヨーロッパの都市をモチーフにしたテーマパーク的な住宅地が東京の郊外に突如として建設されたりする背景には，その土地が持っている歴史や文化が希薄であるがゆえに，まったく新しい意味を付与しやすいということがあります。逆に，古い歴史や文化を有している土地に対してまったく新しい意味を与えることは容易ではありませんし，そうしたタイプの開発は強い非難を浴びることにもなりがちです。

3　郊外イメージの変容

悪化する郊外イメージ　　これまで述べてきたように，都市郊外の開発は単に住居を建設するのみならず，そこに理想の環境というイメージを付与することで促進されてきました。しかし，日本ではそのようなイメージは急速に崩れていきました。郊外に関して語られた理想と現実とのギャップが喧伝されるようになっていったのです。職場と住居とが分離しているために郊外では日中に働いている大人が少ないことが青少年に与える悪影響などが論じられるようになり，それが少年犯罪の増加・凶悪化をもたらしているのではないかといったことが指摘されるようになりました（宮台 1997: 269；三浦 1999: 195-196）。

もっとも，郊外の開発が行われる以前の都市の住居に比べて，郊外の住宅地がそれほどまでに酷い場所なのかについては検討の余地が大いにあります。人間が暮らす以上はどんな場所であれ問題は起きますし，それによって過剰な期待は必ず失われます。先に述べた米国のセレブレーションにおいてすら，2010年には殺人と自殺とが相次いで発生しています。しかも，人びとの活動範囲が郊外へと広がり，繁華街と住宅地との境界や夜と昼との境界が曖昧になったこ

とで，社会全体として犯罪は減っていても住宅地での犯罪は増えているという指摘もあります（河合 2004: 107-108）。以前には繁華街に集中していた犯罪が住宅地にも拡散するようになったというのです。しかし，それでも郊外の住宅地が都心部に比べると非常に安全な場所であることは揺るぎない事実です。

　過剰に膨れ上がった期待と生活の実相とのギャップ，それに「昔は良かった」というノスタルジアが合流した結果，今度は「郊外の病理」が過剰とも言えるようなかたちで語られるようになりました。東京郊外の多摩ニュータウンにおける高齢化の進行が「老いたニュータウン」といったフレーズで語られるのもその一例でしょう。高齢化が進行しているのはニュータウンに限った話ではないにもかかわらず，若々しい家族が暮らす土地というかつての郊外イメージが，そうしたフレーズをより人目を引くものにしているのです。

「郊外の病理」とテレビドラマ　「郊外の病理」への注目が高まったことで，それをテーマにしたテレビドラマも登場するようになりました。早い時期に現れたものとしては『岸辺のアルバム』（1977 年に TBS 系列で放送）がさかんに言及されます（宮台 1997: 139; 吉見 2009: 96-97）。一見すると平穏に見える郊外暮らしの家族。しかし，その一人ひとりが人には言えない秘密を抱えており，それがやがて露見することで家族が崩壊しそうになる顛末を描いた作品です。ドラマの終盤，洪水の危機が迫る家のなかで父親は「この家のほかになにがあるんだ」と語るのですが，結局のところ洪水によって家は流されてしまうのです。また，東京郊外のマンションをロケ地とした『誰にも言えない』（1993 年に TBS 系列で放送）というテレビドラマには，結婚しているにもかかわらずかつての恋人に非常な執着を示す男性が登場し，この男性とその母親とのいびつな関係性が話題になりました。この作品も異常な人間関係を育む場としての郊外をクローズアップすることになったわけです。さらに 1997 年には神戸市で中学生による連続児童殺傷事件が発生し，異常な犯罪を生む空間として郊外を位置づける言説が氾濫することになります。ただし，この時期において少年による殺人が増加していたという統計的な証拠はなく，むしろ 1950 年代および 60 年代と比較すれば激減していることを踏まえるなら（芹沢 2006: 18），それらの言説が少年犯罪の実態をどこまで踏まえていたのかは大いに疑問の余地があるところです。

　ともあれ，郊外がかつて持っていた輝きは失われ，その人口も伸び悩むよう

になります。多摩ニュータウンの場合，30万人が暮らす予定だったのが19万人までしか増えず，人口増加を見越して出店してきたデパートの撤退も起こりました。それが報道されることで郊外のイメージがさらに悪化するという負のスパイラルも指摘できるでしょう。

再開発によるイメージ変化　郊外に代わって住宅地としての注目を集めるようになっているのが再開発の進む都心部であり，東京であれば都心へのアクセスが容易な湾岸地域ということになります。それらの地域のマンション広告では「未来」「歴史」「洗練」などを強調するポエムのような宣伝文句が用いられるようになっていますが（興味のある人は「マンションポエム」で検索してみてください），ポジティブなイメージが乏しくなっている郊外との対比によって空間を意味づけようとする試みと言えるでしょう。

　もともと，東京の湾岸地域には倉庫や工場が数多く存在し，居住空間としてのイメージは必ずしも好ましいものではありませんでした。しかし，現在では再開発によって高級タワーマンションが続々と建設されており，ジェントリフィケーションと呼ばれる現象が進行しています。交通の便の良い地域が再開発されて新たに富裕層が流入してくる一方，家賃の高騰などによって以前から暮らしていた住民が住みづらくなっていくのです。それに伴って空間の意味づけも急速に変化してきましたが，2020年に開催される東京オリンピックによってこの地域のイメージはさらなる変化を遂げていくのではないでしょうか。

4　テーマパーク化の限界

空間の重層的な意味づけ　郊外イメージの変容に象徴されるように，近年ではテーマパーク的な都市開発の限界も語られるようになっています。様々な要因が挙げられていますが，その一つがモバイルメディアの発達です。人びとが携帯電話やスマートフォンによっていつでも外部情報に接触できるようになったことで，特定のメッセージによって空間の意味づけを完結させることが困難になってきたというのです（北田 2011: 150）。そのため，東京ディズニーランドに隣接してより近年に建設された東京ディズニーシーは，ランドに比べて外部を遮断して空間の意味づけを完結させようとする意志に乏しいとも指摘されています。また，先に取り上げた渋谷にしても，トレンドの発信地としての

求心力は衰え，町田や立川といったより規模の小さな繁華街へと人が流れているとも言われています。わざわざ都心にまで出かけなくともインターネットを通じて最新の情報に触れることができるようになったこともその一因として挙げられるでしょう。

このことにも示されるように，モバイルメディアやインターネットの登場は，空間に対する重層的な意味づけを促進してきたと考えられます。空間が持つ意味が人によってまったく異なる可能性が強くなってきたのです。先に挙げたアニメの「聖地巡礼」にしても，かなり限定された層をターゲットにしており，ほかの人にとっては何の意味もない空間がファンにとってはきわめて印象深いものとして認識されます。しかも最近では現実の空間を使って陣取り合戦を行うというスマートフォンのゲームアプリが人気を集めるなど，空間の意味づけがさらに多層化していると言うことができるでしょう。

経済的停滞の影響　さらに，バブル崩壊以降の経済的停滞もテーマパーク化に歯止めをかけてきたと言うことができます。前講で論じた記号消費はテーマパーク化を通じて促進される類の消費と非常に相性が良いわけですが，商品の実質的な価値だけでなくそれに付与されたイメージにお金を払うという行為は，ある程度の豊かさがなければ実行不能です。したがって，人びとの金銭的な余裕がなくなるほどに，記号消費ではなく，むき出しの消費の論理がせり出してくることになります。イメージの良し悪しよりも，どれだけ安く，どれだけたくさん買えるかが重要になるということです。結果，もともと郊外に数多く存在していたロードサイドショップがさらにその範囲を拡大させてきたのです。幹線道路に沿って建設されたロードサイドショップは，自動車を運転している人から見えやすいように派手な色使いの看板をその特徴としており，空間の意味づけといった発想からは大きく隔たっています。そのため，郊外では「テーマパーク」と「ロードサイドショップ」がせめぎ合う状況が生まれているとも指摘されています（東／北田 2007: 98）。

さらに言えば，広大な空間に統一的な意味を持たせながら開発するためには大規模な資本投下が必要になりますが，経済的停滞は企業がそうしたリスクを負うことを困難にしました。そのため，仮に広大な空間があったとしても，複数の企業がそれぞれの意図に従って開発を行うので，統一性を持たせることができないのです。その典型的な例として挙げられるのが東京の汐留の再開発で

す。せっかくの広大な土地が多くの企業に対してバラバラに分譲され,相互の調整もほとんど行われなかったため,ビルの眺望が台無しになったり,海からの風をせき止めたために都心の気温上昇を招いているといった批判がなされています(隈／清野 2008: 34-35)。

人はテーマパークに住みたいのか　最後に,都市のテーマパーク化のより根源的な問題としては,特定のテーマに沿って開発された空間を多くの人はそれほど好まないのではないかという点が挙げられます。ディズニーランドを一日だけ訪れるのであればまだしも,日常的に訪問するのであればもっと猥雑で混沌とした空間が好まれる傾向にあるのではないでしょうか。実際,明確な都市計画に沿って建設され,それゆえに隙間の少ない繁華街よりも,吉祥寺や高円寺などの雑然とした繁華街が人気を集めているのはその証拠だと考えられます。

都市の文化は猥雑な路地裏で生まれるという指摘があります(増淵 2012: 38)。複雑に入り組んだ街路での出会いやコミュニケーションが新たな文化を創造する源泉になってきたというのです。その意味で,テーマパーク的な開発や,猥雑さを排除するジェントリフィケーションは,都市の魅力を高めるとは必ずしも言えないのかもしれません。

第7講

開発途上国の発展にメディアは役立つのか

1　開発途上国の近代化とメディア

「開発途上国とメディア」という問題設定　本書ではこれまで，主に日本やそのほかの先進諸国を対象とする議論を紹介してきました。しかし，言うまでもなく社会の変化とメディアとの結びつきは，それらの国々においてのみ見られるわけではありません。本講では開発途上国の発展にメディアは貢献できるのか，できるとすればいかなる役割を果たしうるのかについて論じていきたいと思います。

それにあたって，ここでは「開発途上国の内部での情報流通」と「先進国における途上国に関する報道」という二つの問題に分けて議論を進めます。前者が途上国で暮らす人びと自身によってメディアがどのように使われるのかを論じるのに対し，後者は途上国が抱える様々な問題を先進国のメディアはいかに伝えるべきかという問題に関わっています。それではまず，前者の問題から見ていくことにしましょう。

近代化論とその背景　開発途上国の内部でのメディアの役割というテーマに関連してまず紹介しておきたいのが，1950年代から60年代にかけて米国でさかんに展開された**近代化論**です。当時において次々と独立を成し遂げていた新しい国家をいかにすれば欧米のような資本主義社会へとスムーズに発展させられるのかが，近代化論の主たる問題関心だったと言ってよいでしょう。

ただし近代化論には，純粋な学問的研究という側面のみならず，米国の対外政策と密接に結びつく側面があったことに注意が必要です。当時は米国とソ連とがそれぞれの勢力圏の拡大を目指して競い合っていた冷戦期にあたります。新たに誕生した国々をいかにして自陣営に引き込むかが重要な課題とされていたのです。そして，この点においてソ連は一定の優位性を有していました。ソ

連は米国をはるかに凌ぐ予算をプロパガンダに費やしていたこともあり、もともと豊かだった米国よりも急速なスピードで産業化に成功したばかりか、原子力発電や宇宙開発などの分野では先行すらしているというイメージがかなり広まっていたのです（Latham 2000: 27-28）。そのため、手っ取り早く途上国の産業化を進めるためには米国よりもソ連の国家体制をモデルにしたほうがよいのではないかという発想が多くの人びとに共有されていました。近代化論はソ連のそうした宣伝戦略に抵抗するうえで格好の研究でした。先進資本主義諸国、なかでも米国の歴史の研究によって「自分たちがいかにして近代化を成し遂げてきたのか」を明らかにし、近代化に必要なエッセンスを抽出することで、途上国が発展するためのロードマップを提供することが目指されていたからです。

　こうした観点からすれば、近代化論においてマスメディアの役割が重視されたことは必然的だったと言うこともできます。ソ連による宣伝戦略に対抗し、欧米型の資本主義に合致する思想や行動のパターンを開発途上国の人びとに広めていくことがマスメディアには期待されたのです。このように近代化論においてマスメディアの役割を重視する研究は**コミュニケーション発展論**（communication and development）と呼ばれています。

コミュニケーション発展論と期待増大革命　　コミュニケーション発展論の基本的な発想は次のようなものでした（Lerner 1958; Schramm 1964）。先進国の人間から見れば、開発途上国の人びとは貧しく不便な生活を送っているが、彼ら自身はそれを改善すべきものだとは思っていないし、改善が可能だとも考えない。自分たちの暮らしはどうしたって変えることができないという宿命論に陥っており、近代化のための意欲に欠けてしまっている。したがって、マスメディアの重要な役割は、彼らに自分たちの生活が改善されるべきものであり、しかもそれは可能なのだと認識させることにある、というのです。

　そのために考えられたのが、マスメディアを通じて先進国の豊かな生活を見せつけるという方法です。マスメディアに登場する先進国の人物に共感することで、開発途上国の人びとは同じように豊かな生活を送っている自分自身の姿を想像するようになる。それによって、自分たちの生活をより豊かに、より便利にしたいという**期待増大革命**が発生する。コミュニケーション発展論では、この期待増大革命こそが人びとを近代化へと駆り立てる原動力になると想定されたのです。国民生活の豊かさに関して米国はソ連に優越していましたから、

米国のプロパガンダという点でもこの発想は適合的だったと言えるでしょう。

開発途上国におけるオピニオン・リーダー　もう一つ注目されたのが，開発途上国におけるオピニオン・リーダーの役割でした。第11講でも論じますが，当時のマスコミュニケーション研究においてオピニオン・リーダーは重要な存在と見なされていました。というのも，オピニオン・リーダーは普通の人びとよりも熱心にマスメディアに接触し，そこから得た情報を周囲のフォロワーに伝達する役割を担うと考えられていたからです。つまり，マスメディアが伝えたい情報が多くの人びとに伝わるかどうかはオピニオン・リーダー次第だということになるわけです。

　近代化以前の伝統的な社会では，オピニオン・リーダーは高齢者であることが多いと考えられました。変化の少ない社会では，過去の知識を数多く蓄えていることこそがリーダーにとってのふさわしい資質だった。ところが，近代化によって社会は急速に変化していくようになる。そうなれば，リーダーに求められるのは過去の知識を蓄えていることよりも，最新の情報によってこれからなにが起きるのかを予測できる能力になっていく。結果として，途上国の社会ではオピニオン・リーダーの世代交代が生じ，マスメディアに積極的に接触する若い層がリーダーになる，と想定されました。彼らは社会の変化にも積極的で，だからこそ近代化の推進役になると期待されたのです。

2　コミュニケーション発展論の挫折とその背景

近代化論の失墜　しかし，1960年代後半になると近代化論に対する批判が高まり，その影響もあってコミュニケーション発展論も急速に勢いを失っていきます。その背景には，米国を代表とする欧米先進国を開発途上国が目指すべき目標とすることが疑問視されるようになってきたことがありました（Gilman 2003: 244）。

　もともと，近代化論は米国の自国中心主義的な発想が色濃く反映された議論でした。先にも述べたように，開発途上国は「最初の新興国」である米国をモデルとするべきだという発想のもと，米国はいかにして近代化を成し遂げてきたのかという歴史研究が行われていました。けれども，1960年代半ばから後半にかけて，欧米の先進国の内部では様々な問題が噴出します。ケネディ大統

領暗殺，環境問題の発生，公民権運動や学生運動の高まり，ベトナム戦争の泥沼化など，先進国が抱える問題が深刻化することによって，それらの国々をモデルとして近代化を推進することの妥当性が問われるようになりました。

　加えて，1970年代には先進国と開発途上国との格差が縮小するどころか拡大していることが問題視されるようになりました（Rogers 1978: 66）。そのため，近代化論の前提そのものが疑われるようになったのです。先に述べたように，近代化論において先進国は途上国のモデルと見なされていたわけですが，むしろ先進国が途上国の発展を阻害しているのではないかという主張も展開されるようになります。従属論と呼ばれる研究では，途上国は先進国と非常に不利な交易を強いられるために，経済発展を遂げることができないということが強調されました（フランク 1976）。この従属論の観点から，先進国が途上国を従属的な立場に縛りつけるために映画やマンガといった文化商品が利用されているという主張も行われました。それが第8講で取り上げる文化帝国主義論です。

　　コミュニケーション発展論への批判　　以上の要因を背景として，コミュニケーション発展論にも批判が寄せられるようになりました。たとえば，コミュニケーション発展論は情報の受け手の側が置かれている社会・経済的な構造を軽視しているといった批判です（Mody 2000: 190-191）。人はマスメディアだけに接して暮らしているわけではなく，周囲の人間関係や経済状態から様々な影響を受けます。そのため，仮にコミュニケーション発展論が言うような期待増大革命が生じたとしても，それがそのまま近代化の推進につながるとは限らないというのです。また，多くの場合，開発途上国においてマスメディアは近代化推進のための手段というより，特権的なエリートによる支配の道具にすぎないとの批判も行われています（Reeves 1993: 25）。

　しかし，コミュニケーション発展論においても，マスメディアがつねに近代化を促進するとは限らないという点は早くから指摘されていました（Lerner 1958: 402）。期待増大革命によって人びとの豊かさに対する願望がかきたてられたとしても，実際にそれを実現する手段が存在しない場合，人びとの不満はかえって強くなってしまいます。そうした不満はやがて途上国に政情不安をもたらし，近代化を阻害することにもなりかねないというのです。第15講でも論じますが，マスメディアによって高められた人びとの期待と実際に獲得でき

るものとのギャップが彼らを憤らせ，暴動や犯罪へと駆り立ててしまう危険性については，先進国における貧困問題に関連して論じられることもあります（ヤング 2007: 216-217）。さらに，いかなる政治体制であっても実現不可能な期待をマスメディアが人びとのあいだに生み出していることが，議会制民主主義に対して失望と懐疑が蔓延する一因になっているという指摘も行われています（Flinders 2012: 145）。このように，コミュニケーション発展論と類似した主張はいまでも様々なところに見ることができ，高揚した期待と現実とのギャップという問題設定自体は有効な部分を残していると言うことができるでしょう。

3 開発途上国の発展とメディア

マスメディアを利用した啓発活動　これまで見てきたように，コミュニケーション発展論には様々な問題が含まれていました。しかし，その発想のすべてが否定されているわけではなく，現在の研究や実践にも影響を与え続けています。また，開発途上国の発展にメディアを活用しようという発想は近代化論を起源とするコミュニケーション発展論にのみ見られるわけではなく，世界中で様々な研究や実践が行われています。

ただし，近年の研究では，近代化の推進といった抽象的な目標よりも，感染症予防，家族計画や栄養に関する知識の伝達，新たな農業技術の普及など，より具体的な課題の達成が目指される傾向にあります。2014年のアフリカ西部におけるエボラ出血熱の拡大などに示されるように，公衆衛生に関する知識不足は多くの人命を危機に晒す事態にもつながります。学校教育は知識を普及させるための重要な手段になりますが，学校に行けない人たちや成人の場合にはラジオなどのマスメディアを利用した啓発活動が必要になるのです。

娯楽コンテンツの利用　とはいえ，そのように啓発的な番組は概して人気がありません（Melkote and Steeves 2001: 218-219）。より娯楽色の強いコンテンツに人びとは流れてしまうからです。そこでラジオドラマに教育的なメッセージを組み込むといった工夫が行われています。たとえば，タンザニアで放送されたラジオドラマ『時代とともに歩もう』（1993年）では，HIV／AIDSの予防，保健衛生，ジェンダーの平等，社会経済の発展に関する知識の啓発が試みられました（久保田 1999: 141-145; Manyozo 2012b: 84-86）。このドラマにはダメな

人物，中間的な人物，模範となる人物が登場し，HIV に感染しそうな行動をとるダメな人物がどういう末路をたどるかを聴取者に示す一方，模範となる人物はほかの登場人物に有益なアドバイスを与えるオピニオン・リーダーとしての役割を果たします。このドラマの中心となるのは中間的な人物であり，聴取者はこの人物の目線を通して自らの行動をいかに変えることができるのかを学ぶことが期待されるのです。ドラマの影響力に関する比較調査では，この番組を聴いた人は聴いていない人との比較で HIV／AIDS に関する会話が増え，感染防止を意識した行動をとることが多くなったと報告されています。またこのドラマは，HIV／AIDS への感染は避けられない宿命などではなく，自分たちの行動いかんで防止できるものだという感覚を生み出すのに役立ったとも指摘されています。

ボトムアップ的アプローチの重要性　加えて，近年の研究の大きな特徴は，ボトムアップ的なアプローチを重視する点にあります (Fair and Shah 1997: 10)。コミュニケーション発展論は，オピニオン・リーダーの存在を重視するとはいえ，基本的には先進国→開発途上国のエリート→途上国の一般市民という一方向的な情報の流れを想定していました。言い換えれば，近代化を促進する情報がトップダウン的に流れていくという発想です。

　ところが，トップダウン的に流れてくる情報は，往々にして一般の人びとのニーズからは大きく乖離してしまいます。新しい農業技術を伝えるにしても，地域の風土や慣習を無視して情報を伝達したところで大きな成果を上げることはできません。たとえば，アフリカではタンパク質不足を補うために昆虫が食料とされることがありますが，農業技術の観点からすればイナゴは害虫でしかなく，殺虫剤で駆除する対象となります（久保田 1999: 180-181）。新しい技術が人びとの食生活を脅かす事態をも生じさせかねないのです。

　こうした問題を避けるため，一般の人びとのニーズを吸い上げる対話的な情報流通を行う必要性が強調されるようになってきました。放送番組に対する受け手の感想をもとに番組を作り変えていくという手法です。加えて，その地域で受け継がれてきた知識やコミュニケーションのやり方を否定するのではなく，むしろそれを発展させることで，コミュニケーション発展論に顕著だった先進国中心主義的な偏見を払拭していく必要性も論じられるようになっています (Manyozo 2012b: 96)。つまり，先進国のやり方は開発途上国のそれよりもつね

に優れているという前提を放棄しなくてはならないということです。

　このようなボトムアップ的なアプローチの手法の一つとして挙げられるのが，ラジオ聴取グループの形成です（Manyozo 2012a: 144-146）。開発にまつわる番組を集団で聴取し，そのテーマについて話し合うのですが，ファシリテーターと呼ばれる人びともそこに参加します。ただし，この議論においてファシリテーターは現地の人びとに知識を伝える専門家という位置づけではありません。むしろ，現地の人びとこそが生きた知識を持つ専門家と見なされ，彼ら自身が議論を行い，自分たちの抱える問題の解決方法を見つけることができるように促すのがファシリテーターの役割だと言うのです。ラジオ聴取グループは番組の制作にも関わり，自分たちが抱える問題についての討議を行い，その様子が録音，放送されたものを聴いてさらに話し合うという試みも行われています。

　平等なアクセスを目指して　　他方で，マスメディアに関する政策や産業構造，情報ネットワークのインフラ整備に注目するアプローチも存在しています。開発途上国の発展にとって大きな妨げになる問題の一つが，知識や情報が一部の階層によって独占されがちだということです。そうした状況下ではいくら啓発を進めたとしても，人びとのあいだの格差はかえって拡大してしまいます（Melkote and Steeves 2001: 220-221）。マスメディアや情報ネットワークを利用するのに必要な経済力に加えて，知識や情報を読み解く能力や接触のための動機づけに差があるために，もともと有利だった人がますます有利に，不利だった人がもっと不利になってしまうという状況が生まれやすいのです。そこで，より平等なアクセスを保障するための試みが求められることになります。

　そのための手法として注目されるのがコミュニティラジオです。ラジオ番組は文字が読めなくとも理解でき，聴取に必要なのも安価な機器だけというメリットを有しています。都市部から遠く離れた地域に暮らす人びとにとって，地域密着型のラジオ局は貴重な情報源として機能することができるのです。ただし，コミュニティラジオにとって大きな問題となるのが財源の問題です（Manyozo 2012a: 196-198）。開発途上国でのコミュニティラジオの運営は国際支援機関やNGOなどの資金援助によって行われることが多いのですが，それがいつまで続くのかが不透明であったり，地元のニーズというよりも支援機関やNGO側の都合に合わせてラジオ局の立地が決められることがあるといった問題点が指摘されています。

マスメディアによる虐殺の煽動　これまで見てきたように，マスメディアは様々な形で開発途上国の発展のために活用されているのですが，プロパガンダのために用いられることも少なくありません。場合によってはそれが虐殺の煽動という最悪の形をとることもあります。

有名な事例としては1994年4月に始まったアフリカのルワンダでの内戦が挙げられます。多数派であるフツ族の大統領が乗った飛行機が何者かによって撃墜されたことをきっかけに始まったこの内戦では，フツ族によって少数派であるツチ族の大虐殺が行われました。わずか100日ほどのあいだに50万人から100万人が殺されたと言われています。この虐殺では千の丘ラジオテレビジョンというラジオ局がツチ族に対するフツ族の憎悪を煽りたて，ツチ族のみならず穏健派のフツ族の人びとまでもが殺害されました（ゴーレイヴィッチ 2003: 142）。千の丘ラジオはもともと，堅苦しい国営ラジオ局とは違い，軽快なラジオパーソナリティや若者向けの音楽で人気を集めていました。ところが，撃墜事件が発生すると，それまでは共存していた人びとの人間関係に猜疑心を注ぎ込むことで，虐殺の発生に大きな役割を果たしたと考えられています。

ラジオドラマによる融和の試み　ルワンダではその後，同じラジオというメディアを使ってフツ族とツチ族との融和を進める試みも行われています（Paluck 2009）。『新たな夜明け』（2004年）というラジオドラマでは，フツ族とツチ族とは呼ばれないものの対立する二つの集団が登場し，殺戮や難民の発生という事態が生じます。しかし，惨劇ののちに，集団を隔てる壁を超えて愛を育む若いカップルが現れます。この二人はロミオとジュリエットのように悲劇的な結末を迎えるのではなく，周囲の反対にもめげずに愛を成就させ，暴力を煽動する指導者たちに反対の声を上げていきます。かくして若者たちによって二つの集団は平和と協力の道を歩み始めるというストーリーです。ドラマの登場人物はルワンダの人たちに馴染みのある言葉遣いをし，集団を超える友情，威圧的な指導者たち，貧困，暴力の記憶といった身近な問題に直面します。聴取者が共感しやすいような工夫が凝らされているのです。

このラジオドラマの効果に関する調査によれば，聴取者の個人的な考えに変化は生じなかったものの，社会的なルールに対する認識には変化が見られました（Paluck 2009: 582）。つまり，対立する集団に対して個々人がもつ偏見に変化は生じなかった一方で，偏見を口に出すことは良くない，あるいは他人から

非難されるかもしれないという認識が強くなったということです。第13講でも述べますが，こうした認識は人びとの行動を実質的に変化させうるため，集団間の対立を緩和するうえで有効な働きをする可能性があります。

4　他者の苦しみをいかに伝えるか

開発途上国に関する報道　それでは次に，「開発途上国に関する国際報道」に視点を移しましょう。途上国の現状を先進諸国の人びとにどう伝えるのかというのは非常に難しい問題です。一つには，第12講で取り上げるニュースバリューの問題があります。遠く離れた，しかも経済規模の小さな国で起きた出来事というのはニュースとしての価値が低いと見なされやすく，先進国のマスメディアがそうした国々に支局を置くことはそれほどありません。そのため，途上国に関する報道はどうしても戦争や飢餓，巨大災害といった重大な出来事に限定されてしまい，日常的な出来事はほとんど伝えられないということにもなります。つまり，ある出来事がもつニュースとしての価値は，それが実際に発生する以前からある程度まで決まってしまっているのです。そのことが，途上国に関する偏見や無関心を生む土壌になっていると考えられます。

　他方，無関心を打ち破るセンセーショナルな写真が非常に大きな注目を集めることがあります。1972年8月にベトナム戦争のさなか撮影された，ナパーム弾で攻撃されて燃えさかる村落から裸で逃げる少女の写真，1993年8月にスーダン南部で撮影された痩せこけた少女とハゲタカの写真，あるいは2015年9月に撮影された，内戦が続くシリアから逃れるために家族とともに乗ったボートが転覆し，溺死した幼児の写真。子どもの死や苦しみを伝える写真は多くの人びとを動かし，自国の政府に何らかの対応を求める動きにもつながります。

　しかし，センセーショナルな写真や映像は，それが持つ強いインパクトゆえに，どうしても出来事を一つの角度だけから眺める態度を生み出してしまいがちです。一人の苦しみの背後に存在する無数の苦しみが覆い隠されてしまう可能性があるのです。1993年7月，旧ユーゴスラヴィアでの紛争のさなかにイルマという当時5歳の少女が負傷し，国外でなければ治療できないという事態に陥りました（Shaw 1996: 165）。英国のBBCがこの少女に関する報道を行うと，きわめて大きな反響を呼び，英国政府は対応を迫られることになります。

そこでジョン・メイジャー首相（当時）は「イルマ作戦」を決行し，イルマを含む数十人の子どもたちが飛行機で英国へと運ばれ，治療されることになりました。しかし，支援対象から大人が外されたことや，マスメディアの取材網にたまたま捕捉されたわずかな数の子どもたちに報道が集中することで，その背後にいる膨大な数の人びとの苦しみから人びとの関心が逸らされてしまったのではないかという批判が起きています。この事例のように，国際的な影響力を持つメディアによるセンセーショナルな報道で政府の対外政策に何らかの変化が生じる現象は，米国のケーブルテレビ放送局の名前をとって **CNN効果**と呼ばれることがあります（三谷 2013: 131）。

苦しみを利用することの倫理性　　また，人びとの苦しみを強調する報道には倫理的な問題もつきまといます。悲劇を伝える報道が商業的な利益，もっと言えば「娯楽」とも結びついてしまうのです。

> 苦しみ――とくに，遠隔地に住む人々の苦しみ――の映像を見たりその記事を読んだりすることは，一種の娯楽になっている。……苦しみの映像を（商業目的に：引用者）流用することによって，新聞は売れ，テレビ番組は視聴率を上げ，関係者は出世し，賞が与えられる。……人間の不幸がメディアを通じて世界中に伝えられることに付随するこのような問題点に，もっと注意を向けなければならない。（クライマン／クライマン 2011: 11）

さらに，途上国の悲惨さばかりを伝える報道は，結果的に先進諸国に暮らす人びとの優越感を支えてしまっているとも指摘されます。戦争や飢餓のような「野蛮」な出来事が頻発する途上国に比べれば，自分たちの国はずっとマシだという感覚がそれに該当します。しかも，こんなにも「かわいそうな人」に同情できる自分は良い人だという自己認識を強化することにもなります（奥村 1998: 113）。嫌な言い方をすれば，自分は道徳的に優れた人物だというアピールのために，途上国の人びとの苦しみが利用されてしまいかねないのです。同情に基づくそうしたアピールによって見失われるのは，彼らを苦しめている存在のなかには自分自身も含まれているかもしれないという想像力だという指摘もあります（ソンタグ 2003: 101-102）。

加えて，外国の人びとの苦しみばかりを強調する報道が続くと，その受け手

は「同情疲労」に陥ってしまうとも言われます (Tester 2001: 48)。悲惨な出来事を伝える報道に接したとしても、自分たちにできることはなにもないという無力感だけが強まり、結果として無関心が助長されてしまうというのです。場合によっては、そうした無力感に起因する心理的ストレスを軽減するために、「自分たちにできることは何もない」から「自分たちは何もする必要がない」という現実像の再構成が行われ、実際のところ彼らは苦しんでいない、あるいは彼らの苦しみは自業自得であるといった解釈が導かれる可能性すら存在します (Batson 2011: 63)。2011 年から続くシリア内戦によって生じた難民に関して、「彼らはより快適な暮らしを求める偽装難民である」といった主張がなされるのはその一例と言えるかもしれません。

　以上のような問題点を踏まえるなら、センセーショナルな写真や映像の利用を控えるか、極端に言えば悲惨な出来事を報道すること自体をやめてしまったほうがいいという結論になるかもしれません。先ほど述べたように、遠く離れた国で起きた出来事のニュースバリューは概して低く、よほどのことがなければ商業的な利益という観点からしてもその価値は決して高くありません。

　しかし、人びとの苦しみを伝える報道が、国際的な支援を集めるうえで大きな役割を果たしてきたこともまた否定できません。たとえば、2004 年 12 月に発生したスマトラ沖大地震に関する米国での報道を分析した研究によると、夜のニュース番組での報道が 1 分間増えるごとに募金額が 13.2％増加し、主要な新聞の報道量が 100 語増えるごとに 2.6％増加したとされています (Brown and Minty 2006: 16)。上述したようなジレンマがあるからといって報道自体をやめてしまえば、こうした利益は損なわれ、後には無知だけが残ることになります。「われわれが人々に必要なものを見きわめて適切な措置を講じるためには、苦しみの映像に頼らざるをえない」という言葉は（クライマン／クライマン 2011: 24）、ジレンマの存在を踏まえてなお、メディアが伝えることの必要性を語っているのです。

第 8 講

メディアは国境を越えるのか

1 国境を越えるメディア

グローバルな文化消費　日本のアニメやマンガが海外でも根強い人気を有していることはよく知られています。以前から多くの国々で日本製のアニメは放送されており，たとえばスペインでは『クレヨンしんちゃん』が，イタリアでは『釣りキチ三平』というアニメが人気を博しました。ヨーロッパの書店や図書館に日本のマンガが置いてあることも珍しくありません。また，1990 年代には DVD より画質は劣るものの，パソコンや低価格の機器で再生できる VCD というメディアによって海賊版の日本製アニメがアジア圏で数多く流通していましたし（毛利 2011: 23-24），最近では様々な言語の字幕を勝手につけてインターネットで違法に配信するサイトが問題にもなっています。

このように，ある国の文化商品（映画，小説，テレビドラマ，マンガ，アニメ等）が他国へ輸出されるというのは決して新しい話ではありません。ハリウッドの映画は長きにわたって世界の多くの国々で上映されてきましたし，日本でも高度経済成長期には米国製のテレビドラマが数多く放送されていたのは第 6 講で述べた通りです。しかし，現在では衛星放送やインターネットの普及によって様々な情報や文化が簡単に国境を越えるようになっており，これまでには見られなかった現象が生じるようになっていることは否定できません。

遠距離ナショナリストと移民への不安　一つには，外国へと移住した人たちが移住先の国（ホスト国）でも母国のニュース，ドラマ，映画，音楽などに接することができるようになったことが挙げられます。かつてであればホスト国に同化するよりほかなかった移民たちが，母国の文化や言語を保持し続けることができるようになったというのです。このこと自体は音楽文化や食文化の多様性の増大に見られるようなプラスの効果を生み出しうる一方，紛争を抱え

る地域から逃れてきた人たちのなかには，その後も母国のニュースに接し続け，移住先で稼いだ資金によって紛争に介入しようとする「遠隔地ナショナリスト」と呼ばれる人びとがいることも指摘されます（アンダーソン 2005: 126）。自分は紛争地帯にいないという気楽さから，安易に特定の勢力に武器や資金を提供し，結果として紛争を悪化させているというのです。

　他方で，移住した先でも母国の文化や言語を保持し続ける人びとに対しては，ホスト国にもともと暮らしていた人たちからの反発も生まれます。その背景には，異なる文化や言語を有する人が増えることで社会の統合が脅かされるのではないかという不安が存在しています。たとえばギリシャでは，トルコ系住民の多くが衛星放送でトルコのテレビ番組を視聴しており，彼らが多く住む地域に林立する衛星放送アンテナはギリシャの統合にとっての脅威として認識されるようになったと言われています（Madianou 2005: 71）。

　もっとも，衛星放送にせよインターネットにせよ新しい技術であるため，長期的にこれらのメディアがどのような影響を社会に与えていくのかが判明するにはまだ時間がかかると言わざるをえません。インドのパンジャブ地方から英国へと移住した人びとのメディア接触に関する調査からは，移民の第一世代は母国の映画に愛着を示し続ける一方，第二，第三世代ともなれば欧米で制作されたメディアコンテンツに親しみを覚えるようになっている姿が浮かび上がってきます（Gillespie 1997: 330）。より近年の調査では，ネットを通じて日本や韓国，米国やアフリカの音楽や映像を楽しむ英国在住のムスリム女性がいることなども伝えられています（安達 2013: 377-378）。そのうちの一人は「山P（山下智久）愛してる！」のだとか。

2　文化帝国主義論の展開

　異文化の流入に対する反発　　国境を越える情報や文化の流通は，移民を介さずともそれ自体で批判の対象となることがあります。メディアを経由して外国から情報や文化が入ってくることに対する批判です。日本では，2011 年に韓流テレビドラマの放送が多すぎるという理由でフジテレビに対して抗議のデモが行われましたが，これもその一例と言えるでしょう。

　情報や文化の越境に対する不満を資本主義批判と結びつけたのが**文化帝国主義論**です。一般的に，「帝国主義」とは先進国が開発途上地域を植民地にして

いくことを指しますが、マルクス主義的な観点からすると国際的な巨大資本によって世界が分割、支配されていく過程ということになります。文化帝国主義論は後者の観点に基づき、多国籍企業が生み出す様々な商品によって世界規模での支配体制が構築されていることを批判する議論だと言うことができます。といってもピンとこない人が多いでしょうから、もう少し詳しく解説しておきましょう。

　前講で述べたように、1960年代後半になると近代化論やその一部であったコミュニケーション発展論は強い批判を浴びるようになりました。なかでも従属論は、先進国が開発途上国のモデルになるどころか、不公正な取引によって国家間の経済格差を永続化させていると主張しました。開発途上国が輸出する農産物は安い価格で先進国に買い叩かれる一方、先進国は利益率の大きい高額商品を途上国に売りつけているというのです。もっとも、後に開発途上国のなかにも急速な経済発展を遂げる国々が登場したことから、従属論もまたその妥当性を疑われるようになっていきます。

文化商品の輸出と伝統文化の破壊　　ともあれ、従属論のこうした視点を取り込んだのが文化帝国主義論でした。米国を中心とする先進国の多国籍企業は、開発途上国に映画やテレビ番組、マンガ、広告のような「文化商品」を輸出し、それらを通じて消費社会に適合的な価値観を人びとに植えつけているという主張です（スクレアー 1995: 193）。それらの文化商品は先進国の便利な生活に対する願望を途上国の人びとに与える。そこで彼らは不利な取引を通じてであっても外貨を獲得し、高額な商品を輸入するために先進国との交易関係を続けざるをえなくなる。結果として、途上国の伝統的な文化や生活様式は破壊され、先進国に従属し続けざるをえなくなってしまう、というのです。コミュニケーション発展論はマスメディアを通じて期待増大革命が発生することを肯定的に論じていたわけですが、文化帝国主義論はほとんど同じ現象を論じていながらその評価が180度違っているのです。

　このような文化帝国主義論のなかでも有名なのが、アリエル・ドルフマンらによる著作『ドナルド・ダックを読む』(1972年) です。この著作ではディズニーのドナルド・ダックのマンガが分析され、そこに開発途上国の人びとに対する様々な偏見や反共産主義的なイデオロギーが内在していることが論じられています（ドルフマン／マトゥラール 1984）。たとえば、未開地域の原住民に捕

らえられたドナルドたちがシャボン玉をつくる道具と引き替えに解放されるばかりか，金銀財宝を得るというエピソードがあります。つまり，ものの価値を知らない愚かな原住民たちはシャボン玉のような玩具と財宝とを喜んで交換するのであり，きわめて不公平な取引が正当化されているというのです。ドルフマンらは，これらのマンガはフィクションであっても，そこで描かれる取引はつねに先進国側のキャラクターに有利になる法則があると主張します（前掲書: 72）。先進国にとって好都合なイデオロギーが内包されたこのようなマンガが途上国に輸出されることで，途上国に暮らす人びとの思考までもが歪められているとされるのです。

　さらに，「文化」と見なされるものの範囲を広くとってライフスタイルというところまで含めるなら，開発途上国に対する文化の輸出はイデオロギーの次元のみならず，命にかかわる問題を引き起こすことがあるとも指摘されます。その代表例とされるのが，先進国から輸入された粉ミルクが生じさせた惨劇です。粉ミルクは便利ではあるのですが，赤ちゃんに与えるにあたっては衛生面や温度にかなり気を遣う必要があります。ところが，大規模な広告キャンペーンのもと，そういった知識なしに赤ちゃんに粉ミルクを与えるケースが続出し，多くの命が失われてしまいました（Hamelink 1983: 15）。前講でも論じたように，途上国の実情を踏まえないまま先進国の文化を輸出することは，確かにその地に暮らす人びとの生存を脅かす可能性を有しています。とはいえ，先進国で生み出された様々な技術や知識が世界中に普及していくなかで，途上国においても乳幼児死亡率の低下や平均寿命の伸びが見られることを踏まえると，それらを全否定するかのような論理は「木を見て森を見ず」という感があることも否定できません。

3　新たな情報秩序の形成

国際的な情報流通の偏り　　国境を越える文化や情報の流通が批判されてきたより根本的な理由としては，先進国から開発途上国への一方向的な情報の流れを挙げることができます。巨大なメディア企業や国際通信社が先進国に集中しているために，途上国が自らの手で情報を発信する機会を奪われていることが批判の対象となったのです。国際通信社は様々な地域で起きたニュースを世界中のマスメディアに配信しており，トムソン・ロイター通信とAP通信は米

国に，AFP通信はフランスにそれぞれ本拠を置いています。そのような構造のもと，途上国で起きた出来事であっても先進国の国際通信社の記者によって報道されるために，先進国の人びとが持つ偏見がそこに反映されてしまっているというのです。たとえば，国際的に流通するニュースで描かれるアラブ人の姿について，文学研究者のエドワード・サイードは次のような指摘を行っています。

> ニュース映画やニュース写真では，アラブはつねに群衆としてあらわされる。個性も，人格も，個人としての経験も問題にされないのだ。そうした画面があらわしているのは，ほとんどが群衆の怒りや悲惨，あるいは非理性的（で，それゆえ救いようのないほど奇矯な）身ぶりである。（サイード 1993: 201）

つまり，ニュースに登場するアラブ人は冷静かつ理性的に自らの意見を述べる人物としてではなく，デモや暴動で暴れたり叫んだりする群衆として描き出される。そうした描写こそがアラブ人に対する偏見を生み出し続けているというのです。

新世界情報秩序の構築と挫折　こうした国際情報流通の状況に対する反発から，1970年代には開発途上国の情報発信力を強化しようという動きが国連の一機関であるユネスコを舞台として生じることになります。それが「新世界情報秩序」の試みでした。インドやインドネシア，旧ユーゴスラヴィアといった非同盟諸国（冷戦下において西側にも東側にも参加しないことを表明していた国々）を中心に，先進国によって支配された情報の流れを転換することが目指されたのです（フレデリック 1996）。

ところが，新世界情報秩序の試みは頓挫します。新世界情報秩序は開発途上国政府による情報統制をもたらすという理由により，米国や英国，シンガポールがユネスコを脱退したのです。国連機関は加盟国の分担金により運営されていますから，大国の脱退はユネスコに深刻な財政危機をもたらしました。結果として，ユネスコは国家間の利害に大きく関わるような問題から手を引くことになったのです。それもあって1997年に英国，2003年に米国，2007年にはシンガポールがそれぞれユネスコに復帰しています。

このように政治的な手段によって情報の流れを変化させようという動きは失

敗に終わったものの，現在では開発途上国の経済成長や，衛星放送に必要なコストの低下，規制緩和などによって，国際的な情報秩序のあり方は大きな変化を遂げています。アラブ圏ではアル・ジャジーラやアル・アラビーヤなどに代表される衛星放送局が次々と開局し，現在では世界の衛星チャンネルの38％がアラブ人によって所有されているという推計もあります（千葉 2014: 4）。なかでもアル・ジャジーラは「一つの意見があれば，また別の意見もある」というコンセプトのもと論争的な番組を数多く放送し，政府によって放送局が統制されていることの多かったアラブ地域で大きな支持を得ることになりました（マイルズ 2005: 20）。同局の映像がほかの地域のメディアによって放送されることも珍しくありません。もちろん，いまでも先進国のメディア企業や国際通信社の影響力は無視できませんが，かつてよりもはるかに複雑な情報の流れが生まれていると言えるでしょう。

4　文化帝国主義論への批判

能動的な受け手の発見　情報秩序における変化が生じる一方で，先に紹介した文化帝国主義論に対する批判も展開されるようになりました。文化帝国主義論自体はもはやそれほど大きな影響力を持たない議論ではあるのですが，この理論の問題点を考えることは「メディア批判」が陥りがちな落とし穴を理解するうえで大いに役立つように思いますので，やや詳しく見ていくことにしましょう。

まず取り上げたいのが，文化帝国主義論はマスメディアの受け手の能動性を無視しているという批判です（Roach 1997: 50）。文化帝国主義論においては，開発途上国の人びとがマスメディアによって伝えられる情報や文化を鵜呑みにしてしまい，自分たちの伝統的な暮らしを簡単に捨ててしまうということが暗黙のうちに想定されています。ところが実際に行われた調査では，人びとはそうやって伝えられた情報や文化をそのまま受け入れるどころか，きわめて能動的にそれらを解釈し，自分たち自身の「読み」をしていることが明らかになっています。

有名な例としては，1978年に放送が開始された米国のテレビドラマ『ダラス』が挙げられます。このドラマはテキサス州の大富豪一家の愛憎を描いて大人気となりましたが，世界中に輸出されたことから格好の調査対象となったの

です。その調査によると、多くの視聴者はテレビドラマの内容をそのまま受け止めるというよりも、登場人物の言動をめぐって様々な意見を交換し、自分たちの解釈を生み出していきます (Liebes and Katz 1993: 151)。時にはドラマから浮かび上がる「米国の物質主義」が批判されることもあり、カネさえあればよいという態度が厳しく諫められることもあります。受け手の能動性を強調するこのような観点からすれば、先進国から伝えられた文化や情報によって途上国の文化が一方的に破壊されるという想定は単純すぎるということになるでしょう。

ただし、受け手の能動性を強調するこうした主張には反論も寄せられています。『ダラス』の調査の例でも示されるように、文化商品の影響力に関する調査は通例、特定のコンテンツの影響に焦点を合わせて行われます。しかし、開発途上国が様々な文化商品を輸入し、生活全体に変化が生じることを踏まえるなら、特定のコンテンツにのみ注目していてはその影響を理解できないというのです (Schiller 1991: 24)。この論争の決着をここでつけることはできませんが、文化商品の広範な影響力を認めたとしても、そのような影響力の存在は果たして批判されるべきなのかという問題が次に浮上してくることになります。この点については、後述する「真のニーズ」に関する議論で改めて考えることにします。

文化の雑種性・多様性 文化帝国主義論が抱えるもう一つの問題点として指摘されるのが、それが文化の純粋性や固定性を前提としているということです (トムリンソン 1993: 185)。つまり、情報や文化が国境を越えて流れ込んでくる以前には、ほかの文化から影響を受けていない純粋な文化がずっと変化しないままで存在していたという前提です。しかし実際には、文化はほかの文化との交流によって変化するのが常であり、もっと言えばある文化とほかの文化とのあいだに明確な境界線を引くことができるという発想それ自体が西洋近代のものだとも考えられます (エリアス 1977: 71)。

この点から明らかになる文化帝国主義論のさらなる問題点は、それが「国民国家」を単位としているということです (トムリンソン 1993: 149)。たとえば、「インドネシアの伝統文化」が危機に瀕しているという場合、同国は約2億5000万の人口と1万3000以上もの島から構成される国家であり、それだけに多様な文化と言語とを抱えています。多文化、多言語を標榜する国家において

も，国内の少数文化が存亡の危機に瀕していることは珍しくありません。そのような状況を国内において放置しておきながら，外国文化の流入を批判するというのは欺瞞だと言わざるをえません。国外からの文化流入に対しては敏感な人びとが，国内の少数文化への抑圧に対しては鈍感だというのはよくあることなのです。

文化の流れの複雑化　加えて，文化帝国主義論では先進国から開発途上国へという一方向的な文化商品の流れが想定されていますが，先に述べたように途上国におけるメディア産業の成長はその想定を大きく揺るがしています。中東地域ではアラビア語を媒介として国境を越えた「アラブ・メディア圏」が形成されているとも指摘されますし（千葉 2014），それ以外の地域でもインド，メキシコ，ブラジルなどの国々からは近隣諸国に向けて映画やテレビ番組が輸出されており，途上国から先進国へという流れが生じることもあります。

極東アジアに目を向ければ，1990年代には日本のドラマやアニメが国境を越えて消費されていたのに対して，2000年代になると韓国のドラマや音楽が広く受け入れられるようになりました。また，『花より男子』という日本の少女マンガは2001年にまず台湾でテレビドラマ化され，それよりも遅れて2005年に日本で，2009年に韓国でテレビドラマ化されています（毛利 2011: 35）。テレビドラマ化にあたってはそれぞれの国の社会や文化に合わせたアレンジが行われており，同じ物語であっても国境を越えることで消費のされ方が変化することを示しています。この点でも画一的な文化侵略の発生を想定していた文化帝国主義論は単純すぎる見方だと言うことができるでしょう。付言すれば，日本のアニメにしてもその制作過程のかなりの部分で中国や韓国に依存しており，そういった意味でも文化の流れは複雑化していると言うことができます。

「真のニーズ」を誰が決めるのか　繰り返し述べたように，文化帝国主義論は先進国の文化商品が開発途上国に流れ込むことで伝統的な文化が破壊されてしまうと主張していました。「開発途上国の人びとは，先進国の文化商品やその広告に惑わされてしまい，自分たちにとって本当に大切な文化を捨て去ってしまう」と想定されていたわけです。しかし，このような想定には大きな難点が含まれています。というのも，途上国の人たちにとって「本当に大切な文化」，言い換えれば「真のニーズ」を誰が決定するのかという問題が存在する

からです（トムリンソン 1993: 254）。途上国の人たちが「これは良いものだ」と判断して先進国の文化商品を選択，購入するのであれば，それを非難する権利が第三者にあるのかという問題です。

　ここに見られるのは，メディア批判が往々にして抱え込んでいるパターナリズムの発想です。パターナリズムとは，自分で決定する能力を持たない人に代わって別の人が決定してあげる態度のことを指します。すぐに飽きてしまうに違いないおもちゃをお小遣いで買おうとする子どもを親が必死で押しとどめるのが典型的なパターナリズムです。この例に見られるようにパターナリズムがつねに悪だというわけではないのですが，メディア批判は往々にして大の大人に対してパターナリズム的な態度を示してしまいます。知性を欠いた愚かな大衆に代わり，（さすがに明言はしないでしょうけれども）優れた知性を有する自分が大衆にとっての「真のニーズ」を決定してやるのだ，という態度です。

　文化帝国主義論が有しているパターナリズム的性格が特に問題になるのは，この議論を展開する人が先進国に居住している場合です。自分は先進国の商品がもたらす便利な生活を享受しておきながら，開発途上国の人びとに対しては「お前たちのいまの暮らしが伝統なのだから，多少は不便でも我慢しろ」と強要する論理につながりかねないのです。しかもここには開発途上国に暮らす人びとに対する無意識的な蔑視が発露しているとも考えられます（トムリンソン 1993: 232）。つまり，途上国の人びとには自分たちにとって本当に必要なものを判断する能力がなく，多国籍企業の商業戦略にすぐに騙されてしまう。だからこそ，彼らにとっての「真のニーズ」を判断する能力を持つ知的エリートたる自分たちが彼らの伝統文化を守ってやらねばならない，という発想が反映されてしまっているとも言えるのです。こうした文化的パターナリズムは文化帝国主義論にのみ見られるわけではなく，たとえば大都市圏に暮らす人間が地方のショッピングモールをその画一性ゆえに批判するさいにも現れていると言えるでしょう。

5　メディアは国境を越えるか

文化のグローバル化？　　以上のように文化帝国主義論に対する様々な批判が行われたこともあり，代わってさかんに論じられるようになったのが文化のグローバル化です。グローバル化／グローバリゼーションという言葉はそれを

使う人によって意味が大きく異なり、アメリカ化という文化帝国主義論に近いニュアンスで用いられることもあります。しかし、文化のグローバル化という場合、同一の文化が世界規模で共有されるようになるというのではなく、複数の文化が国境を越えて相互に影響を及ぼし合うという側面が強調される傾向にあります。また、多国籍メディア企業がグローバルに事業を展開するにあたっても、進出先の国の文化や政治に配慮することが必要になる（グローカル化）という指摘もしばしば行われています。

　しかし、文化や情報のグローバル化という現象は誇張されているのではないかとの指摘もあります。たしかにインターネットの普及によって国境を越える情報流通は増加しているのですが、同一国家内における情報流通はそれよりもはるかに急速に増加してきたというのです（Hafez 2007: 2）。また、国境をまたいだテレビ番組の受容にしても、例外はあるにせよその多くは同一の言語圏で行われており、言語の壁はいまだ高いとも指摘されています（前掲書: 60-61）。CNNやBBCといったグローバルなニュースメディアはたしかに存在しているものの、それらを消費するのは一部のエリートに限られているのが実情です。

「目的なき文化」と「目的ある文化」との衝突　それでは、国境を越える情報や文化の流通は結局のところマイナーな現象でしかなく、何の変化も生じさせないのでしょうか。文化帝国主義論を批判的に検討した社会理論研究者のジョン・トムリンソンは、文化のグローバル化について論じるなかで、それが「弱い文化」による「強い文化」に対する侵略なのではないかと指摘しています（トムリンソン 1993: 326）。それによると、文化帝国主義論では、先進国の巨大資本に支えられた「強い文化」が、そうした後ろ盾を持たない開発途上国の「弱い文化」を侵略していると想定されていた。しかし、見方を変えれば先進国の文化こそが「弱い文化」であり、伝統文化は「強い文化」である。なぜなら、先進国の文化は個々人の選択を尊重するために、人がいかに生きるべきかを教えるという規範性の面ではぜい弱な「目的なき文化」だからである。先進国の「目的なき文化」が唯一提示できるのは、経済成長による「多さ」（より多くの所得、より多くの商品、より多くの余命など）という量的な拡大だけでしかない。それに対して、伝統文化は強い規範性を持ち、何のために生きるのか、誰と結婚するのか、どのような職業に就くのかといった個々人の生き方にまで

干渉する「目的ある文化」である。こうした観点からトムリンソンは，先進国の「弱い文化」「目的なき文化」は人生には様々な選択肢が存在することを示すことで，伝統的な「強い文化」「目的ある文化」を侵食してきたと主張しています。

　この主張もパターナリズムに陥りかねない危うさを有しているものの，世界中で多くの支持を集めている宗教的原理主義は，まさしく「目的なき文化」への対抗運動という側面を有しているという点は注目に値します。つまり，「目的なき文化」がもたらす曖昧さ，寄る辺のなさに対する反発こそが，神の教えのもとに生きるという明確なメッセージの魅力を強めているとも言えるのです。先に触れたアラブ・メディア圏には多数の宗教専門チャンネルが存在しており，視聴者を獲得するために様々な工夫を重ねているというのはその一例です（千葉 2014: 179）。無数の選択肢を提示することが可能な情報メディアが「目的ある文化」を補強するためにも用いられうるというのは，興味深い現象と言えるのではないでしょうか。

第 2 部
マスメディアと世論

第9講

マスメディアは世の中を操っているのか

1 陰謀論はなぜ魅力的か

外国人によるマスメディア支配?　この講義ではこれまで「陰謀論」について何度か言及してきました。今回の講義では，この陰謀論の話を入り口としてマスメディア産業の現状について論じてみたいと思います。

インターネット上では，日本のマスメディアが在日コリアンによって支配されているかのような主張が展開されることがあります。日本のテレビが韓国のドラマを数多く放送したり，日本に批判的な意見ばかりを伝えることで，日本人を洗脳しているといった主張です。韓国ドラマの増加について言えば，放送局が非常に安い価格で放映権を購入することができ，一定の視聴率も期待できるという商業的要因があったわけですが，そこに「陰謀」の存在が読み込まれたわけです。少数の人びとの企てによって社会の大多数の人びとが操作されている，騙されているというこうした論理は，陰謀論の典型的な特徴です。

陰謀論のバリエーションと特徴　陰謀論のバリエーションとしてはこれ以外にも，ユダヤ人陰謀論，フリーメイソン陰謀論，イルミナティ陰謀論，コミンテルン陰謀論などが挙げられますが，それぞれの骨格は驚くほどよく似ています。特定の民族ないし組織が世界中で陰謀を張り巡らせており，自分たちにとって都合の良いように世界を動かしているという発想が共有されているのです。それ以外にも，米国同時多発テロは米国政府の自作自演である，東日本大震災は米国の地震兵器によって発生した等の主張も陰謀論から派生していると言えるでしょう。

注意すべきなのは陰謀論の内容のすべてがウソだとは限らない点です。むしろ陰謀論は，様々な事実の断片を寄せ集め，それらをもっともらしい筋書きでつないでいくのです。たとえば，ある人物が一時期ある組織で働いていたと

いう事実から，組織を離れた後もその手先として活動しているといった推測がなされるというのが典型的な流れです。もちろん，前者が事実だからといって後者までもが事実だとは限らないのですが，陰謀論はあたかも後者が自明の事柄であるかのごとくストーリーを組み立てていきます。

陰謀論の魅力　それでは，少なからぬ人が荒唐無稽な陰謀論に引き寄せられてしまう理由はいったい何なのでしょうか。大きな理由としては，陰謀論が責任転嫁を可能にするということが挙げられます。仕事がない，景気が悪い，自国がかつて勝ち目のない戦争に突入してしまった等々，世の中には辛いことや面白くないことがたくさん存在しています。それらの問題には複雑な要因が絡み合っていて，理解も解決も一筋縄ではいきません。ところが陰謀論は「それらの害悪はすべて特定の集団のせいだ」というシンプルな説明を与えてくれます。したがって，社会の状態が悪くなり，人びとがお互いに不信感を抱くようになっているときに陰謀論は流行しやすいと言われています（Uslaner 2002: 31）。

しかも，世の中の諸問題が単一の元凶によってもたらされているのであれば，その解決方法も非常にシンプルです。その元凶を排除してしまえばよいのです（マートン 1961: 470）。ここに陰謀論の怖さが存在します。社会のなかで弱い立場にある人たちが陰謀の主体とされることも少なくないため，彼らに対する抑圧や排除を正当化するための手段として陰謀論が活用される状況が生み出されてしまうのです。

ユダヤ人迫害とマスメディア陰謀論　一例を挙げるなら，ナチスがユダヤ人を迫害する根拠の一つとしたのが，「シオン賢者の議定書」です。ユダヤ人による世界支配のための計画を論じたとされるこの文書は，早くから偽書であることが判明していました（辻 2012: 62-63）。にもかかわらず，アドルフ・ヒトラーはその著書『わが闘争』（1925-26年）のなかでこの文書が「ユダヤ民族の本質と活動を打ち明けて」いるとし，「この民族の全存在が，どれほど間断のない嘘にもとづいているか」を示していると主張しました（ヒトラー 1973: 400）。さらにタチの悪いことには，この文書が偽物であると繰り返し主張されるという事実こそ，これが本物である証拠だという無茶な論理までもが展開されています。

ところで，仮に陰謀論が正しいとした場合，陰謀の主体はなぜそこまで強大な影響力を発揮することができるのでしょうか。そこで登場させられるのがマスメディアです。『わが闘争』にも，ユダヤ人に操られた新聞社がドイツ民族を堕落させたという記述があり（ヒトラー 1973: 315），多くの陰謀論においてマスメディアは重要な役割を割り当てられています。自分からすれば自明なはずの「真実」が世の中に受け入れられないのは，人びとを操る邪悪な存在（＝マスメディア）があるからだという発想をそこに見ることができます。こうしたマスメディア陰謀論の是非を理解するため，遠回りにはなりますが，以下では産業という観点から新聞およびテレビの現状を見ていくことにしましょう。

2　日本のマスメディア

新聞の分類　日本の新聞は大まかに一般紙，専門紙，スポーツ紙に区分することができます。専門紙はさらに日本経済新聞のように経済全般を扱う経済紙，産業分野全体に関する情報を伝える日刊工業新聞のような産業紙，そして農業，建設，製造など特定の業界に特化した業界紙に分類することが可能です。

また，政治や経済，社会，スポーツなどの様々なトピックを扱う一般紙も，日本全国で販売している全国紙（朝日新聞，読売新聞，毎日新聞，産経新聞），特定の府県での販売が中心となる地方紙（静岡新聞，神戸新聞，京都新聞など），複数の道県で販売しているブロック紙（北海道新聞，河北新報，中日新聞，西日本新聞など）に分かれています。首都圏で生活していると全国紙以外は目に入りにくいのですが，その他の地域では地方紙やブロック紙が圧倒的なシェアを占めていることが少なくありません。また，地方紙といっても地元以外に関する報道を行わないわけではなく，ほかの地域の情報については通信社（共同通信，時事通信など）から配信される記事を掲載することが多くなります。

公共放送局と民間放送局　次にテレビ局について言うと，日本のテレビ局は公共放送局であるNHK（日本放送協会）と民間放送局とに大別されます。たまに勘違いする人がいるのですが，公共放送局と国営放送局とは違います。大まかに言えば，公共放送局は視聴者の受信料によって運営されているのに対し，国営放送局は政府が直接に運営する放送局のことを指します。

公共放送局は「政府の利益」ではなく「公共の利益」を追求するということ

になっていますので，国営放送局よりも政府からの独立が重視されることになります。民主主義体制下であっても政府が一般市民の利益よりも自分たち自身の利益を優先するようになる可能性が存在することから，公共放送局にはより幅広い視野に基づく放送を行うことが期待されているのです。

　ただし，NHKの経営や内部の統制に関する決定を行う経営委員は国会の同意のもとで内閣総理大臣によって任命されることに加えて，同局の収支予算と事業計画は国会での承認が必要になります。そのため，政府との距離の近さがしばしば批判の対象となり，NHKをあえて「国営放送局」と揶揄する人も少なくありません。とりわけ近年では，政府からの圧力を恐れ，批判を受けそうな内容の放送を自発的に控えるケースが増えているという告発も行われています（『朝日新聞』2015年1月8日朝刊）。

　次に民間放送局ですが，首都圏のキー局（日本テレビ，テレビ朝日，TBS，フジテレビ，テレビ東京）のほか，日本中に数多くの地方局が存在しています。ただし，それら地方局のほとんどはキー局を中心として系列化されているため，キー局が放送する番組の多くはそれぞれの系列の地方局を経由して首都圏以外でも放送されています。首都圏で暮らしている人にしか関係なさそうな情報番組が遠く離れた地方でも放送されることがあるのはそのためです。県によっては系列の数よりも地方局の数のほうが少ないため，一つの放送局が二つもしくは三つの系列に加入し，それらのなかから番組を選んで放送しているケースや，別の系列の番組を購入して放送するケースもあります。これ以外にも衛星放送事業者やケーブルテレビ事業者によって放送サービスが提供されています。

　それでは，これらのマスメディアはどのようにして経営を成り立たせているのでしょうか。上述のようにNHKは受信料収入を，衛星放送やケーブルテレビは契約者からの利用料収入を主要な収入源としていますが，マスメディアの多くにとって重要なのが広告収入です（湯淺 2006: 16）。そこで次に，広告収入を中心としてマスメディアの収益構造に目を向けることにしましょう。この点を理解することでマスメディア陰謀論の骨格がより把握しやすくなるからです。

3　マスメディア経営の困難

減少するマスメディア広告費　　NHKのような公共放送局を除けば，マス

(億円)

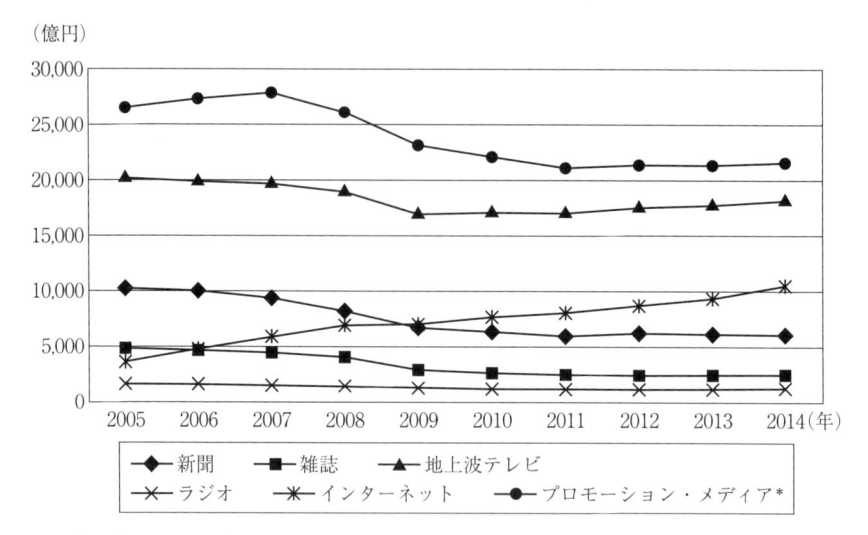

図9-1 日本における広告費の推移

＊屋外の看板などの屋外広告，電車の吊り広告などの交通広告，新聞の折り込み広告，ダイレクトメール，フリーペーパーなどによる広告費を合計したもの。
(出典) 電通「日本の広告費」より作成。

メディアにとって広告は重要な収入源です。日本における広告費の推移をメディアごとに表したのが図9-1です。

これを見ると，この10年間でそれぞれのメディアの広告収入が大きく変化しているのがわかります。マスメディア全体の広告収入が減少傾向にある一方，インターネット広告は大きく伸びています。なかでも新聞広告の減少は深刻で，同様の現象が生じている米国では，多くの新聞社が倒産，廃刊に追い込まれています（大治 2013: 43）。日本でも地方紙の倒産が起きていますが，米国ほどの影響はまだ出ていません。なお，欧米の新聞社の経営悪化に関しては，ネットの影響よりも大規模な企業買収や合併による負債の影響のほうが大きいという指摘もあります（Redden 2014: 14）。

宅配制度がもたらす経営的安定　日本の新聞社がなんとか持ちこたえている要因の一つに宅配制度があります。スポーツ新聞や夕刊紙を除けば，月単位で新聞販売店と契約し，家まで毎日届けてもらうのが一般的です。そのため，大きな事件や出来事があろうとなかろうと安定した売上げを期待でき，広告収

入にそれほど大きく依存する必要がなかったわけです。

　宅配制度のおかげもあり，日本の全国紙は世界的に見ても非常に多くの発行部数を誇っています。近年では大幅な減少が生じていますが，それでも発行部数で見ると読売新聞が世界第1位，朝日新聞は第2位ということになっています。ただし，実際に読者に読まれている数は，発行部数によって示される数よりもかなり少ないという指摘もあります（河内 2007: 57）。それによると，新聞販売店に送りつけられるものの，読まれることなく廃棄される新聞が大量にあるというのです。これを「押し紙」と言い，発行部数を維持することで新聞の持つ広告媒体としての価値を強調することがその目的だと言われています。

　新聞の宅配制度が普及していない国では，日本のスポーツ新聞と同様，駅の売店やスーパーなどで購入されるのが一般的です。この場合，多くの人の関心を集めるような出来事が起きれば新聞はたくさん売れますが，そうでなければどうしても売上げは落ちます。そのため，重要な出来事ではなかったとしてもセンセーショナルな見出しを掲げることで人びとの関心を惹きつけようとするのは日常茶飯事であり，乱暴な取材によって過激な記事が書かれることも珍しくありません。なかでも有名なのが英国のタブロイド紙[1]であり，エリザベス女王が暮らすバッキンガム宮殿の使用人として記者を潜入させ，王室のセキュリティの甘さを告発するという口実のもとで女王の好みのテレビ番組まで暴露するといった報道を行っています（山本 2004: 22-23）。さらに，あるタブロイド紙が事件の被害者や有名人の電話を盗聴して記事を書いたことが大スキャンダルに発展し，多数の逮捕者が出るという事態まで生じています（門奈 2014: 198）。

　なお，宅配制度に関しては「押し紙」以外にもいくつかの問題点が指摘されています。一つは，都市部のように競争の激しい地域では新聞拡張団がしばしば強引な営業活動を行うという点です。新規の契約獲得が拡張団員の利益に直結するため，玄関のドアをこじ開けるような勧誘が行われることすらあるのです（河内 2007: 84-90）。俗に「インテリが作ってヤクザが売る新聞」と言われるゆえんです。著者自身の体験を言うと，もう15年も前の話ではありますが某紙の拡張団員に契約書を偽造されたことがあります。

　もう一つは，新聞販売店の倒産が相次いでいるという問題です。新聞の販売部数や折り込みチラシによる広告収入の落ち込みによって，1999年には2万2000店以上あった新聞販売店が，2013年には1万8000店にまで減少したと報

じられています(『週刊東洋経済』2014年10月11日号)。以上のような問題を抱える新聞販売店ですが,情報のネットワークを支えるうえで非常に重要な役割を果たしてきたことは否定できません。東日本大震災のさい,店舗や自宅が流されたにもかかわらず被災地で新聞を配り続け,情報伝達を懸命に支えた人たちがいたことは記憶されるべきでしょう(河北新報社 2011)。

テレビ広告の種類　テレビ局も新聞社ほどではありませんが,最盛期と比べると広告収入は減少しています。テレビ広告にはタイム広告とスポット広告という2種類が存在し,前者が一つの番組のなかで流されるものであるのに対して,後者は番組と次の番組とのあいだ(ステーションブレーク)に流されることが多くなります。原則的にはタイム広告が30秒,スポット広告が15秒とされていますが,実際には5秒から60秒まで様々な幅があるようです。タイム広告の枠に入るスポンサー企業はどちらかと言えば固定的であり,景気の良し悪しによって広告の出稿を変えるスポンサー企業はスポット広告に集中する傾向にあると言われます(中川 2009: 146)。すなわち,タイム広告の比率が高いほど経営的には安定しやすいということになります。

ともあれ,視聴者にとってテレビはやはり番組がメインで広告は二の次という感じがします。しかし,テレビ局のビジネスという観点だけで言えば,その序列はまったくの逆になります。つまり,広告をどれだけたくさんの視聴者に見てもらえるかが決定的に重要なのです。ずっと以前,情報番組で「コマーシャルのあいだにトイレに行ってください」と発言したタレントが降板させられるという出来事があったのですが,まさに番組は広告のために存在しているということを示すエピソードだと言えるでしょう。

テレビ局経営の変容　もちろん,広告だけを見て番組を見ない視聴者というのはそれほどいないでしょうから,広告をより多くの人びとに見てもらうためには番組の視聴率を上げる必要があります。民放の建物に入ると,どの番組がどれぐらいの視聴率を取ったのかが書かれた紙が廊下にずらりと貼り出されていたりしますが,これも民放にとって視聴率の数字が持つ重みを示していると言えるでしょう。視聴率が高いテレビ局はそれだけ広告収入が増大しますし,低ければ収入は減少します。

ところが,最近ではテレビ局のそうしたビジネスモデルにとって好ましくな

い事態が生じています。テレビを録画して見る人が増え，広告が見られなくなってきているのです。録画で見る場合，多くの人は広告をスキップしますし，広告にもタイミングがあるので放送された時点で見られなければ意味がなくなってしまうこともあります。もう一つはインターネット広告の普及です。インターネットでは，ユーザーがどのような言葉で検索を行ったのか，どのサイトを訪れたのか，ショッピングサイトでどの商品を見たのかといった情報に基づき，個々のユーザーに合わせた広告を表示できます。より高い精度で潜在的な顧客層にアピールすることができるため，マスメディア広告を脅かしているのです。

　実際，キー局のなかにはテレビ事業では収益を上げられず，不動産事業への依存を深めている局もあります。最近では番組を使った通信販売に力を入れている局も多いのですが，これも収益を上げるための努力の一端と言えるでしょう（石光 2011: 38）。テレビ局の敷地をテーマパークとして使うという手法も用いられています。番組制作費や人件費の節減などのコストカットもさかんに行われており，番組を実際につくっている番組制作会社へのプレッシャーとなっています。番組制作に関わる若い人たちが劣悪な労働条件と安い給与のもとで酷使され，離職率も非常に高いことが深刻な問題になっているのです。

プロダクト・プレースメント　広告収入の落ち込みを打開するための手法の一つとして挙げられるのが，プロダクト・プレースメントです（谷村 2005: 36）。番組に登場する人物やアニメのキャラクターに特定企業の商品を使わせたり，番組中に店舗を紹介することで，番組と広告との境界を曖昧にしてしまう方法です。子ども番組では昔から使われており，番組によってはおもちゃ会社が先に商品のコンセプトを打ち出し，それに合わせて番組が制作されるという流れにもなっています。あるいは逆に，番組のスポンサーと競合する企業の看板や自動販売機が映像に入ってしまった場合には，その部分を加工して消してしまうこともあります（中川 2009: 164）。

　プロダクト・プレースメントに対しては批判もあります。その最大の理由は，番組なのか広告なのかが視聴者にわからないという点です。普通の番組であれば，番組と広告ははっきり分かれていて，視聴者も自分がいまどちらを見ているのかを知っています。広告を見ている場合には，そこで伝えられるメッセージを割り引いて見ることもあるでしょう。食品の広告で登場人物が「うま～

い！」と言っていても、「そりゃ広告だからそう言うだろうさ」とクールに思えるわけです。ところが、プロダクト・プレースメントが行われている番組では、登場人物の「うま～い！」を額面通りに受け止めてよいものかわからないのです。番組スポンサーとして告知されていないスポンサーがついている場合などはなおさらです。情報番組などでそういうことが行われると、番組の信憑性そのものが疑わしくなってしまいますし（前掲書: 171-172）、制作現場でもあまり好まれないと言います。そのため、ヨーロッパ連合（EU）は加盟国に対し、プロダクト・プレースメントを行う場合には番組でその旨を伝えることを自国の放送局に義務づけるとともに、タバコ、薬品、医療の広告、子ども向け番組についてはプロダクト・プレースメントを禁止することを求めています（Garde 2011: 93-95）。日本では現在のところプロダクト・プレースメントに対する規制は行われていません。

4　マスメディアとスポンサー

陰謀の主体としての広告代理店？　以上のように新聞社であれテレビ局であれ、マスメディアのビジネスにとって広告が大きな意味を持つことをお話ししてきました。さらに言えば、プロダクト・プレースメントに限らず、広告のスポンサーは番組の内容にも大きな影響を及ぼしていると言われることがあります。ここでようやく、マスメディア陰謀論の話につながってくるわけです。

スポンサーとマスメディアとを結びつける役割を果たしているのが広告代理店です。代表的な存在としては電通や博報堂が挙げられますが、電通を中心とした陰謀論は数多く語られてきました。電通の暗躍によってマスメディアが情報統制を行い、それによって世論が動かされているというのです。たとえば、1990年代に注目を集めたカレル・ヴァン・ウォルフレンの著作では、日本人から考える力を奪うものとしてテレビの存在が挙げられたうえで、次のように論じられています。

> 電通の影響力は日本のテレビ文化の内容まで左右し、世界中どこにも類例がみられないほど、強力なマスメディアを通しての社会的統制力にな（っってい：引用者）る。そして、このことには重大な政治的意味がある。テレビという麻薬が日本ほど見事に利用されているところは他にない。……日本で日々の娯楽の

質を決定するうえで主要な役割を果たしているのは電通であり，電通はほとんどすべてのものを最低レベルまで下げるのに成功している。

(ヴァン・ウォルフレン 1994: 363-364)

　広告代理店が直接に関与しなかったとしても，ほかのテレビ局では大々的に取り上げられている企業の不祥事が，番組のスポンサーだという理由で特定のニュース番組では報じられないこともあります。また，原発を推進している東京電力からの広告を期待して，福島原発事故報道でも「東電叩き」を控えるようにといった要望がテレビ局の上層部から現場に下りてきたといったことが告発されています（奥村 2013: 101-102）。
　このようにスポンサーからの圧力がマスメディアに加わる場合，スポンサーから直接に圧力がかかるケースと，マスメディア側が自発的に報道に手を加えるケースとがあります。後者のケースについても，自発的な報道規制を最初から期待してスポンサーが広告を出しているケースもあると言われています。

　マスメディアの政治経済学　　とはいえ，マスメディアがつねにスポンサーの意向に従って読者や視聴者を特定の方向に誘導しようとしているというのは言いすぎでしょう。個々のスポンサーにはそれぞれの利害があり，そこから加わる圧力がつねに同じ方向を向いているとは限らないからです。しかも，スポンサーからの要求は基本的に経済的なものであって，陰謀論が想定するような政治的圧力はほとんどないと考えられます。言い換えると，あらゆるスポンサーがマスメディアに同一の政治的イデオロギーを拡散させようとしていると考えるのが陰謀論の特徴ということになります。
　企業としてのマスメディアが抱える利害が記事や番組の内容に与える影響を重視する研究は，「マスメディアの政治経済学」と呼ばれることがあります。この考え方によると，権力者たちはマスメディアをコントロールすることで，人びとがなにを見て，なにを考えることができるのかを決定しており，世論の動向を左右しているというのです。この考え方を突き詰めると陰謀論へとつながっていきます。単なる偶然の産物でしかないものに研究者が「陰謀」の痕跡を見つけ出してしまうという事態までもが時に生じてしまうのです。
　もちろん，マスメディアの政治経済学それ自体が誤りだというわけではありません。マスメディアの報道が様々な政治的・経済的利害の影響を受ける可能

性は否定できないからです。また，メディア企業のオーナーが自身の所有するメディアの政治的立場に大きな影響を与えることもあります。たとえば，多国籍メディア企業であるニュース・コーポレーションを率いるルパート・マードックは，傘下にある多数のマスメディア企業の編集方針にたびたび介入してきたと言われます（マクネア 2006: 184；門奈 2014: 199）。2003年のイラク戦争のさいには，同社が世界中で所有する新聞社の編集者247人全員が戦争支持の立場を表明しています（ハーヴェイ 2007: 51）。

　しかし，マスメディアの政治経済学は，メディアが実際には様々に対立する力学のもとで運営されていることを見逃しているとも指摘されています（ゴールディング／マードック 1995: 9）。記者や制作者はスポンサーや経営者だけを見ているのではなく，読者や視聴者，同僚や同業者，政党や市民団体などの目線を意識せざるをえません。しかも，本書で後に見ていくように，マスメディアがつねに世論を自由にコントロールできるというのも単純すぎる見解です。

　陰謀論が生み出す問題　陰謀論の最大の問題は，それが人間の主体性や知性を無視しているという点に求められます。陰謀論の世界観では，人間は利己的で強欲な陰謀の主体か，陰謀によって都合よく操られるだけの人形でしかありません。実際には，メディアの現場で働く人たちであれ，それを受容する読者や視聴者であれ，様々な考えや迷い，苦悩を抱えているのですが，陰謀論はそれをなかったことにしてしまいます。陰謀論と差別とが結びつきやすい理由の一つは，そのいずれもが人間の尊厳を無視あるいは軽視している点に求められるでしょう。

　そうした陰謀論的世界観に基づくマスメディア批判は，良質な批判を埋もれさせてしまうことで，マスメディアの向上をかえって阻害してしまいます。もちろん，マスメディアやそのほかの組織が情報を操作したり，世論を誘導しようとするケースは無数に存在しており，それらを批判的に読み解くことは重要な営みです。しかし，マスメディア報道の質を本当に向上させたいのであれば，陰謀論的なものからは距離を取ったうえで，報道にどのような問題があるのかを具体的かつ地道に指摘していくしかないのではないでしょうか。

注
（1）一般の新聞よりもサイズの小さな大衆向けの新聞を指す。ただし，近年のイギリスではタイムズやガーディアンといった高級紙もタブロイド紙のサイズで発行されるようになっている。

第10講
マスメディアはなぜ批判されるのか

1 マスメディア批判の変容

マスメディア批判の現状　マスメディアはそれが誕生して以来，しばしば批判の対象となってきました。政治権力に媚びているという批判もあれば，逆に権力批判が過ぎて民衆を誤った方向に導いているという批判もあります。重要なことを報道しないという批判もあれば，不必要な報道によって問題を引き起こしたという批判もしばしば行われます。

とりわけインターネットが普及してからは，マスメディア批判はかつてよりもはるかに目につきやすくなってきました。ネット上ではマスメディアを「マスゴミ」と呼ぶ人も少なくありません。マスゴミという呼称を使う人には，マスメディアは害悪そのものという感覚があるのかもしれません。

インターネットが普及する以前には，マスメディア報道によって誰かが損害を被ったり，内容の誤りに気づいたとしても，泣き寝入りせざるをえなかったケースが多かったのではないでしょうか。例外的な事例としては，1989年4月に朝日新聞のカメラマンが沖縄の西表島のサンゴに落書きをし，その写真を日本人の「精神の貧しさ，すさんだ心」の証拠として報道したというものが挙げられます（『朝日新聞』1989年4月20日夕刊）。この捏造事件は地元のダイビング組合の抗議によって明らかとなり，朝日新聞の社長が引責辞任するところにまで発展しました。こうした組織的な抗議や訴訟という手段を取れない場合，報道に対する抗議の声を広く周知させることは今よりもずっと難しかったのです。

それに対して現在では，一般の人びとが声を上げることははるかに容易になりました。インターネット上ではマスメディア批判が好まれることもあって，注目を集める内容であればあっという間に広がっていく傾向にあります。それによりマスメディアが謝罪に追い込まれるケースも増えてきました。最近では

マスメディアの誤報を専門的に扱うサイトも登場し，報道に対してはこれまで以上に厳しい視線が注がれるようになっています。

メディア批判の二つの視点　このようにインターネット経由でのマスメディア批判が増加することで，その批判の重心は変化しつつあります。かつてのマスメディア批判の中心にいたのは多くの場合，元記者やフリーのジャーナリストであり，批判の矛先は権力との癒着や記者クラブに向かう傾向にありました。言わば，（元）ジャーナリストの目から見た既存マスメディアの問題点が語られていたのです。

現在でもそういった批判はさかんに行われていますが，インターネットでの批判は読者や視聴者，あるいは取材される側の視点から行われることが多いのが特徴です。これらの批判では，マスメディアが取材や報道の内容によって一般市民に迷惑をかけたことが問題視される傾向にあります。

もちろん実際にはこの二つの視点が混ざり合うことでマスメディア批判は行われてきたのであり，明確に切り分けられない批判は多々あります。しかし，ここでは前者の視点から批判されやすい対象として記者クラブを，後者の視点から批判されやすい問題として報道被害をそれぞれ取り上げることにしたいと思います。

2　記者クラブをめぐる問題

「情報カルテル」としての記者クラブ　日本のマスメディアの問題点として長きにわたって批判されてきたのが記者クラブです。中央官庁や地方自治体，警察署のような公的機関のみならず政党や企業などにも記者クラブと呼ばれる組織が存在しており，その数は 800 とも 1000 とも言われています（小林 2003: 180）。記者クラブに加入できるのは国内の新聞社や通信社，テレビ局の記者だけであることが多く，雑誌記者や外国メディア，またはフリージャーナリストの加入は認められにくいと言われています。日本では記者クラブが記者会見を主催するのが一般的であり，クラブに所属していない人は参加できないことが多いため，記者会見で得られる情報を排他的に占有するための「情報カルテル」として記者クラブは批判されているのです。

しかも，記者クラブでは取材対象と記者との癒着が生じているとの指摘が行

われてきました（岩瀬 2001: 85-132; 烏賀陽 2005: 102-109）。記者クラブが置かれている部屋の電話代や光熱費などが税金から支出されていることに始まり，市役所の記者クラブに所属すると市長からお中元が届いたり，様々なお土産，ノベルティグッズが配布されたり，場合によってはもっと大きな利益供与が行われているというのです。こういった利益供与によって記者の筆が鈍るような事態がもし生じているとするならば，たしかにそれは癒着としか言いようがないでしょう。ただし，現在では記者クラブの部屋は提供されていても，電話代や光熱費などはマスメディア側が負担しているケースもあり，利益供与についてもかなり厳しくなっているという声もあります。

発表ジャーナリズム問題　また，政府や警察の発表内容をマスメディアが独自に検証することなくそのまま伝えることを**発表ジャーナリズム**と呼びますが，これが発生する要因も記者クラブにあると言われることがあります（林 1993: 117）。この点に関してはまず，発表ジャーナリズムについて説明しておく必要があるでしょう。

もともと，マスメディア報道には客観的であることが求められる傾向にあります。歴史的には，企業としての規模が拡大していくなかで，マスメディアは偏向を避けることでより多くの読者の獲得を目指すようになったと指摘されています（鶴木編 1999）。他方で，独自取材に基づく報道に対してはどうしても主観的だ，または偏向しているといった批判がつきまとい，政治的弾圧の対象になることもあります。

客観性に対するそうした要求があるなかで，政府や警察が発表した内容をそのまま報道するのであれば，それが発表されたという客観的事実は存在するため，そのような批判はかわすことができます。しかも警察による誤認逮捕のように，発表された内容が完全に間違っていたとしても，その内容を伝えたという責任からマスメディアは逃れることができるのです（原 1997: 156-157）。しかし，この例からも明らかなように，政府や警察の発表がつねに正確だというわけではありません。したがって，その内容を何の留保もなく報道するだけなのであれば，マスメディアが誤った情報の伝達に加担してしまうことになりえます。

この発表ジャーナリズムの温床となっているのが記者クラブだと言われているのです。記者は取材に時間と労力をかけずとも，記者クラブにいさえすれば

記事になる情報を得ることができる。すべての発表内容を右から左へとただ流しているのではなく，情報の取捨選択や追加取材は行っているものの，一から独自取材をするよりはずっと効率的だというのです。記者クラブのこうした特性が，独自取材を行うのに必要な気構えをマスメディアの記者から奪ってしまっていることに加え，取材体制の「縦割り」を生じさせているとの批判も行われています（青木ほか 2012: 129-138）。沖縄の基地問題を例に取ると，この問題に関係する防衛省，外務省，首相官邸に設置されている記者クラブには別々の記者が張り付き，それぞれの記者は自分が担当する組織が発表する情報の伝達に特化するようになる。結果として，日本社会全体にとって沖縄の米軍基地の存在はいかなる意味をもつのかといった横断的な視点が失われてしまうというのです。

　もっとも，最近では以前よりも記者クラブの開放も進み，外国メディアやフリーランスの記者が記者会見に参加できることも増えてきました。インターネットで記者会見が中継されることも珍しくありません。しかし，それでも閉鎖性は強く残っており，記者クラブに対する批判はなおも続いています。

　海外における記者会見　　他方で，こうした閉鎖的な日本の記者会見と対比されるのが米国政府による記者会見です。米国の場合，記者会見は政府側が主催し，新聞社，通信社，テレビ局の記者のみならず様々なジャーナリストが参加できると言われます。日本もそうした米国の開放的な制度を見習うべきだというのです。

　ただし，米国政府による記者会見の開放性に疑問を呈する声もあります。ホワイトハウスでの記者会見を例に取れば，記者会見に参加するためには記者証が必要であり，かなり厳しい身元検査が行われます。外国メディアの記者の場合，ホワイトハウスの記者証を入手するためには1年以上かかることもあると言います（『読売新聞』2009年10月15日朝刊）。しかも，記者会見に参加できたとしても，実際に質問できるのは大手の新聞社やテレビ局など一部のエリートメディアの記者がほとんどです。ホワイトハウスでの記者席の配置はメディア側の組織によって決められていますが，「インナーサークル」とも呼ばれるエリートメディアの記者たちは一番前の列に座ることができ，質問の機会が与えられるのです（*The Guardian* 2010/8/2）。インナーサークルの記者だけを対象にした内輪の会合が行われることも珍しくないと言われます。

第2部 マスメディアと世論

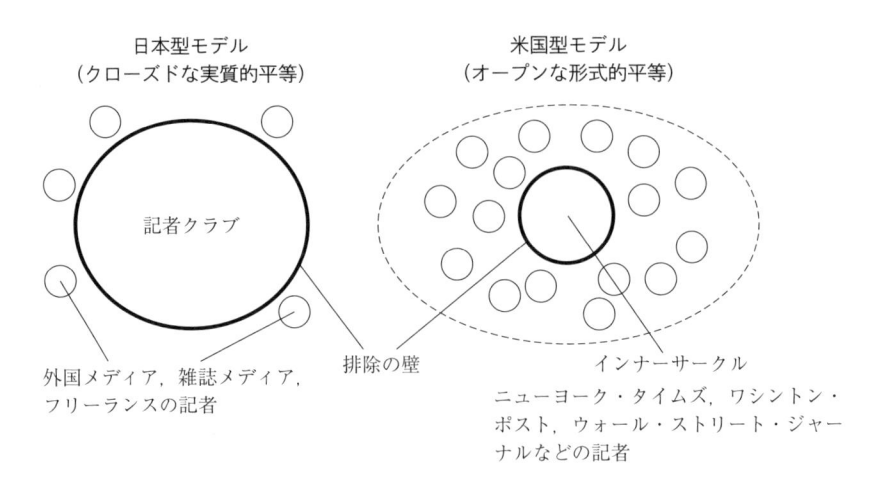

```
       日本型モデル              米国型モデル
   (クローズドな実質的平等)    (オープンな形式的平等)
```

（図：日本型モデルでは「記者クラブ」の円の外に「外国メディア，雑誌メディア，フリーランスの記者」が配置され，円の境界が「排除の壁」。米国型モデルでは大きな点線の楕円の中に多数の小円があり，中央の円が「インナーサークル（ニューヨーク・タイムズ，ワシントン・ポスト，ウォール・ストリート・ジャーナルなどの記者）」）

図10-1　日米における記者会見形式の違い

　それに比べれば，日本の記者会見のほうがまだ平等だという声もあります。日本の記者会見の場合，参加するための障壁は存在するものの，参加できるようになれば平等に処遇されることが多いと言います（佐々木 1992: 148-149）。つまり，全国紙であれ地方紙であれ，所属するメディアによって記者が差別されることはないというのです。

　これまで紹介してきた議論をもとに日米の記者会見形式の違いを図式化すれば，図10-1のようになるでしょう。もっとも，近年においては日本でも特定のメディアだけを対象として首相が取材に応じるといったケースも増えており，日本型の実質的平等が崩れてきているとも考えられます。

　米国以外の例を挙げると，英国では記者会見が「ロビー」と呼ばれる特定メディアの記者だけを対象に行われることがあり，政府情報への特権的なアクセスと引き換えに情報操作が行われているとの指摘もあります（Street 2001: 112-113）。そもそも記者会見が，暗殺の対象にすらなりうる社会的注目度の高い人物を対象とし，一定の時間的制約のなかで行われることを踏まえるなら，そこに参加し，質問できる人を何らかのかたちで制限することは不可避です。そう考えると，誰でも参加できるか否かではなく，どのように線引きを行うかに国ごとの違いがあると言ってよいでしょう。

3　報道被害をめぐる問題

報道による社会的制裁　先に述べたように，近年のマスメディア批判でより大きな比重を占めるようになってきたのが報道被害の問題です。ここでは報道被害を受ける対象として，事件の容疑者およびその周囲の人びとと，事件や災害の被害者およびその周囲の人びとについてそれぞれ見ていくことにしましょう。

世間が注目する事件の容疑者が逮捕され，それがマスメディアによって大々的に報道されると，容疑者の家族が激しい糾弾を受けるようになることはよく知られています。「推定無罪」の原則に従えば，逮捕された段階では容疑者でしかなく，法的な制裁の対象ではまだないのですが，それより先に社会的制裁が始まってしまうのです。しかもその制裁の刃は，拘束されることでむき出しの憎悪からは守られる容疑者本人よりも，その周囲の人びとを傷つけることになりがちです。

1988年からその翌年にかけて埼玉や東京で発生した連続幼女誘拐殺人事件では，当時26歳の男性が逮捕されました。逮捕後，男性が両親や姉妹とともに暮らしていた自宅には大量のはがきや封書が送りつけられます。そこには男性の親に宛てた「お前も死ね」「娘を殺してやる」といった文章が書かれており，香典袋が同封されていたものまであったと言います（鈴木 2010: 62-63）。そして事件から5年後の1994年11月，男性の父親は自ら命を絶ちました。この事件に限らず，大きく報道された事件の容疑者の家族は失業や引っ越し，婚約破棄，場合によっては自殺に追い込まれるケースもあります。1998年7月に発生した和歌山毒物カレー事件では，容疑者として逮捕された人物の自宅が放火されて全焼する事態にまで至りました。このようにマスメディアの報道を契機として，様々なかたちで容疑者とその周囲の人びとに社会的制裁が与えられていくのです。

しかし考えてみると，これはおかしな話です。マスメディアのほとんどは民間企業であり，特定の人物に制裁を加える権限を法律によって与えられているわけではありません。にもかかわらず，まだ有罪すら確定していない段階で実質的な制裁を加えてしまっているとも言えるのです（浅野 1987: 21）。そのため，容疑者として報道された人物が実際には犯人でなかった場合には，より深

刻な問題が生じることになります。

有名な例としては1994年6月に発生した松本サリン事件の報道が挙げられます。松本市内においてオウム真理教のメンバーがサリンを散布したために発生した事件ですが、発生当初は第一通報者の男性を疑う報道が数多くなされました。週刊誌のなかにはこの男性の家系図まで掲載し、いかに「怪しい」のかを強調したものまでありました。もう一つ例を挙げると、日本でプリペイド式携帯電話販売会社を営んでいたバングラデシュ人の男性が、テロ組織アルカイダとの関係を疑われて逮捕された事件があります。結局、この男性はアルカイダとは無関係だったわけですが、マスメディアによって実名が報じられたために、経営していた会社は倒産寸前にまで追い込まれ、従業員を全員解雇することになったと報じられています（『毎日新聞』2005年2月1日朝刊）。

過熱報道と被害者　事件や災害の被害者もまた報道被害の対象になりがちです。この点でしばしば問題視されるのが、取材ヘリの問題です。実際に、1995年1月の阪神・淡路大震災のさいには取材ヘリが出す騒音のせいで救助作業に支障が出たとも言われています（小城 1997: 41）。近年の災害でもこの問題は指摘されていますが、以前よりは改善が図られているようです。

その一方で、注目度の高い出来事が発生したさい、心身ともに傷ついている被害者からコメントを取るために取材陣が殺到するのは今も珍しいことではありません。テレビカメラの前で悲劇を演出するために、あえて被害者の心労となるような質問をインタビュアーがすることすらあります。死亡事故の場合、マスメディアは被害者の顔写真や情報をどうにかして入手しようとするわけですが、それが遺族のさらなる負担となることも批判されています。

一例を挙げると、2013年1月にはアルジェリアでテロ事件が発生し、全体で37名、うち日本人が10名殺害されました。この事件の取材において、朝日新聞は「政府は被害者名を公表する」という前提で、ある被害者遺族から被害者のプロフィールを聞き出していました（本白水 2013）。しかし、政府が氏名の公表を控えたことから、その遺族は朝日新聞に対しても実名での報道を中止するように要望します。にもかかわらず、朝日新聞は「他のメディアも報道する」という理由でその要望を退けて報道したという告発が行われています。

メディアスクラムとその弊害　このように事件の関係者に取材陣が殺到することは**メディアスクラム**と呼ばれます。関係者の家の前に大勢の記者が陣取り，騒音やゴミをまき散らしていくこともあります。時には関係者の郵便受けを覗くことすらあるというのです（佐々木 2013）。

こうしたメディアスクラムのなかでも有名なのが，1984 年に大きな話題となったロス疑惑をめぐる取材です。ロサンゼルスを訪問中に人を雇って自分の妻を殺害させたのではないかという疑惑をかけられた男性の自宅前には大勢の記者やレポーターが押しかけ，長期間にわたって居座るという事態に発展しました。

加えて，メディアスクラムは報道の質を低下させるという問題も指摘できます。取材が加熱してくると，新しい情報がなくともなにかを伝えねばならないというプレッシャーが増していきます。他のメディアを出し抜きたいという願望も手伝い，根拠の薄い情報が流れやすいのです。名誉毀損裁判による賠償金の高額化が進んだ現在ではさすがに完全なでっち上げが行われる可能性は低くなっていると考えられますが，集中豪雨的な報道が行われているときには普段以上に伝えられる情報に気をつけたほうがよいでしょう。

また，メディアスクラムは特定の事件にメディアが関心を集中させることで発生するわけですが，社会的に注目を集める事件はそれほど多くありません。そのため，注目されなかった事件の被害者は自らの声を広く社会に伝えることができず，そのことに不満を持つ人もいると言われています（高橋／河原編 2005: 68）。その意味では，被害者にとって取材や報道がつねに迷惑だとは限らない点に注意が必要でしょう。

4　報道の論理と市民の論理

矛盾する批判　本講ではこれまで（元）ジャーナリストの視点からの批判と，一般の市民の視点からの批判とに分けてマスメディアの問題点を論じてきました。しかし，それぞれの批判は矛盾することがあります。前者の批判があくまで報道の論理に基づいているのに対し，後者の批判は平穏な市民生活は守られるべきだという論理に根ざしているからです。

先にも述べたように，記者クラブに対する批判のなかには，それが独自取材を行うのに必要な気構えを記者から奪っていることを問題視するものがありま

す。こうした観点からすれば，記者クラブに頼ることなく，独自に取材を行うスタンスが高く評価されることにもなります。しかし，記者が記者クラブに詰めている限り，市民に迷惑をかけることはそれほどありませんが，それぞれのメディアが独自に情報を集めようとすればするほど，報道被害やメディアスクラムに苦しめられる人も増えることになります。報道被害を抑制するためには何らかのかたちで記者の取材活動を規制することが必要になりますが，報道の論理からすればそうした規制は大きな足かせになりかねません。

実名報道をめぐる論争　報道の論理と市民の論理とのこうしたすれ違いを見るうえで格好の題材となるのが**実名報道**の是非をめぐる論争です。弁護士の梓澤和幸は，有罪が確定する以前の刑事事件に関する報道は原則的に匿名で行うべきだという立場から次のように論じています。

> 政治家，高級公務員などの公人でない一般市民が被疑者とされたとき，とくに逮捕から起訴までの事件報道は匿名とするべきです。これは推定無罪の原則によって，被疑者に過大な不利益を与えるべきではないという点で当然のことなのですが，同時に，報道のよって立つ立場を警察から自立させ，より客観的な報道を確保するためです。現在の事件報道では，被疑者が逮捕されると実名で報道され，「○○事件ようやく解決」「犯人は○○だった」「被害者霊前に報告」という叙述のスタイルになることが少なくありません。逮捕された被疑者の氏名（ときに肖像写真）は，客観的な逮捕の事実の記載に用いられるだけでなく，害悪を引き起こした人物の糾弾の象徴として用いられてしまうのです。
>
> （梓澤 2007: 192-193）

これは言わばマスメディアの暴力から事件の容疑者を守ることを意図した主張であり，市民の論理の側に立つものだと言えます。ただし，市民の論理とは言っても，治安対策を重視する立場からすればまったく異なる見解が導かれる可能性もあります。それに基づけば，マスメディアによる社会的制裁は犯罪抑止という観点から見ても必要であり，したがって実名報道も肯定されることになります。とはいえ，後者の立場から見ても事件の被害者やその周囲の人びとのプライバシーは保護されるべきであり，被害者についてのみ匿名での報道が肯定されることも考えられます。

しかし，報道の論理からすれば，発表ジャーナリズムに陥ることを避けるためにも実名は必要だということにもなります。先に挙げたアルジェリアのテロ事件のように被害者の実名が報道されず，マスメディアもそれを探ろうとしないなら，公表された情報を右から左へとただ流すだけということにもなりかねません。そうなれば，政府や警察の対応が妥当だったのかを問うことも難しくなってしまいます。

加えて，「被害者A」ではなく，実名をきちんと伝えることこそがジャーナリストに責任感を与えるという指摘もなされています。ノンフィクション作家の佐野眞一は，この点について「匿名で書けば，書いた責任から免れられるという発想には，精神の弛緩しか感じない。それだけで物書き失格である」と述べています（佐野 2008: 153）。さらに，1997年3月に東京電力の女性社員が殺害された事件において，被害者の事情を勘案して「電力OL」という匿名で伝えたメディアがあったことから，佐野は次のように論じています。

> 彼らはきっと生身の人間より「人権」というお題目のほうが大事だと思っているのだろう。……私は取材を通じて，彼女が自分の名前にどれだけ誇りをもっていたかを知っていた。彼女はWという匿名で死にたかったわけでもなければ，ましてや電力OLというまやかしの記号で死にたかったわけでもない。
>
> （前掲書: 153-154）

その一方で，この事件では被害者のプライバシーを暴露する報道が相次いだことから，被害者の母親がマスメディアに抗議して「何とぞ亡き娘のプライバシーをそっとしておいて下さい。そして，娘を安らかに成仏させてやって下さい」と述べたことは記憶されておくべきでしょう（『朝日新聞』1997年4月8日朝刊）。この事件については第16講で再び論じます。

また，ニュースとは「歴史の第一稿」であり，それゆえに実名報道も肯定されうるという主張も行われています（澤 2010: 250）。マスメディアが事件の関係者の名前をきちんと報道しておかないと，後になって事件を振り返ったときに検証が困難になってしまいます。実際，戦後の犯罪史を振り返ったとき，1960年10月に社会党の浅沼稲次郎委員長を刺殺し，逮捕後に自殺した山口二矢（当時17歳）や，1968年10月から翌年4月にかけて，盗んだ短銃で連続射殺事件を引き起こした永山則夫（当時19歳）については，犯行当時は未成年で

あったにもかかわらず実名を含む詳細な情報が明らかにされました。だからこそ，後に数々の優れたルポルタージュの刊行が可能になったとも考えられます。

　報道被害をもたらすのは誰か　近年のインターネットの普及は実名報道にもう一つのメリットをもたらしたと言うこともできます。社会的関心の高い事件の場合，加害者が未成年だという理由でマスメディアが氏名の公表を控えたとしても，多くの人びとがインターネットで加害者のプロフィールを明らかにしようとします。結果，事件とは無関係の人物が誹謗中傷されるといったケースまで起きています。すなわち，マスメディアの報道いかんにかかわらず社会的制裁は発生しうるのであり，無関係な人びとが巻き込まれるリスクを生み出さないためには最初から氏名を公表してしまったほうがよいとも考えられます。

　ここで浮かび上がるのは，報道被害を生み出すのはそもそも誰なのかという問題です。メディアスクラムはたしかにマスメディアによる社会的制裁と考えられますが，その他の様々な嫌がらせは結局のところ事件とはまったく無関係な一般人によって行われます。お笑い芸人のスマイリーキクチは，残酷な犯罪にかつて加担したという根拠のない中傷によって長年にわたって苦しめられてきたことから，警察の協力によってそれを行っている人びとを突き止めることに成功します（スマイリーキクチ 2011: 152）。そこで明らかになったのは，中傷を加えていたのが事件ともスマイリーキクチとも縁のない，インターネットのデマに乗せられただけの人びとだったという事実でした。

　インターネットでの情報共有がここまで進んだことを踏まえると，社会的制裁の問題を考えるためには報道のあり方のみならず，注目度の高い事件に関係する人びとであれば問答無用でバッシングしてもよいという発想もまた検討されねばなりません。繰り返しになりますが，後者の発想が広く共有されている限り，報道のあり方に関係なく被害は発生します。そう考えると，関係者の実名を含め，マスメディアが個々人の私生活にどこまで踏み込んで報道すべきなのかは，普遍的な基準によって決められるような問題なのではなく，その社会の状況を見きわめながら判断していくよりほかないのかもしれません。

5 マスメディアはなぜ批判されるのか

権力としてのマスメディア　　（元）ジャーナリストの視点からの批判と一般市民からの視点の批判がすれ違う理由をもう一つ挙げると，前者はマスメディアを権力監視のための「社会の木鐸」と考える傾向があるのに対し，後者はマスメディアを権力そのものと見なす傾向があるという点に求められるでしょう。

　前者の視点からすれば，政治家や企業経営者などの大きな権力を有している人びとを監視し，権力の濫用があるならそれを告発する使命がマスメディアにはある。にもかかわらず，それを怠っていることが重要な問題となります。それに対して後者の視点からすれば，一般市民は言うまでもなく，政治家や企業経営者ですらマスメディアによる一方的で偏向した報道によって虐げられている「弱者」だということにもなりえます。そうした「絶対的強者」たるマスメディアが社会の木鐸を自称するなど笑止ということにもなるでしょう。加えて言うなら，木鐸とはもともと古代中国において人びとに新たな法令などを知らせるために鳴らす道具であり，その起源からして権力の行使と結びついていたとも言えるのです（佐々木 1999: 8）。

　しかし，マスメディアによる報道が歪みきっているのであれば，それに接触しなければ良いだけではないでしょうか。多くの人びとがそのように考え，マスメディアとの接触を絶てば，経営が成り立たなくなって自然に消滅するはずです。それにもかかわらずマスメディア批判がやまない理由としては，「もっと良い報道が可能なはずだ」という期待のほかに，「自分がマスメディアに接触しなくても，ほかの人びとが影響を受ける以上，無視するわけにはいかない」という発想があるとも考えられます。

　それでは，マスメディア報道の影響力とはそれほどまでに大きいのでしょうか。報道が世論に何らかの影響を与えるとすれば，それはどのようなものなのでしょうか。この点を明らかにするため，次にマスメディアの影響をめぐる研究の展開を紹介していきます。

第11講

マスメディアは世論に
いかなる影響を及ぼすのか（前編）

1 マスメディアは世論を操作できる？

マスメディアの影響力は本当に大きいのか　第9講では陰謀論が「マスメディアは世論を簡単に操作できる」という前提に立っていることを解説しました。こうした前提は陰謀論を支持しているわけではない人の主張にも頻繁に見ることができます。かなり古いデータ（1980年）ですが，政治に関わる人たちへの意識調査では，政策への影響力がもっとも強い存在として政党や官僚ではなくマスメディアを挙げる人が多いという結果が報告されています（蒲島 2010: 37-38）。マスメディアが世論に与える影響の大きさが広く認識されていることを示す証拠と言えるでしょう。

ただし，マスメディアの影響力の大きさが広く認識されているからといって，その認識が本当に正しいかどうかは別問題です。第4講でも紹介した第三者効果という仮説は，多くの人はマスメディアが自分よりも他人に大きな影響を与えると考える傾向にあるというものでした。これが正しいとすれば，一般に認識されているほどにはマスメディアの影響力は大きくないとも考えられます。つまり，みんなが「自分以外の人はマスメディアによって影響されている」とそれぞれ思い込んでいるだけで，考えられているほど人びとの意見はマスメディアからの影響を受けていないかもしれないのです。

影響力に関する理論の意味　ここでは，マスメディアが世論に与える影響に関する研究の展開について論じ，両者の関係はそれほど簡単なものではないことについて見ていきます。それにあたってまず注意すべきは，マスメディアと世論との関係についての「一般理論」を構築することはきわめて困難だということです。一般理論とは要するに，いついかなる時にも適用できるような普遍的法則を示した理論ということです。マスメディアが世論に与える影響は，

マスメディアをとりまく環境と世論が置かれた状況とによって大きく変わります。多様なメディア企業が競い合っている環境と，政府によって一元的に管理されている環境とではその影響のあり方もまったく変わってくると想定されますし，新聞が唯一のマスメディアである場合と，インターネットを含む様々なメディアが存在している場合とでも違ってくるでしょう。社会が落ち着いている状況と，災害の直後などの極度に緊張している状況とでも変わってくるはずです。

結局のところ，マスメディアが世論にいかなる影響を与えるのかは，ケースバイケースで検証するよりほかありません。とはいえ，マスメディアの影響に関する理論が無意味だということではありません。理論を知っておくことで，「このケースではこの理論は有効／無効」といったように様々な角度から影響のあり方を検証することが可能になるからです。

2 弾丸効果理論とはなにか

マスコミュニケーションとマスメディア　マスメディアの影響に関する理論を紹介するにあたり，最初にマスコミュニケーションとマスメディアという用語について簡単に説明しておきましょう。マスコミュニケーションの省略形であるマスコミとマスメディアはほとんど同じ意味で用いられることが多いのですが，厳密に言うとマスコミュニケーションは新聞社や放送局などの「送り手」から読者や聴取者，視聴者といった「受け手」に対して情報が流れる過程を指します。他方で，マスメディアという言葉は新聞社や放送局などの組織，およびそれらが生み出す新聞や番組などを指します。そのため，マスコミュニケーションとは情報の受け手まで含めたより幅の広い概念であり，マスメディアが受け手に対していかなる影響を与えるのかという研究も「マスコミュニケーション研究」と呼ばれることが多いのです。

マスコミュニケーション理論の変遷　マスコミュニケーション論の教科書を開くと，マスメディアの影響に関する理論は**魔法の弾丸効果理論**から**限定効果理論**，そして**強力効果理論**へと展開してきたという説明がなされることがよくあります。大雑把に言えば，1920年代から1940年代までは弾丸効果理論が研究者のあいだで支持されており，マスメディアが世論に与える影響はきわめ

て大きいと考えられていたとされます。魔法の弾丸が人びとの心を撃ち抜くかのように，マスメディアは人びとの考えを変えられるとされていたというのです。弾丸効果理論は**皮下注射理論**と言い換えられることもあり，この場合にはマスメディアの発するメッセージが注射針で人びとの体内に注入され，その意見を変えていくといったイメージがあったとされます。妙にまどろっこしい書き方になっている理由はすぐ後で説明します。

　次に1940年代から1960年代ぐらいまでは限定効果理論の時期とされ，マスメディアの影響力は逆に小さいと考えられるようになり，最後に1960年代以降になるとマスメディアの影響力の大きさを改めて強調する強力効果理論に属する様々な理論が提起されるようになった……というのが一般的な学説史の整理です。けれども，近年の学説史研究では，弾丸効果理論を支持していたマスコミュニケーション研究者が本当に実在したのかが怪しまれるようになり，弾丸効果理論から限定効果理論へという学説史の妥当性が疑問視されています。この点については本講の最後で改めて説明することにして，とりあえずは弾丸効果理論から話を始めることにしましょう。

　　ラジオの登場　　先述のように，マスメディアが世論に与える影響はきわめて大きいと見なすのが弾丸効果理論だとされています。電波によるコミュニケーションは第一次世界大戦において大きな発展を遂げ，1918年11月に戦争が終結するとその民間への転用が始まりました。米国では1920年以前からすでに複数のラジオ局が開局していたのですが，草創期のラジオ局としてよく知られているのは1920年11月にペンシルバニア州に開局したKDKA局です（佐藤 1998: 147）。1922年11月には英国で英国放送会社（後の英国放送協会：BBC）が，日本でも1925年3月に東京で芝浦放送局がそれぞれ開局しています。人の声や音楽をそのまま家庭のなかへと伝えるラジオの登場は，それがいかなる影響を世論に与えるのかという関心を高め，19世紀に始まったマスコミュニケーションに関する研究が本格化する大きなきっかけになったと言うことができるでしょう。

　　ナチスのプロパガンダ　　弾丸効果理論を説明するうえでしばしば取り上げられるのが，ナチスドイツの事例です。ナチスは大量のビラを使った選挙戦術やラジオによるプロパガンダによってドイツの人びとの心をつかみ，圧倒的な

支持のもとで独裁体制を築き上げることに成功したというのです。実際，アドルフ・ヒトラーは第9講でも触れた『わが闘争』のなかで「指導者であるということは大衆を動かしうるということ」だと述べたうえで，マスメディアを利用した宣伝戦略の重要性について語っています（ヒトラー 1973: 264）。ヒトラーはファシズム運動に賛同する人びとを「支持者」と「党員」とに分類し，運動に参加はしなくともその方向性には賛同する人びとを支持者と呼び，その数を増やしていく一方，支持者のなかから運動の中心として活動する少数の人びとを党員として選び出す必要性を論じています。宣伝とは基本的に支持者を獲得するための手段であり，そのためにも可能な限りわかりやすくファシズム運動の理念を伝える必要性があるというのです。

ラジオドラマ『宇宙戦争』の影響　マスメディアの影響力の大きさを伝えるエピソードとしてはほかに，米国においてラジオドラマ『宇宙戦争』が引き起こしたとされるパニックがよく挙げられます。1938年10月にCBS放送により放送されたこのドラマでは，退屈な音楽番組という形式のもと，音楽のあいだに火星人襲来を告げる臨時ニュースが断続的に挟み込まれるという構成が採用されました（キャントリル 1971）。ストーリーが進むと，ニュージャージー州グローバーズミルという実在の場所に正体不明の物体が落下し，それが実は火星からやってきた円盤であることが発覚します。そして火星人は州兵や陸軍の爆撃機をあっという間に全滅させ，ニューヨークへ侵攻していることが告げられたのです。番組開始の時点でフィクションであることが告げられてはいましたが，途中から番組を聴いた人も多く，事実だと勘違いする人が続出しました。結果，多くの人がパニックに陥り，家を飛び出した人がいたほか，警察や救急車を呼ぶ電話が殺到する事態になったというのです。

大衆社会論という背景　弾丸効果理論はこのようにマスメディアが人びとの心理や行動に与える影響を非常に大きいものだと考えていたとされています。この弾丸効果理論の背景にあるとされるのが，**大衆社会論**という社会学や政治学でしばしば登場する理論です。

　大衆社会論では，産業化や都市化によって都市に移住するようになった人びとは，それまでの伝統的な人間的なつながりを失っていくと考えられていました。以前には知り合いばかりの共同体で暮らしていた人たちが，人間関係の希

薄な都市に移動するようになっていく。そのようにしてバラバラになってしまった（原子化した）人びとこそが大衆であり，彼らは独裁的な政治指導者やマスメディアに生きる指針を求めるようになると考えられていました。

　社会学者のカール・マンハイムによれば，人間的なつながりのなかに生きている人びとをコントロールすることが容易ではないことをヒトラーはよく知っていたと言います（マンハイム 1954: 134-135）。それゆえ，既存の社会集団を破壊し，「甲羅を失ったカニ」としての大衆を生み出すことで，彼らをプロパガンダなどによって自らの創造する新秩序へと組み込んでいったというのです。ナチスのような極端な話ではなくとも，たとえば若い親がかつては子育てのやり方を自分の親から習っていたのに対し，育児雑誌から学ぶようになっていくという過程にマスメディアへの依存の高まりを見ることができるかもしれません。いずれにせよ，弾丸効果理論はこのような大衆社会論を背景としてマスメディアの影響力の強さを強調した……とされているのです。

3　限定効果理論のアイデア

　能動的な受け手の発見　これまで見てきたように，（それが実在したかどうかはともかく）弾丸効果理論はマスメディアが世論をコントロールできると想定しています。言い換えると，意見Aを支持していた人であっても意見Bの支持者へとマスメディアは簡単に変化させられるということです。ところが，マスメディアに接触したとしても，人びとはそれほど容易に意見を変えることはないということが判明します。それを示したのが，1940 年の米国大統領選挙にさいして社会学者のポール・ラザースフェルドを中心として行われたラジオの影響力に関する調査でした。オハイオ州エリー郡で行われたこの調査は，マスコミュニケーションの限定効果理論が発達していくうえで重要な契機となったのです。

　この調査では大統領選挙において人びとがいかに投票先を決めるのかが調査されたのですが，そこでラジオを聴いて意見を変えた人はほとんどいないという事実が明らかになりました（ラザースフェルドほか 1987: 148）。この事実について，ここでは個人的な要因と集団的な要因とに分けて説明します。

　まず，個人的要因については「（政治的）先有傾向」の存在が重要です。多くの人はラジオを聴く以前からすでに政治に関する何らかの意見を持っていると

いうことです。その場合，自分が嫌いな意見をわざわざラジオで聴こうという人はそれほど多くありません。むしろ，自分が支持している意見を選んで聴くことが多くなります。しかも，自分に近い意見ほど気づかれやすく，記憶もされやすいという傾向も存在しています。これらを**選択的接触／知覚／記憶**と呼びます。つまり，人びとはマスメディアへの選択的接触／知覚／記憶を通じて，もともと持っていた意見を補強する傾向が強いということです。

　言い換えれば，人びとはマスメディアによって伝えられる情報を受動的に鵜呑みにするのではなく，能動的に選び取っているということになります。身近な例を取ると，熱心なアイドルファンはアイドル情報であれば何でもよいというわけではなく，自分が好きなアイドルに関する情報を能動的に選び取るのみならず，関連情報に目ざとく気づきますし，それをいつまでも覚えている傾向にあるということになるでしょうか。

　オピニオン・リーダーの役割　　それでは，人はそうした政治的先有傾向をどのようにして獲得するのでしょうか。そこで重要になるのが集団的な要因です。先に述べたように，弾丸効果理論の土台と見なされた大衆社会論では，人間関係が希薄化していると想定されていました。それに対して限定効果理論では，人びとのあいだをつなぐ関係はなおも強固に存在しており，政治的先有傾向が獲得されるうえで重要な役割を果たしていると主張します。たとえば，政治に関する態度が形成されるにあたって，家族のなかでは夫や父親が影響力を行使する傾向にあるというのです（カッツ／ラザースフェルド 1965: 280）。子どもに政治や社会のあり方を説明するうちに，親の考え方が子どもに受け継がれていくといったことはたしかにありそうです。

　限定効果理論では，このようにほかの人びとの意見に影響を与える存在を**オピニオン・リーダー**と呼びます。オピニオン・リーダーはマスメディアから情報を得ることに熱心であり，それをフォロワーと呼ばれる周囲の人びとに伝えていきます。つまり，マスメディアの情報はオピニオン・リーダーを経由してより多くの人びとに伝わっていくのです。これを**コミュニケーションの二段階の流れ**と言います。ファッションに詳しく，様々な媒体を通じて最新情報を集めている友人に，今の流行について教えてもらうというのが典型的なコミュニケーションの二段階の流れということになります。

　加えて，分野ごとに異なるオピニオン・リーダーが存在することも指摘され

ています。つまり，政治だったら誰それ，アイドルであれば誰それといった具合に，分野ごとにオピニオン・リーダーとフォロワーが入れ替わる可能性があるということです。たとえば，政治については非常に詳しい人が，人気アイドルについてはさっぱりわからないので友人の意見を聞くという事象がそれにあたります。この意味で，オピニオン・リーダーとフォロワーとの関係は，権力者とそれに黙って従う追随者といったものではなく，より平等なものだと論じられました。一部の限られたエリートが一般大衆を指導するのではなく，誰もがオピニオン・リーダーになりうる一方，誰もがフォロワーになりうるからです。政治哲学者のマイケル・ウォルツァーは，特定の領域で成功を収めた人が社会のあらゆる領域で力を振るうのではなく，領域ごとに異なる人びとの立場や意見が尊重されるような状況を「複合的平等」と呼びましたが（ウォルツァー 1999: 40-41），分野ごとに異なるオピニオン・リーダーが存在するという発想には，それと共通する部分があると言えるでしょう。

　このように，マスメディアと情報の受け手とのあいだにオピニオン・リーダーが存在しているとすれば，マスメディアの影響力はどうしても限定的になると考えられます。オピニオン・リーダーは自分が知り得た情報をすべて受け手に伝えるとは限りませんし，伝えたとしても気に入らない情報であれば批判を交えながらということになりがちです。しかも，オピニオン・リーダーは現状の社会規範に対して「他の人びとと同じか，あるいはわずかだけ，より忠実」な傾向にあると考えられています（クラッパー 1966: 55）。そのため，マスメディアが人びとの考え方を大きく変えるような情報を流したとしても，オピニオン・リーダーによってその流通が阻止されるということも起こりうるのです。

マスメディアの例外的な影響力　　ただし，限定効果理論においてもマスメディアが例外的に大きな影響力を発揮することはあるとされます。それは，人びとのあいだに先有傾向が存在しないトピックに関する情報を流すときです。言い換えれば，マスメディアが人びとの態度を「変える」のは難しいのですが，それを「新しく作る」ことには効果を発揮しうるというのです（クラッパー 1966: 83）。こうした観点からすれば，先に挙げた CBS 放送の『宇宙戦争』がなぜパニックを引き起こしたのかも説明することができます（Schramm 1964: 138-139）。この番組を聴くまで，多くの聴取者は「火星に生命体が存在し，それが地球に攻めてくる可能性」について考えたことがなく，このトピックに関

して先有傾向を持たなかった。そのため，ラジオから流れる「情報」を鵜呑みにする人が続出したという説明が可能になるのです。

4　普及学の展開

普及学のカテゴリー　これまで述べてきた限定効果理論はその後，いくつかの新たな研究テーマを生み出していきます。その一つが新しい技術や考え方（イノベーション）がいかにして世の中に受け入れられていくのかを明らかにしようとする**普及学**です。普及学において人びとは①イノベーター，②初期採用者，③初期多数派，④後期多数派，⑤ラガード（採用の最も遅い人びと）という五つのカテゴリーに分類されます（ロジャーズ 2007: 231-235）。イノベーターが最初に新しいものを利用し始め，そこからラガードまで順番に広がっていくということになります。このような普及の過程を示す折れ線グラフはS字カーブの形になることが多く，ある時点を超えたところで一気に普及が進みがちです。図11-1は戦後日本における主要な家電商品の普及率の推移を示したものです

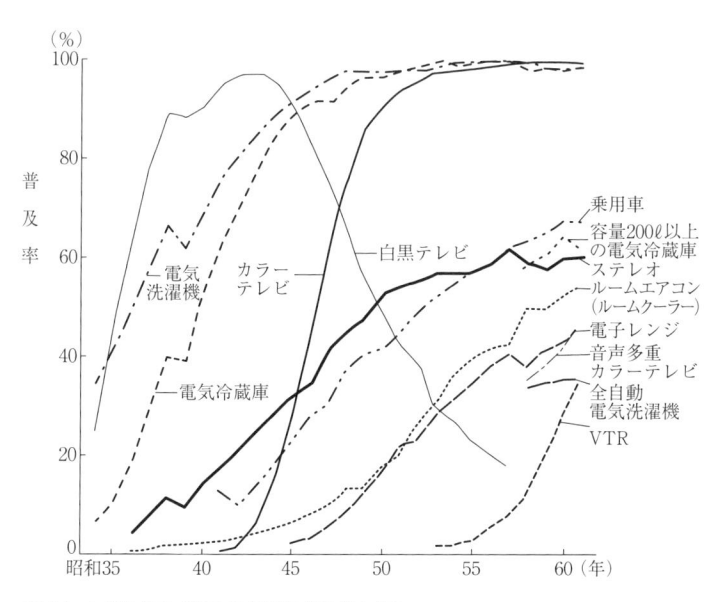

（出典）文部科学省『昭和61年版科学技術白書』。

図11-1　主要家電製品の普及率の推移

が，このなかでは首を右に傾けながらカラーテレビの普及過程を見るとなんとなくＳ字に見える……のではないでしょうか。

オピニオン・リーダーとしての初期採用者　この普及学が限定効果理論とどのように関係しているのかと言えば，上記の五つのカテゴリーのうち，オピニオン・リーダーとしての役割を果たすのが実は①イノベーターではなく，②初期採用者だという知見があるからです。イノベーターは海のものとも山のものともわからない新製品に手を出し，ときに手痛い失敗をします。対して初期採用者はイノベーターよりも慎重に新しいものを検討し，それが良いとわかれば周囲の人にも積極的に薦めます。そのため，初期採用者が新製品を購入すれば一気に普及が進みやすくなると普及学では考えられており，マーケティングの格好のターゲットとも見なされるのです。

たとえば，かつて女子高生マーケティングという手法が紹介されたことがあります（烏賀陽 2005: 189-190）。これはマーケティング会社に登録している女子高生に発売前の洗髪料やチョコレートなどのサンプルを大量に送付し，彼女たちはそれを友人に配ることで賃金を得るという仕組みだったそうです。口コミの発信能力の高い女子高生をオピニオン・リーダーとして想定し，それを拠点として商品の普及を図る戦略だと言えるでしょう。

5　「弾丸効果」とは何だったのか

「弾丸効果」に関する二重の神話　以上のように本講では弾丸効果理論から限定効果理論への展開について述べてきました。しかし，非常にややこしい話ではあるのですが，この弾丸効果理論は二重の意味で「神話」だと言うことができます。一つは，弾丸効果と呼びうるマスメディアの強力な影響力が存在するという神話，そしてもう一つが弾丸効果理論なるマスコミュニケーション理論が存在したという神話です。前者はマスメディアの効果について一般にもよく知られた神話，後者はマスコミュニケーション研究者という狭いサークルのなかで共有されてきた神話という違いはありますが，いずれの神話もそれを語る者にある種のメリットをもたらすがゆえに語り継がれてきたと言えるのです。

弾丸効果という神話　　まずは前者の神話，すなわち弾丸効果と呼びうるようなマスメディアの影響力が存在するという神話から説明していきましょう。先に紹介した CBS 放送の『宇宙戦争』に関しては，実際には大規模なパニックなど発生していなかったという指摘があります（Pooley and Socolow 2013）。当時，ラジオに広告収入を奪われていた新聞がラジオへの不信感を煽るために騒ぎの規模や程度を誇張して報道しただけではないかというのです。第1講で取り上げたメディア決定論に関連して述べたように，新たに登場したメディアの影響力が過大に評価されるということは決して珍しい話ではありません。

　　ナチスドイツのプロパガンダについて言えば，ヒトラーの演説がラジオで放送されるようになったのはナチスが政権を獲得した後の話であり（佐藤 1992: 196），プロパガンダの巧拙にかかわらず多くの人びとはナチスをすでに支持していたと言えます[1]。にもかかわらずナチスのプロパガンダの強力さが繰り返し語られる背景には，一般の人びとが自発的にナチスを支持してしまったことに起因する不安を鎮めたいという願望があるとの主張や（アーレント 1974: iii-v），プロパガンダに騙された「犠牲者」として自分たちを位置づけたいというドイツ国民の願望があるといった指摘が行われています（佐藤 1996: 189）。つまり，ナチスを支持した人たちがプロパガンダに騙されただけなのであれば，彼らが自発的にファシズムに惹かれてしまう可能性について心配する必要はなく，彼らはむしろ被害者であってその責任を問う必要もなくなります。第9講で取り上げた陰謀論と同じく，プロパガンダ万能論は責任転嫁を可能にする論理として機能するのです。

弾丸効果理論という神話　　次に弾丸効果理論なるマスコミュニケーション理論が存在したという神話については，近年の学説史研究でさかんに批判されています。弾丸効果理論を支持するマスコミュニケーション研究者は実在しなかったと言われるようになっているのです（Lang 1996: 6）。1920 年代以降に行われていたプロパガンダ研究にしても，その目的は巨大組織による情報操作を批判することにあり，受け手がプロパガンダの内容を鵜呑みにするといった論を展開していたわけではありません（Sproule 1997: 235）。弾丸効果理論から限定効果理論へという学説史の整理が定着するうえで大きな影響力を発揮したのがラザースフェルドとエリユ・カッツによる著作『パーソナル・インフルエンス』（1955 年）ですが，ここから弾丸効果理論が実在した根拠を探っていっ

てもすぐに行き詰まってしまいます。

　それではなぜ，弾丸効果理論が実在したということにされてきたのでしょうか。一つは大衆社会論の存在が挙げられます。たしかに大衆社会論において人びとの原子化やそれに伴う政治指導者やマスメディアの影響力の増大は論じられていたのであり，限定効果理論がさかんに展開されていた時期の米国でも大衆社会論の観点からマスメディア批判を行う研究者は存在していました。そのことがマスコミュニケーション学説史における弾丸効果理論の存在にリアリティを与えたということはできるでしょう。

　そしてもう一つが，弾丸効果理論という藁人形が存在することで，限定効果理論の革新性がいっそう際立つということです（Pooley 2006: 132）。つまり，ラザースフェルドたちは自分たちの研究成果の斬新さを強調するために，それと対比される弾丸効果理論なるものを事後的にでっち上げたのではないかとも指摘されているのです。しかも，マスメディアの影響を単純に捉える弾丸効果理論のような「素人の発想」は，影響の複雑さを認識するマスメディア研究者の専門性を際立たせるうえでも有効だったと言われています（Lubken 2008: 33-34）。「マスメディアが世論をコントロールしている！」と主張する人に対して，「いやいや，マスメディアの影響力はそんなに簡単には論じられない」と答えることで専門家としての自己アピールができるというのです。

　このような観点から本講の冒頭の部分を読み直せば，いかにも筆者が弾丸効果理論的なマスメディアの影響力を語る人たちを小馬鹿にし，自らの専門知識をひけらかしているように見えてこないでしょうか。

　いや，本気でそんなつもりはないんですけど。

注
（1）ただし，ナチスが政権を獲得する 1933 年 1 月の直前に行われた選挙では，有権者の 3 分の 2 はほかの様々な政党に投票していた（石田 2015: 166）。政権獲得後にヒトラーは政敵の弾圧や人びとの自由の抑圧，そして積極的なプロパガンダ攻勢を通じて社会の「ナチ化」を進めていき，その過程でナチスに対する支持は大きな高まりを見せる。その意味では，第 13 講で取り上げる沈黙の螺旋効果など，ナチスのプロパガンダがより大きな影響力を発揮したのは政権を獲得した後だったとも考えられる。

第 12 講

マスメディアは世論に
いかなる影響を及ぼすのか（中編）

1 マスメディアと現実の認知

擬似環境とはなにか　前講ではマスコミュニケーション効果研究の弾丸効果理論と限定効果理論について解説しました。そのさいに述べたように，1960年代以降になると，限定効果理論に代わりマスメディアの影響力の大きさを再び強調する強力効果理論に属する様々な理論が提起されるようになります。

　ただし，弾丸効果理論と強力効果理論とではマスメディアの影響に関する考え方が大きく異なっています。実在したかどうかはともかく弾丸効果理論で問題とされるのは，マスメディアが人びとの「意見」にいかなる影響を与えるかだとされます。この点については限定効果理論も同様です。それに対して強力効果理論では，マスメディアが人びとの現実に対する「認知」をいかに形づくるのかが主たる関心の対象になったのです。つまり，政治や社会に関する様々な問題について人びとがいかなる意見を持つのかということではなく，政治や社会の現実をどのように見るのかにマスメディアは影響を及ぼすということです。そして，マスメディアが人びとの認知に与える影響に注目した理論の一つとして位置づけられるのが，本講で取り上げる**アジェンダ（議題）設定理論**です。

　もっとも，マスメディアと現実の認知との関係についての関心は強力効果理論の研究において初めて現れたわけではありません。なかでも有名なのが，米国人ジャーナリストのウォルター・リップマンによる名著『世論』（1922 年）です。この著作では多くの人びとがマスメディアによって生み出された**擬似環境**のもとに置かれていることが論じられています（リップマン 1987）。現実はきわめて複雑であるのに対し，擬似環境は単純化された一面的な現実観によって構成されている。にもかかわらず，人びとは現実そのものに対してではなく擬似環境に対して行動を起こす，というのです。

最近の例で言えば、「反日」と「親日」という色分けによって世界の国々を区別できるという発想が、こうした擬似環境に該当すると言えるでしょう。反日的とされる国々にも日本に好意を寄せる人はいますし、逆に親日的とされる国々に暮らす人びとも日本のすべてを好意的に受け止めてくれるわけではありません。親日的と言われる台湾にしても、日本が実効支配している尖閣諸島の領有権を主張していますし、日本による過去の植民地支配をすべて肯定しているわけでもありません（安田 2015: 262）。日本のすべてを受け入れてくれるかのような台湾像は、現実の台湾の人びとの声を反映したものというより、多くの日本人が思い描くナルシスティックな自画像の反映にすぎないという指摘は（阿部 2001: 216）、正鵠を得たものと言えるでしょう。反日と親日といった単純化された擬似環境のもとでは、様々な物事がかえって見えづらくなってしまうのです。

擬似イベント論の視点　　リップマンの擬似環境論をさらに発展させるかたちで論じられたのが、歴史学者のダニエル・ブーアスティンによる**擬似イベント論**です。擬似イベント論の興味深いところは、一般に想定されている物事の流れをひっくり返している点にあります。

通常、報道されるにふさわしい出来事が発生した場合にマスメディアはそれを伝えるという流れをわれわれは考えます。大規模な災害が発生し、それをマスメディアが報道するという流れが典型的です。ところが擬似イベントの場合、報道されることを目的として出来事が発生させられ、それがマスメディアによって伝えられるという流れになります（ブーアスティン 1964: 19）。逆に言えば、報道されるという目的がなければ、そもそも発生しなかったであろう出来事が擬似イベントということになります。こうした擬似イベントが増えるほどに、ありのままの現実と、メディアによって伝えられる「現実」との関係がどんどんあやふやになっていくのです。

テレビ番組のいわゆる「ヤラセ」は典型的な擬似イベントだと言えますが、より重要なのはマスメディアで報道されることを目的とした行動が様々なところで起きるようになってきたということでしょう。

たとえば、1960年代の米国ではアフリカ系米国人への差別に反対する公民権運動が高まりを見せていました。そのさいに運動の舞台の一つとして選ばれたのが、当時において厳しい人種差別が行われていたアラバマ州バーミングハ

ムでした。運動側はこの都市での抗議活動が州政府による激しい弾圧を招き寄せ，それがマスメディアによって全国に伝えられるであろうことを予想していたからです（上坂 1994: 67-71）。そして子どもたちまで動員されたバーミングハムでの抗議活動は，実際に高圧ホースや警察犬という残酷な手段で弾圧され，その様子は大々的に報じられました。この報道が人種差別に反対する世論を喚起するうえで大きな役割を果たしたとも論じられています。

究極的な擬似イベントとも言えるのが，テロ行為です（マクネア 2006: 268）。テロの目的は文字通り恐怖（terror）を広めることにあるわけですから，それがメディアによって広く周知されねば意味がありません。近年では「イスラム国」と称する過激派勢力がインターネットで残酷な動画を流すようになっていますが，そうした動画を安易にシェアしたり拡散したりすることは，テロ行為に加担することになると言っても過言ではないのです。

2　アジェンダ設定理論の登場

マスコミュニケーション研究の停滞　　前講で述べたように，1940年のエリー郡調査をきっかけとして限定効果理論は大きく発展を遂げていったのですが，1950年代に入ると早くもマスコミュニケーション研究が停滞しているという声が研究者から上がるようになります。研究のアイデアが枯渇し，新たな研究を進めていくための方向性が見えないと言われるようになり始めたのです（Lazarsfeld 1952: 483; Berelson 1959: 6）。

しかも，限定効果理論にはより根源的な問題が含まれていました。限定効果理論に従ってマスメディアの影響力の小ささを強調するほどに，それを研究する意義が見えなくなってしまうという問題です。実際，限定効果理論が普及することで研究者がマスコミュニケーション研究から離れ，他の領域へと移っていってしまうという事態が生じたとも言われています（バラン／デイビス 2007: 256）。

その一方で，限定効果理論が展開されていた時期には普及の進んでいなかったメディアの存在感が急激に大きくなっていきます。テレビが普及し始めたのです。前講の図11-1でも示したように，日本においても1960年代前半には白黒テレビの世帯普及率は50％を大きく超え，多くの人はテレビの前で長い時間を過ごすようになります。そのため，新聞やラジオの影響力についての調

査がもとになっている限定効果理論に対する違和感が大きくなっていきました。そこで注目を集めることになったのが，アジェンダ設定理論なのです。

アジェンダ設定理論による視座転換　アジェンダとは，人びとが考えるべき，話し合うべき課題を指します。マスメディアは特定の出来事や争点を大きく取り上げることで，なにが現時点における重要なアジェンダなのかという人びとの判断に影響を与えるというのが，アジェンダ設定理論の基本的な発想ということになるでしょう（マコームズほか 1994: 14）。

たとえばマスメディアが憲法改正について大々的に取り上げたとします。その場合，限定効果理論の発想から言えば，現在の憲法を維持すべきだと考える人の意見を改憲派のマスメディアが変える可能性は低いということになります。それでも，社会的に見て憲法改正の是非は重要な争点だという認知が人びとのあいだで共有されるうえでマスメディアは大きな役割を果たす。これがアジェンダ設定理論の視点です。つまり，マスメディアが人びとの意見に与える影響から，「いま社会にとって重要な問題はなにか」という現実の認知に与える影響へと問題関心の中心が移行したのです。

アジェンダ設定理論において，アジェンダはメディアアジェンダ，公衆アジェンダ，政策アジェンダに分類されます。メディアアジェンダというのはマスメディアでさかんに取り上げられるアジェンダ，公衆アジェンダというのは一般の人びとによって重要だと認知されているアジェンダ，そして政策アジェンダとは政策形成の場で議論されているアジェンダということになります。アジェンダ設定理論ではマスメディアが特定のアジェンダを大きく取り上げ，人びとによって重要だと認知されて公衆アジェンダとなり，今度はそれが政策アジェンダになっていくという流れが重視される傾向にあります。

アジェンダの流れ　ただし，アジェンダの流れがつねにそのようになるとは限りません。メディアアジェンダが公衆アジェンダを経由せずに政策アジェンダになることや，人びとのあいだで話題になった公衆アジェンダがメディアアジェンダとなり，ついには政策アジェンダになっていくという流れも考えられます。SNSで話題になった出来事がマスメディアによって取り上げられるということが最近では珍しくありませんが，これも公衆アジェンダのメディアアジェンダへの転化と見なすことができるでしょう。このようなアジェンダの

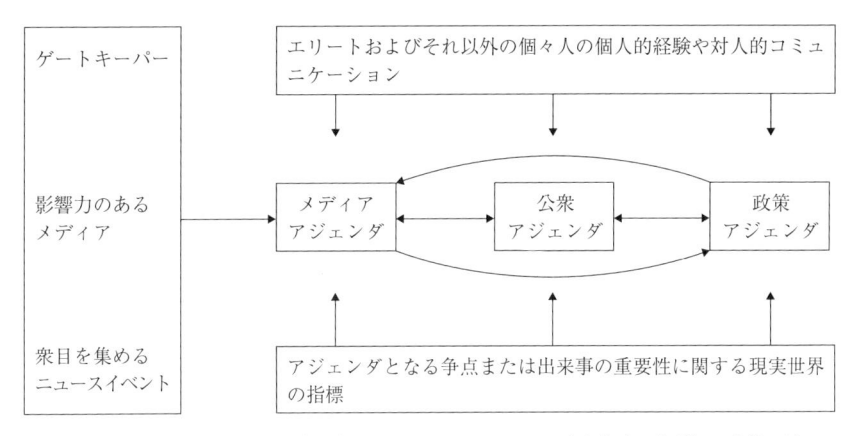

```
                ┌─────────────────────────────────────────┐
ゲートキーパー   │ エリートおよびそれ以外の個々人の個人的経験や対人的コミュ │
                │ ニケーション                              │
                └─────────────────────────────────────────┘
                          │      │      │
                          ▼      ▼      ▼
影響力のある      ┌──────┐    ┌──────┐    ┌──────┐
メディア    ───▶ │メディア│◀──▶│ 公衆 │◀──▶│ 政策 │
                  │アジェンダ│    │アジェンダ│    │アジェンダ│
                  └──────┘    └──────┘    └──────┘
                      ▲          ▲          ▲
                ┌─────────────────────────────────────────┐
衆目を集める     │ アジェンダとなる争点または出来事の重要性に関する現実世界 │
ニュースイベント │ の指標                                    │
                └─────────────────────────────────────────┘
```

(出典) J. Dearing and E. Rogers (1996) *Agenda-Setting*, Sage, p.5 より作成。ただし,政策アジェンダから公衆アジェンダに向かう流れと,公衆アジェンダからメディアアジェンダに向かう流れを書き加えた。

図12-1　アジェンダの流れと構成要素

流れと構成要素を示したのが図12-1です。

　まず左端から見ていくと,メディアアジェンダの設定にあたって重要な役割を果たすのが「ゲートキーパー」,つまりメディア組織のなかでどの情報を流し,どれを流さないのかを決定する人びとです。また,メディアアジェンダの設定にあたっては,マスメディアごとにその影響力が異なります。同じ内容の記事であっても,発行部数の少ない週刊誌に載るのと全国紙に掲載されるのでは,メディアアジェンダになる可能性が大きく違ってきます。もちろん,出来事それ自体が持つニュースとしての価値も重要です。インパクトのある出来事はそれだけメディアアジェンダになりやすいのです。この点については後述します。

　さらに,メディアアジェンダが生み出されて公衆アジェンダ,そして政策アジェンダにまで到達するかどうかに影響を与えるのが「個人的経験」や「対人的コミュニケーション」,あるいは「争点または出来事の重要性に関する現実世界の指標」です。たとえば,ある種の犯罪被害が個人的な実感と合致したり,周囲の人びとのあいだでうわさとなる場合や,その犯罪の増加を裏づける統計指標があるような場合には,メディアで取り上げられ,世論が喚起され,何らかの政策的対応がなされる可能性は上がるでしょう。

3 ニュースバリューの研究

なにがニュースとしての価値を生むのか　ところで，社会的意義という面ではきわめて乏しい出来事がメディアアジェンダ化するケースは決して珍しくありません。逆に，多くの人びとによって重要だと見なされる出来事がメディアによって小さくしか扱われないといった事態もしばしば生じます。それでは，どのような争点や出来事がメディアに取り上げられやすいのでしょうか。それを明らかにしようとするのが，ニュースバリュー（ニュースとしての価値）の研究です。したがって，アジェンダ設定理論とニュースバリュー研究とは深いつながりを有しています。

ニュースバリューの考え方を的確に示す言葉としてよく知られているのが「犬が人間を嚙んでもニュースにならないが，人間が犬を嚙めばニュースになる」というものです。誰が最初にこれを言ったのかには諸説あるようですが，要するに珍しい出来事ほどニュースとして取り上げられやすいということです。こうしたニュースバリューの研究としてよく知られているのが，マスメディア研究者のヨハン・ガルトゥングらによる国際ニュースに関する分析です。それによると，ある出来事がニュースとして取り上げられやすくなる条件とは，①ニュース制作のスケジュールに合致するタイミングで発生すること，②重大であること，③出来事の意味が明確であること，④自国にとって関係が深いと認知されること，⑤先入観に合致すること，⑥意外性があること，⑦以前から継続する出来事であること，⑧他のニュース項目とバランスが取れること，⑨大国で発生したこと，⑩エリートが関係する出来事であること，⑪具体的な人物に関する出来事として報道できること，⑫悪い出来事であること，だというのです（Galtung and Ruge 1965）。

これらの条件すべてを詳細に説明することはできませんが，②は企業の赤字が巨額だったり，被害者の数が多い出来事ほど取り上げられやすく，③はいったい何の意味があるのかが読者や視聴者にわかりづらい出来事はニュースになりにくいということを意味しています。⑤は「こういう事件が起きるんじゃないか」と以前から予測されていたような出来事は報道されやすいということです。⑧については，第7講でも取り上げたルワンダでの内戦の報道を例として挙げることができるでしょう。人的被害がきわめて大きかったにもかかわらず

先進国のマスメディアでの取り扱いが当初は小さかったことの理由として，ちょうどこの時期に南アフリカではネルソン・マンデラ大統領の就任式が行われており，「一日に二つもアフリカのニュースを取り上げるのは多すぎる」という判断が働いたと指摘されています（Carruthers 2000: 227）。なお，上記の条件の多くは海外での出来事にとどまらず，自国内で発生した出来事のニュースバリューにもあてはまります。

メディアの特性とニュースバリューの変化　　ニュースバリューを考えるうえで重要なのは，メディアごとの特性です。ビジネスマン向けの経済紙とゴシップ中心の週刊誌とではニュースバリューが大きく異なることは言うまでもありません。それ以外でも，たとえばテレビの場合には映像の有無がニュースバリューにとって大きな意味を持つと言われています（藤田 2000: 124）。通常であれば取り上げられない規模の事故であっても，たまたまテレビクルーが現場の近くにいたために生々しい映像が入手でき，ニュースで大きく取り扱われるといったケースもありえます。

　最近では，インターネットがテレビなどのニュースバリューに何らかの影響を与える可能性も生じてきています。報道の送り手によって重視されるニュースと，ネットユーザーによって数多くシェア，リツイートされるニュースとのあいだにはかなりの違いが存在します。今後，ジャーナリストの待遇が書いた記事へのアクセス数で決まるようなことになるなら，伝統的なニュースバリューにも大きな変化が生じるかもしれません。

「ニュースの網」とその活用　　ニュースバリューに関する研究は，ある意味では非常に実践的な意味合いを持っています。自分たちの発表する内容や主張をマスメディアに取り上げさせるためのテクニックの開発に直結するからです（マクネア 2006: 253）。たとえば，先に挙げたガルトゥングらの条件⑪に適合するよう，マスメディアに自分たちの主張を取り上げてほしいのであれば抽象的な一般論としてではなく，具体的な人の顔が見えるようなストーリーとして提示すべきだといった指摘が行われています（Brindle 1999: 47）。また，先に紹介した擬似イベントの創造は，まさにニュースバリューの高い出来事を作り上げることで，自分たちの主張を効果的に世に広めるための手法なのです。

　加えて，ニュースバリューを高めるうえで重要なのが，「ニュースの網」の

活用です。マスメディアは価値の高い情報の出てきやすい場所に自社の記者を配置することでニュースの網を作り上げており，それに引っかかった出来事は報道される可能性が高いとされています（タックマン 1991: 34）。第 10 講で取り上げた記者クラブはその典型的なものと言えます。したがって，マスメディアに報道してもらいたいのであれば，いかにしてこのニュースの網に情報を流すかが重要なポイントになるでしょう。

　もっとも，こうしたニュースの網を活用するうえで有利な立場にあるのが政治家や官僚，財界人といったエリートであり，彼らが語る話の内容は信憑性が高く，ニュースバリューも高いと判断される傾向にあります（マクネア 2006: 131）。言い換えれば，彼らはメディアアジェンダに大きな影響力を与えることのできる立場にあるのです。そして，このような観点から見て重要なのが，次に見る「アジェンダ構築」に関する議論です。

4　アジェンダ構築と政策アジェンダ

郵政民営化をめぐるアジェンダ構築　　ここで，先の図 12-1 をもう一度見てみると，政策アジェンダからメディアアジェンダのほうにも矢印が伸びているのがわかります。これは政治家や官僚のような政治エリートが政策アジェンダを決定し，それがメディアアジェンダとなっていく過程を指しています。政策形成の観点から見れば，マスメディアはなにが政策アジェンダになるのかに影響を与える諸要因の一つにすぎません。政治エリートが自らの推進する政策を実現するためにメディア報道を利用するといった事態もしばしば生じます。メディアアジェンダが公衆アジェンダに影響を与えることをアジェンダ設定と呼ぶのと区別して，様々な要因によって政策アジェンダが形成されていく過程は**アジェンダ構築**と呼ばれることがあります（Rogers and Dearing 1988: 556）。

　アジェンダ構築という観点から見て興味深いのが，小泉純一郎首相（当時）のもとで決定された郵政民営化です。もともとは国営だった日本郵政公社の民営化に小泉首相は熱心に取り組んでおり，2005 年には大きな政治的争点へと発展しました。しかし，この年の前半には郵政民営化に関する報道は散発的なものにとどまっていました。同年 4 月に読売新聞が行った世論調査でも，「小泉内閣に優先的に取り組んでほしい課題（複数回答）」のなかで「郵政民営化」は 17 項目中 13 位，わずか 12 ％の回答者によって挙げられたにすぎませんで

した(『読売新聞』2005年4月12日朝刊)。ところが、郵政民営化法案が7月の衆議院本会議では可決されたものの、8月の参議院本会議で否決され、小泉首相が衆議院を解散させるという流れのなかで状況は大きく変化します。郵政民営化に関する報道量が一気に増加し、メディアアジェンダや公衆アジェンダとなっていくのです。これはまさに小泉首相のイニシアチブを起点とするアジェンダ構築の過程と言えるでしょう。

アジェンダ設定とアジェンダ構築　実際、政策研究の領域では、メディアアジェンダを起点として政策アジェンダへと移行していくアジェンダ設定の流れよりも、政策アジェンダを起点としてメディアアジェンダへと移行していく流れのほうが一般的だという指摘もなされています(Kingdon 2011: 58)。マスメディアは基本的に飽きっぽく、特定のアジェンダに関する報道は長続きしないことから、報道が政策アジェンダに与える影響は小さい。しかも、マスメディアはドラマチックな場面を好み、政策決定の最終段階になってようやく本格的な報道を始めることから、むしろ政治エリートの影響を受ける側になりやすいというのです。たしかに、郵政民営化法案をめぐる政治的駆け引きを面白おかしく伝えたマスメディア報道の盛り上がりは、まさしくそのような観点から説明することが可能です。

　ただし、メディアアジェンダが政策アジェンダに何の影響も及ぼさないということはありません。メディアアジェンダによって影響を受けるのは、おもにシンボリックな政策アジェンダだというのです(Walgrave and van Aelst 2006: 95)。シンボリックな政策アジェンダとは、政策や予算配分には実質的な影響を及ぼすことはなくとも、メディアに報道されることを目的として政治家が言及する政策を指します。つまり、メディアによって提起された問題に対して「なにか手を打っている」ことを有権者にアピールするための政策ということになります。国会での審議に基づく政策や予算配分の実質的な変更には長い時間がかかるため、メディアアジェンダが影響力を発揮する余地はどうしても小さくなるのです。他方で、政策に対して責任を負う必要性の薄い野党は与党よりもメディアアジェンダに反応しやすく、政府の不備を攻め立てる材料として活用する傾向にあると指摘されます。

5 アジェンダ設定理論の発展

プライミング効果とはなにか　ところで，郵政民営化のような特定のアジェンダに注目が集まることで，選挙の候補者がそのアジェンダに対して示す姿勢を投票の判断基準とする人が増える現象を**プライミング効果**と呼ぶことがあります。郵政民営化に反対していると聞いただけで，その候補者に対する印象が悪くなり，別の候補者に投票するといったケースがそれにあたります。読売新聞の世論調査によると，2005年9月の総選挙において投票する候補者や政党を選ぶ基準として郵政民営化法案への賛否を挙げた回答者は約3割に達しています（『読売新聞』2005年9月9日朝刊）。

同様に，特定の政策を重視する人ほど，大統領候補者がその政策にいかなる態度を示しているかによって支持／不支持を決める傾向にあるという米国の調査結果も，プライミング効果の表れと見なすことができます（Krosnick 1990: 81）。当たり前のように思われるかもしれませんが，本来なら政治家の評価は様々な角度から行うことが可能です。しかし，特定の政策がメディアアジェンダ化し，人びとの注目を集めるようになることで，政治家がそれに対してどのような態度を示すかが選挙での勝敗にとって大きな意味を持ちうるのです。

プライミング効果の意味　先に述べたように，アジェンダ設定理論はもともとマスメディアが人びとの認知に与える影響に注目するものでした。しかし，プライミング効果という観点から見た場合，アジェンダ設定／構築は人びとの認知のみならず意見にまで影響を及ぼす可能性が浮かび上がってきます（竹下 2008: 131）。もちろん，弾丸効果理論とは違い，マスメディアが人びとの意見を簡単に左右できるということではありません。それでも，プライミング効果によって政治家に対する評価が変わりうるという可能性を踏まえるなら，限定効果理論に比べればマスメディアの影響がかなり大きなものとして理解されることがわかります。

その一方で，アジェンダ設定理論はマスメディアが発揮する影響力に関して一定の留保も付けています。それを示すのが随伴条件についての研究です。すべての人がメディアアジェンダに関心を奪われるわけではありません。先に挙げた読売新聞の世論調査でも，候補者の郵政民営化への賛否を投票の判断基準

とする回答者の割合は確かに高かったものの,より多くの回答者は社会保障制度改革を重要な争点と考えていたことが示されています。そのため,どういった属性を持つ人がメディアアジェンダに注目しやすいのかという随伴条件を明らかにしようとする研究が行われてきました。それによると,選挙への関心は高いものの,誰に投票するかをまだ決めていないという**オリエンテーション欲求**の高い人は,メディアアジェンダの影響を受けやすいとされます(ウィーバーほか 1988: 106-108)。逆に言えば,関心が低く,誰に投票するかをすでに決めているオリエンテーション欲求の低い人は,影響を受けにくいということでもあります。このように,アジェンダ設定理論でもメディアアジェンダが公衆アジェンダを完全にコントロールできるとされているわけではない点には注意が必要です。

アジェンダの細分化とフレーム分析　さらに,メディアアジェンダの内容をもっと詳細に分類する研究も行われています。ある問題が非常に重要だと多くの人びとによって見なされるようになったとしても,それがどの角度から取り上げられるのかによって問題の見え方は大きく変わってきます。郵政民営化がメディアアジェンダになったといっても,民営化がもたらすメリット,デメリットという政策的な観点から報道されるのか,それとも選挙候補者たちの人間ドラマとして報道されるのかによってアジェンダの性質が大きく違ってきますし,読者や視聴者に与える影響も変わってくると予想されます。

　出来事や争点のどの側面に光を当ててメディアアジェンダ化が行われるのかという問題関心は,マスコミュニケーション研究における**フレーム分析**に接近していくことになります(大石 2005: 109)。「フレーム」には,骨組みという意味のほかに,絵画の額縁や窓枠といった意味があり,ニュースの性質を理解するうえではそのどちらの意味も重要になります(烏谷 2001: 82)。

　まず骨組みという意味からすれば,ニュースのストーリーをまとめ上げるテーマが注目されることになります。マスメディアはなにかを報道するさい,その対象のすべてを伝えるわけではありません。政治家の言動を報道する場合,どんな色の靴を履いていたとか,晩御飯になにを食べたかといったことは伝えられないのが普通です。しかし,たとえば「政治家のファッション」や「政治家の健康管理」をテーマに据えた記事や番組であれば,それらの事柄が報じられても不思議ではありません。このように骨組みとしてのフレームは,伝える

べき事柄の取捨選択の基準となりうるのであり，フレームなくしてはニュースそのものが成り立ちません。

　他方，額縁や窓枠といった意味からすると，マスメディアがなにを伝えなかったかが重視されることになります。たとえば風景画の場合，額縁があることでその主題が際立つ一方，額縁の外側に広がっているはずの風景は見えなくなります。それと同じで，あるフレームを採用することで，そのフレームに合致しない事柄は伝えられなくなるのです（タックマン 1991: 11）。フレームなしでは記事や番組を成立させることができない一方で，特定のフレームばかりが採用されると一面的な見方だけが広がっていくことにもなりかねません。

　このようにフレーム分析は，争点や出来事の一側面に対するアジェンダ設定の研究と似通った側面を持っています。ただし，アジェンダ設定理論の焦点はあくまで特定の出来事や争点に対する人びとの関心がどのように高まっていくのかを明らかにすることであるのに対し，フレーム分析の主眼はニュースの内容が人びとの考え方に与える影響を解明することにあるとの指摘も行われています（Johnson-Cartee 2005: 25）。

　以上のように本講では，マスメディアが人びとの「認知」に与える影響を論じた理論として，アジェンダ設定理論の紹介を行ってきました。ただし，認知に注目する理論はアジェンダ設定理論だけではありません。そこで次講では，認知に着目する他の理論として培養理論および沈黙の螺旋理論を紹介したいと思います。

第 13 講

マスメディアは世論に
いかなる影響を及ぼすのか（後編）

1 マスメディアによる現実観の培養

マスメディアが描く現実像　マスコミュニケーション効果研究ではマスメディアが人びとの「意見」に与える影響から「認知」に与える影響へと研究の焦点が移ってきたという話をこれまで論じてきました。前講で取り上げたアジェンダ設定理論は「現在においてなにが重要な争点または出来事なのか」という人びとの認知にマスメディアが影響を与えると考えるわけですが、それ以外にも認知に注目した研究は存在します。その一つが**培養理論**（cultivation theory）です。マスメディアが描き出す現実像はどのようなものか、それはいかなる制度的環境のもとで生み出されているのかを分析したうえで、そうした現実像が人びとの現実の認知に与える影響を明らかにしようとする研究のなかで生み出された理論です。

　ここで唐突に話は変わりますが、『名探偵コナン』というアニメを知っている人は多いのではないかと思います。怪しげな毒薬を飲まされてしまったために体が小さくなってしまった高校生探偵が次から次へと難事件を解決していくという作品です。このアニメを見ている視聴者のほとんどが抱くであろう感想の一つが「コナン君、事件に遭遇しすぎ」ではないでしょうか。とにかく外出するだけで必ずと言っていいほど難事件に出くわします。人類の平和のためにはコナン君はずっと家にいたほうがよいと思うのですが、コナン君が暮らしている探偵事務所には爆弾犯やら狙撃犯やらがやってきたりもするので結局は同じかもしれません。

　『名探偵コナン』の話は擱くとしても（本当はこのまま続けたいのですが）、このアニメに限らず、テレビに登場する人物はかなりの高確率で犯罪に遭遇することが知られています。1969 年から 1984 年にかけてマスコミュニケーション学者のジョージ・ガーブナーらによって行われた調査によると、米国でプライ

ムタイムおよび週末の日中に放送されたテレビドラマの登場人物は、少なくとも現実の 10 倍もの確率で犯罪に遭遇することが示されています (Gerbner et al. 1986: 26)。この調査に限らず、テレビが描き出す現実像が実際の社会のありようと大きくズレていることは多くの研究者によって明らかにされています。たとえば、テレビに登場する人びとの職業を見ると、医師や弁護士、大学教員などの専門職に就いている人が多く、実際の職業分布では大きな割合を占めている非熟練労働や接客業などに従事している人はあまり登場しないという指摘があります (Butsch 2003: 575)。

テレビと犯罪不安　そして、テレビをよく見ている人たちは、そこで描かれる現実像を内面化することによって現実の認知に歪みをきたすようになる、と主張するのがガーブナーらによって提唱される培養理論です。つまり、テレビは視聴者のあいだに歪んだ現実観を「培養」していくというのです。第 11 講で取り上げた限定効果理論がマスメディアの発する特定のメッセージ（大統領選挙報道など）だけを取り上げ、それが生み出す短期的な影響力に注目する理論だったのに対し、培養理論はテレビが発するメッセージ全体を分析し、それがもたらす長期的な影響力を解明しようとする試みだと言うこともできます。

　もちろん、『名探偵コナン』を見て不安になるのは小さな子どもたちぐらいでしょうが、たとえば犯罪報道やドキュメンタリーなどであれば大人であっても不安になってしまうことが考えられます。統計的に見れば日本の治安は 1980 年代と比較しても改善されてきていますが、意識調査の結果によると「日本の治安は悪くなってきている」と考える人がなおも多数派を占めています (内閣府 2012)。治安悪化に対するこうした不安の背景にマスメディアによる何らかの働きがある可能性はたしかに存在します。ガーブナーらは、テレビをよく見る人はそうでない人に比べて「自分自身が犯罪に遭遇する可能性」を高く見積もる傾向にあると主張しています (Gerbner et al. 1980: 712)。それこそが、テレビで描かれる現実像が人びとの現実の認知に影響を及ぼしている証拠だというのです。

　日本での研究によると、テレビ視聴時間の長い子どもが短い子どもに比較してより強い犯罪不安を抱いているといった現象は確認されないという調査結果も存在します (佐々木 1996: 130-133)。もっとも、番組をジャンルごとに分類してその個別の影響力を見るならば、スリラーやアクションなどを除くホーム

ドラマをよく見る子どもは「危ない場所に近づかないようにすることが必要だ」と考える傾向が強いというのです。その理由としては、リアリティの高いホームドラマでは視聴者が登場人物により感情移入しやすく、結果として影響が強く出るのではないかという推測がなされています。テレビが全体として発するメッセージの解明にこだわったガーブナー自身は番組ジャンルごとの分析には消極的でしたが、番組ごとに異なる培養効果が存在する可能性はたしかに検討されるべきでしょう。

培養理論への批判と反論　ただし、培養理論に対しては様々な批判が寄せられています（佐藤 1990: 38-39）。地域の犯罪発生率といったテレビ視聴以外の要因を考慮すると、テレビの影響力は認められないというものです。また、ガーブナーらは因果関係を取り違えているのではないかという批判も行われています（Carrabine 2008: 27）。長時間にわたってテレビを見ることが「原因」となって犯罪に巻き込まれるのを恐れるようになるという「結果」がもたらされるとガーブナーらは主張するわけですが、それは原因と結果が逆で、犯罪を恐れるからこそテレビの視聴時間が長くなるのではないかというのです。犯罪を恐れる人びとは夜間の外出を控えるなどして自宅にいる時間が長くなる。結果、テレビを見る時間が長くなるとも考えられるのです。先に紹介した日本での調査結果も、リスク回避傾向の強い子どもだからこそ安心して視聴できるホームドラマを好むという可能性について検討されねばなりません。「マスメディアの影響」が論じられるさいには、どちらが原因でどちらが結果なのかがしばしば問題となっており、培養理論についても同様の指摘がなされているのです。

　培養理論に対してはこれら以外にも様々な批判がなされてきたのですが、その一方でガーブナーらはテレビの影響力に関する新たな主張を展開しました。その一つが共鳴現象です（Gerbner et al. 1986: 30）。それによると、テレビの培養効果は視聴者が置かれた環境と共鳴することで、より大きな影響力を発揮するとされます。テレビが生み出すという犯罪不安について言えば、犯罪が多発する都市部に住んでいる視聴者ほどその効果を受けやすいというのです。つまり、治安の良くない地域に住んでいるという属性と、テレビをよく見ているという属性とが響き合うことで、治安の良い地域に住んでいる人びとに比べて大きな影響が生まれやすくなるというのです。これは前講で取り上げたアジェン

ダ設定理論で論じられる随伴条件に近い発想だと言えますが，随伴条件はマスメディアの影響力を緩和するものとして位置づけられるのに対して，ガーブナーらの言う共鳴現象は逆にその影響力をより強める現象として考えられています（佐藤 1990: 43）。

「卑しい世界症候群」と社会関係資本　さらに，テレビが犯罪不安を拡大していくことで生まれるのが**卑しい世界症候群**（mean world syndrome）だとガーブナーらは述べています（Gerbner et al. 1986: 28）。テレビに多く接する人ほど，「他人は自分自身のことしか考えていない」「他人を信頼することなどできない」といった具合に，世界に対する不信感を募らせていくというのです。

そして，このようなガーブナーらの主張を**社会関係資本**の観点から取り上げているのが，政治学者のロバート・パットナムです。社会関係資本とは，大雑把に言うと他人とのつながり，そしてそのつながりによって生み出される助け合いや信頼ということになります（パットナム 2006: 14）。無理矢理に『名探偵コナン』の例でいくなら，コナン君は抜群の推理力を持つ有名作家の父親，変装の達人である元女優の母親，便利な発明品を作ってくれる博士や妙に親切な警察関係者，浪速の高校生探偵，少年探偵団などなどたくさんの仲間に支えられており，だからこそ難事件を次々と解決できるわけです。遠い将来，体がもとに戻って仕事を探すにあたってもきっとすぐに見つかることでしょう。社会関係資本を豊富に持っている人は人生を有利に生きられるのです。

加えて，社会関係資本にはより集団的な側面もあり，人びとが社会関係資本を豊富に有している社会はより効率的な運営が可能になります（パットナム 2006: 17）。社会関係資本の豊かな社会では不正に走る人が少ない一方，人びとがお互いに助け合ったり，ボランティア活動に積極的に参加することが期待できるからです。

ところが，パットナムによると，米国社会では社会関係資本が損なわれてきており，その大きな要因とされているのがテレビです（Putnam 1995: 678-680）。テレビは視聴者の時間を奪うことによって地域コミュニティに関わる時間を減らしてしまうのみならず，卑しい世界症候群を誘発するような内容によって人間嫌いを生み出しているのではないかというのです。パットナム自身の言葉を借りれば，「テレビ娯楽への依存を最もはっきりと示す米国人こそがまさに，市民的，社会的生活から脱落した，すなわち友人と過ごす時間が短く，コミュ

ニティ組織への関与が少なく,公的行事への参加の少ない」人びとだということになります(パットナム 2006: 299,一部改訳)。

このようなパットナムの主張に対しては批判もなされています。米国において「ほとんどの人は信頼できる」と考える人の割合を世代ごとに見ていくと,テレビを見て育ったはずの世代はほかの世代よりもむしろ他人を信頼する傾向にある(Uslaner 1998: 450)。しかも,テレビの内容が視聴者にもたらす影響を検証してみても,一貫した証拠を見つけることはできないと論じられています。実際,ガーブナーらが主張するような培養効果に関しては多くの研究者によって検証が試みられてきたにもかかわらず,実証されたとは言い難いというのが実情です(Potter 2014: 1026)。

その一方で,マスメディアは犯罪の描写を通じてよりも,格差や貧困の描写によって人びとのあいだに不信感を蔓延させているという指摘もあります。この研究については第 17 講で改めて取り上げますが,マスメディアによって伝えられる現実像が世論に与える長期的な影響を考えていくことはなお重要な研究課題として位置づけることができるでしょう。

2 沈黙の螺旋とマスメディア

「空気を読め」という圧力　マスメディアと現実の認知との関わりを論じるうえでもう一つ重要な研究が**沈黙の螺旋理論**です。なんとなく中二病っぽいネーミングですが,ドイツの世論研究者であるエリザベート・ノエル=ノイマンによって提起されました。この理論を紹介するうえでまず考えてみたいのが「空気」の問題です。

数年前に KY という言葉が流行ったことがあります。「空気が読めない」の略語ですが,流行りが終わった後でも空気が読めない人が疎んじられる風潮が変わっていないように思います。多くの人に好まれないことをしたり言ったりする人物が槍玉に挙げられるわけです。ちなみに高校時代,筆者はよく空気が読めないと言われていました。だからどうしたと言われても困るのですが。

空気を読むことを重視するのは日本人の特徴だと言われることがあります(山本 1983)。しかし,実際には個人主義的で自己主張が強いと言われる欧米人であっても,空気を読むという指摘があります。自分の意見が少数派だと認識すると,人は自分の意見をあまり人前で言わないようになる。逆に多数派だと

認識すれば、より雄弁に語るようになるというのです。空気という言葉こそ使われていませんが、これが沈黙の螺旋理論の重要なポイントなのです。

なにが多数派の意見なのか　それでは、人はどうやって自分の意見が多数派／少数派なのかを知るのでしょうか。仲間との会話であればその判断は難しくありませんが、世論全体となるとそうはいきません。たまたま自分の周囲の人たちが同じような意見を持っているからといって、世論全体がそうだとは限らないからです。そこで世の中の意見分布を知るための重要なバロメーターになりうるのがマスメディアです（ノエル=ノイマン 1997: 234）。マスメディアは世論調査のような方法だけではなく、コメンテーターによるコメントやインタビューなどを伝えることで、世の中の意見分布を人びとに周知させていきます。

周囲の観察やマスメディア報道を通じて、人びとは自分の意見が多数派か少数派かを知るようになります。意見分布の状態を判断する人びとの能力をノエル=ノイマンは**準統計的能力**と呼んでいます。準統計的能力によって自らを多数派だと認識した人は明確に意見を表明するにようになり、少数派だと認識した人は意見の表明を控えるようになる。すると、多数派の意見はますます多数派であるように見え、少数派の意見はますます少数派に見えるようになる。実際の意見分布は6：4ぐらいであっても、語られる意見の割合は7：3、さらには8：2ぐらいになっていくかもしれない。こうした流れこそが沈黙の螺旋と呼ばれるものです。マスメディアはどの意見が多数派なのかという認知を人びとのあいだに作り上げていくことで、世論に影響を与えていくというのです。

「あえて空気を読まない」人の大切さ　ただし、沈黙の螺旋が生じて少数派の人びとが口を閉ざすようになったとしても、すべての少数派が黙ってしまうわけではありません。少数派であっても、あるいは少数派であるからこそ、より雄弁に自分の意見を語る人が出てくることもあります。沈黙の螺旋理論では、こうした人びとは**ハードコア層**と呼ばれます。空気を読めない人、あるいは空気をあえて読まない人と言うこともできるでしょう。こういうとバカにしているように聞こえるかもしれませんが、実際には民主主義社会の健全さは空気を読まない人の存在にかかっています。いや、筆者が「空気が読めない」と言われていたからこういう主張をしているわけではありません。

全体主義社会とは、思想や言論の多様性が許容されず、政治指導者が決定し

た方針に全員が従うことを求められる社会であると考えられます。ハンナ・アレントは全体主義社会において自由な言論が許容されるのは強制収容所のなかだけだと語っています（アーレント 1972: 280）。というのも，強制収容所に入れられた人間はいずれ死ぬことになるので，彼らがなにを考えようが，なにを語ろうがもはや重要ではないからです。こうした全体主義は民主主義とは対極的な政治原理であるかのように見えるかもしれませんが，この両者がきわめて近い関係にあることはしばしば指摘されるところです。民主主義のもとでは往々にして多数派の意見を少数派に押しつけ，後者の声を圧殺しようとする動きが生じるからです。

　たとえば，第 4 講でも取り上げた，1991 年から翌年にかけての湾岸戦争にさいして，無実の人びとを殺さないよう米国兵士に訴えたバーバラ・スコットという研究者は，上院議員から裏切り者として非難され，脅迫状や彼女を解雇するように求める大学宛ての手紙が殺到することになりました（Kellner 1995: 217）。社会の調和を乱す発言をする人びとは糾弾されても仕方がないという見方もできるとは思いますが，ハードコア層が発言を続けない限り民主主義はすぐに全体主義へと転じてしまうことは覚えておくべきでしょう。実際，沈黙の螺旋理論を提起したノエル=ノイマンは，ナチスドイツにおいて宣伝研究に従事していたことが明らかにされており，この理論のベースにはナチスによる世論統制の方法論があるのではないかとも言われています（佐藤 2002: 176-179）。

　ただし，これまでの話とは矛盾するようですが，沈黙の螺旋が良い影響力を発揮することもありえます。第 7 講でも少し触れた差別の問題です。差別的な言動を抑制するための心理的なメカニズムとしては，差別は良くないという価値観を身につけることのほかに，差別的な言動をしてしまうと周囲から白い目で見られるかもしれないという不安があると考えられます。つまり，内心では差別的な考えを抱いていたとしても，それを表立って述べることで周囲の人びとから非難されたり，白い目で見られたりするかもしれないという不安や恐れが発言を控えさせるという可能性です。このような意味での沈黙の螺旋の発動は，社会的にはプラスの効果を発揮していると言えるでしょう。もっとも，それを論じるためにはなにが好ましい沈黙の螺旋で，なにが好ましくないのかという価値判断が厳しく問われることにもなります。

沈黙の螺旋理論への批判　他方で，沈黙の螺旋理論にもいくつかの批判が寄せられています。まず，人びとは世論の多数派といった曖昧なものではなく，準拠集団からの孤立を恐れるのではないかという指摘があります（安野 2006: 116）。たとえ世の中全体のなかでは少数派であることを知っていたとしても，自分が所属している，あるいは所属したいと願っている集団で共有されている考え方と合致しているならば，人はそれほど孤立を恐れないのではないかということです。たとえば，世間からは冷たいまなざしを向けられている政治グループの一員であっても，その集団内では多数派に属しているがゆえに意見を表明できるといった事例を挙げることができます。

さらに，沈黙の螺旋理論では自分の意見が多数派なのか少数派なのかを判断できる準統計的能力が人びとに備わっているということが前提とされているのですが，その判断は往々にして間違っているという指摘も行われています（安野 2006: 114）。そこで挙げられるのが，**意見分布の無知**（pluralistic ignorance）という現象です。意見分布の無知の説明としては次の逸話が挙げられます（後藤 1999: 112）。ある町では宗教的な理由によってトランプ遊びが禁止されていた。ところが，ある旅人がその町にやってきてしばらく街の様子を観察していると，実際には多くの町民が隠れてこっそりとトランプで遊んでいることに気づいた。けれども町民たちはみな，トランプで遊んでいるのは自分たちだけで，ほかの町民は遊んでいないと認識していたという。つまり，トランプで遊んでいる町民は実際には多数派であったにもかかわらず，個々のトランプ愛好者は自分たちが少数派だと信じ込んでいたのです。あえて具体例は挙げませんが，みんながバカバカしいと思っているにもかかわらず，それを口に出すと角が立ちそうなので保たれているルールというのはたしかにありそうです。この意見分布の無知という観点からすれば，人びとの同調作用が発生するのは準統計的能力があるからではなく，逆に世の中の意見分布を正確に認識できないことに起因しているという考え方も可能になります。

3　マスメディアの影響に関する「理論」の理論

将来の多数派への同調　ただし，この最後に取り上げた批判に対しては反論も試みられています（安野 2006: 115）。それによれば，沈黙の螺旋における準統計的能力とは，「現在の意見分布」に対してではなく，「将来の意見分布」

に対して発揮されるというのです。つまり，マスメディアによってある意見が報道されると，ほかの人びとは影響を受けてそれを支持するようになり，結果として多数派になっていくと予測するようになる。「マスメディアで大々的に紹介されたことで，みんなはこの意見を信じるはずだ。そうなれば，私は少数派になってしまう」といった予測こそが準統計的能力だというのです。

ここで思い出されるのが，第4講や第11講で触れた第三者効果仮説です。先の予測で言えば「みんなはこの意見を信じるはずだ」という部分が第三者効果にあたります。このように，マスメディアが取り上げた意見からほかの人びとは影響を受けてしまい，結果としてそれが多数派になっていくであろうという予測がなされるというのです。ここで沈黙の螺旋理論と第三者効果仮説とが結びつくことになります。

もっとも，第三者効果が生じるのは「悪い影響の広がりに関する予測」に関してのみだという指摘もあります（Perloff 1999: 359）。というのも，マスメディアの「良い影響」については，マスメディアが自分に及ぼす影響よりも他人に与える影響が小さく見積もられるという現象が生じるからです。荒っぽく言うと，マスメディアの悪い影響と見なされるものに関しては「世の中の連中はバカばっかりだから，こんなにも愚劣な情報に騙される」という発想になりますし，逆に良い影響については「世の中の連中はバカばっかりだから，こんなにも重要な情報を受け止める力がない」という発想になりがちだということです。つまり，「世の中の連中はバカばっかり」という前提が最初にあって，自分が情報に与える評価に応じて「騙される」という予測がなされることもあれば「受け止める力がない」という予測がなされることもあるということです。

敵対的メディア認知　以上のような第三者効果仮説を踏まえると，第9講や第11講で紹介した弾丸効果理論的な「マスメディアは簡単に世論を操作できる」という発想が広がりやすく，マスメディアに対する批判がしばしば熱を帯びるより根本的な理由も見えてくるのではないでしょうか。辛辣な言い方をすれば，自らの知性に自信がある人ほど，世間一般の知性を自らのそれよりも劣ったものと見なす。それゆえにマスメディアが人びとに与える「悪しき影響」を大きく見なす傾向にあり，憤りを覚えやすくなるということです。ツイッターで「日本人　メディア　騙され」で検索してみると，こういった第三者効果の実例をたくさん見つけることができます。

ここでもう一つ紹介しておきたいのが，**敵対的メディア認知**と呼ばれる現象です。政治に関して強固な意見を有している人ほど，放送番組が自分の意見とは反対の方向に偏向していると見なす傾向にあるというものです。この概念を提起した研究では，1982 年に中東のレバノンのベイルート近郊で起きた虐殺事件に関するテレビニュースが用いられました（Vallone et al. 1985: 581）。イスラエルの支援を受けたキリスト教民兵がパレスチナ難民を虐殺したとされる事件です。この事件を報じたテレビニュースを見た親アラブ的な（つまりイスラエルに批判的な）被験者は番組がイスラエル寄りに偏向していると捉えるのに対し，親イスラエル的な被験者は同じ番組を反イスラエルに偏向していると見なす傾向にあったというのです。この現象を踏まえるなら，社会のなかで政治的な対立が深まるほどにニュースが偏向していると考える人が増え，先に述べた第三者効果と組み合わさることで「マスメディアによる世論操作」を糾弾する声は大きくなっていくと予想されます。

「理論」に関する理論　本講で紹介した第三者効果仮説や敵対的メディア認知に関する知見は，マスメディアが世論に与える影響というよりも，人びとがメディアに対して持っている「理論」に関する理論と言うことができます。マスメディアが普及した社会では，多くの人がメディアに関する自らの「理論」を持っています。「GHQ による情報統制が戦後の日本人を骨抜きにした」とか「日本のマスメディアは在日コリアンに支配されている」といった発想も，そこから派生して様々な事象が説明されてしまうという意味では理論の一種です。マスメディアに関するこうした「理論」が語られるほどに，「理論」に関する理論の出番は増えてくることになります。もっとも，そうなれば「理論に関する理論に関する理論……」のような無限後退に入っていく危うさも生まれてくることになるのですが。

　それでも，「理論」に関する理論の視点は，マスメディアの影響力に関する言説がしばしば社会的・政治的意味を帯びることを踏まえると重要です。たとえば米国では，マスメディア企業はスポンサーに対しては広告効果の大きさを訴える一方で，暴力や偏見，薬物使用を助長していると批判される場合には一転して自らの影響力の小ささを強調すると言われます（バラン／デイビス 2007: 66）。他方で，「誤った情報をまき散らし，社会（または国益）に悪影響を与えた」ことを根拠としてマスメディアへの批判が行われるために，批判対象とな

ったマスメディアの影響力が過大評価されるという皮肉な状況がしばしば生じることも指摘されねばなりません。批判対象の影響力が大きければ大きいほど、その過ちの深刻さを強調しやすくなり、気に入らない言論を封じ込めるためのレトリックとして活用できるからです。

　このような状況を踏まえるなら、社会的・政治的利害に基づくマスメディアの影響力に関する言説と、より実証的な分析とをどのように切り分けていくのかが、マスコミュニケーション研究の一つの課題ということにもなります。第11講でも述べましたが、マスメディアが発揮する影響力の種類や大きさは状況に応じて変わるため、きちんと検証するためには地道な調査が必要になります。しかも、マスコミュニケーション理論には、これまでに紹介したもののほかに「利用と満足研究」や「メディアシステム依存理論」、受け手の意味解釈の能動性を強調するカルチュラル・スタディーズの流れを汲む研究などが存在しており、その主張内容も様々です。「マスメディアが報じることを鵜呑みにしない」ことがいわゆるメディアリテラシーなのだとすれば、「マスメディアの影響力に関する言説を鵜呑みにしない」こともまたメディアリテラシーと言えるのではないでしょうか。

第 14 講

メディアは民主主義の停滞をもたらしているのか

1　操作の手段としてのマスメディア

民主主義の希求と無関心　　世界にはいまも民主化を求めて闘っている人びとが数多くいます。民主化勢力に過酷な弾圧が加えられ，言論や集会の自由が制限される一方，マスメディアは政府に都合の良い情報しか流さないという話を聞くと，民主化勢力を応援したくなる人も多いのではないでしょうか。先進諸国では政治制度としての民主主義に対する支持は上昇しており，それ以外の政治制度を希望する人は決して多くありません（ヘイ 2012: 41）。

しかしそれと同時に，先進諸国の多くで選挙の投票率は低下傾向にあり，とりわけ若年層のあいだでの「選挙離れ」が進んでいると指摘されています（ヘイ 2012: 54-55）。日本でも 2014 年 12 月の衆議院選挙では，争点が見えづらかったことも手伝い，全体の投票率は 52.7％，20 代の投票率に至っては 32.6％にとどまっています（総務省調べ）。つまり，政治制度としての民主主義は広く支持される一方で，議会制民主主義に対する無関心が広がっているのです。

本講では，第 2 部で紹介してきた様々な見方や理論をもとに，現代の民主主義におけるマスメディアの役割について論じていきます。後述するように，議会制民主主義への無関心が広がっているのはマスメディア報道に問題があるという見方もあるのですが，それも含めていくつかの立場から現代民主主義について見ていくことにしましょう。

エリートによる支配と操作　　最初に取り上げたいのは，エリートによる民衆の操作の道具としてマスメディアを位置づける見解です。こう書くと第 9 講で取り上げた陰謀論と思われるかもしれませんし，実際に陰謀論に接近していくケースもありうるのですが，その一方でマスメディアが情報操作に加担してしまう可能性はたしかに存在します。ここではまず，エリートによる支配とい

う観点から米国における民主主義の形骸化を論じた，社会学者のライト・ミルズによる主張を出発点として取り上げてみたいと思います。

ミルズによれば，経済，軍事，政治の各領域にまたがって存在する一群のパワーエリートが米国政府の政策決定にきわめて大きな影響力を発揮しています（ミルズ 1969（上）: 2）。秘密結社のように一致団結して陰謀を張り巡らしている黒ずくめの組織というよりも，社交クラブなどで日々親睦を深め，お互いに便宜を図りあっている政治家や高級官僚に高級軍人，財界人といったイメージでしょうか。エリートによるこうした支配は米国に限った話ではなく，先進資本主義諸国において広く見られる現象だという指摘もなされています（ミリバンド 1970: 25-26）。

そして，エリートが権威と発言力を獲得し，その支配は正当なものだという合意が人びとのあいだで確立される一方，支配に逆らう意見が「取るに足らないもの」と位置づけられる過程で重要な役割を果たすのがマスメディアだとされます（ミリバンド 1970: 272）。政府が示す提案が具体的かつ現実的な主張だと見なされる一方，それを批判する言論が抽象的で非現実的な主張，または「人間社会のドロドロした部分に目を向けない，お花畑で暮らしているかのような理想論」として位置づけられるのは，その典型的なケースと言うことができます。

しかも，第11講で紹介したマスコミュニケーション効果研究の限定効果理論の発達は，より巧妙な世論操作の方法を編み出しつつあると言います（ミルズ 1969（下）: 226）。情報流通の過程でオピニオン・リーダーが重要な役割を果たしているのであれば，彼らをターゲットに据えて情報操作を試みればよいというのです。

三次元的権力論の視点　エリートによる民衆の操作を考えるうえで参考になるのが，スティーヴン・ルークスによる**三次元的権力**に関する議論です（ルークス 1995）。ルークスによれば，権力に対しては三つの見方があります。単純化して言えば，一次元的権力とは嫌がる人に言うことをきかせる力です。その方法には銃を突きつけるようなものもありますが，法律や社会的立場を利用するものも考えられます。国会で増税法案が可決されれば，税金を払いたくないと思っている人であっても今までより多くの税金を払わねばなりません。部下が反対している企画を上司が無理矢理にやらせるというのも，地位に基づく

一次元的権力の行使です。

　次に，二次元的権力とは話し合いの場にどの争点を持ち込むのかを決める力を指します。上述のように国会における法案の審議は一次元的権力を考えるうえでは重要ですが，ある争点が議題になるということはそれ以外の争点が議題にならないということでもあります（シャットシュナイダー 1972: 90）。たとえ重大な問題があったとしても，それが政治的な争点にならない限りは人びとの目に触れないところに放置されてしまうのです。このように特定の議題を話し合いの場から遠ざけることのできる力が二次元的権力なのです。

　たとえば，男女間や家族内での暴力が「私的」な問題と見なされたり，金融政策や原発の安全性が「専門的」な問題と位置づけられ，政治の場での討議にはそぐわないとされるのは，二次元的権力の行使によるものと言うことができます。もちろん，このタイプの権力行使にあたっては第12講で取り上げたアジェンダ設定やアジェンダ構築が大きな役割を果たします。こうした二次元的権力の行使については，様々な問題が政治の領域の外側へと押しやられる「脱政治化」という現象として語られることもあります（ヘイ 2012: 108）。

　ただし，一次元的権力にせよ二次元的権力にせよ，権力を行使された側にとっては「税金が高すぎる……」「重要な問題なのに話し合ってすらもらえない……」といった不満が残ります。そういった不満が蓄積していけば，やがて権力への抵抗が生じることにもなりかねません。そこで重要になるのが，「権力の至高の，しかももっとも陰険な行使」とルークスが呼ぶ三次元的権力なのです（ルークス 1995: 39-40）。

　三次元的権力とは，人びとの願望を操作することによって彼らにとっての「真の利益」をねじ曲げ，エリートにとっての利益となる方向へと誘導する力を指します。たとえ歪曲されたものであっても，人びとの願望通りに事が進むわけですから不満も生じづらくなるわけです。そして，この三次元的権力の発動にとって，マスメディアは重要なツールということになるでしょう（大石 1995: 73）。

　一例を挙げるなら，2001年および2003年に米国で実施された減税を挙げることができます。減税によってもっとも大きな利益を得るのは富裕層であり，低所得層にとっての減税額は「微々たるもの」でした。しかも減税によって政府のサービスが縮小すれば，教育や福祉の面で悪影響を被るのは主として低所得層です。したがって，低所得層の「真の利益」からすれば減税に反対するの

が合理的だと考えられるのですが，実際には低所得層の半数以上が減税に賛成していました（Gilens 2012: 226）。

この減税をテレビニュースがどのように報じていたのかを分析した研究によれば，「米国人全体が減税の対象」だと報じられ，それによる経済成長の可能性が強調される一方，減税によって得られる利益が富裕層に偏って生じるという点は覆い隠されてしまったといいます（Bell and Entman 2011: 556-558）。つまり，マスメディアが強調する「偽の利益」によって低所得層の「真の利益」が歪められ，結果として彼らの多くが積極的に減税を支持することになってしまったとも考えられるのです。

三次元的権力とパターナリズム　　しかし，こういった三次元的権力論の発想は，第8講で論じたパターナリズムの性格を必然的に帯びることになります。先の事例について言えば，「富裕層ばかりが得をする減税に低所得層は反対すべきだ」という「真の利益」に関する判断を，当の本人になりかわって分析者が行うということです。けれども，減税によって富裕層により多くの利益がもたらされることを実際には低所得層の人びともよく理解していたという指摘もあります（Gilens 2012: 231）。にもかかわらず彼らが減税に賛成したのは，たとえ分析者から見て低所得層の減税額が「微々たるもの」であったとしても，彼らにとっては決して少なくない額だったからではないかというのです。

もちろん長期的な視点からすると低所得層は損をしているとも言えるのですが，分析者による「真の利益」の判断がこのようにパターナリズム特有の傲慢さを帯びやすい点には注意が必要です。人びとの意思が政治に反映されることを重視するのが民主主義なのだとすれば，パターナリズム的な発想はどうしても矛盾を生じさせてしまいがちなのです。

2　多元化を促進するマスメディア

限定効果理論と多元的社会論　　先に紹介したように，ミルズのパワーエリート論は民主主義の形骸化を指摘していました。それに対して政治学者のロバート・ダールは，ミルズの主張には明確な根拠が欠けているという批判を行っています（Dahl 1958）。さらに，米国の地方都市における政治的決定の過程を調査してみると，直接的なかたちで決定に参加できるのはごく少数の人びとに

限られる一方，選挙などを通じて様々な集団が間接的に政治の方向性に影響を及ぼしているということが明らかにされています（ダール 1988）。マスメディアにしても，多様な情報源が存在するなかにあっては，特定のメディアが世論を自在にコントロールできるといったことはないとされます。以上の観点からすれば，米国は一部のエリートによって牛耳られた社会なのではなく，多様な集団がお互いの利益を調整しながらバランスをとっている多元的な社会と考えられることになります。

　第 11 講で取り上げた限定効果理論は，こうした多元的社会論と相性の良い議論でした（大石 1998: 58）。仮にマスメディアが一部のエリートによってコントロールされていても，オピニオン・リーダーを中心とする受け手はメッセージを能動的に取捨選択していくことでその影響力を削いでいくからです。しかも，オピニオン・リーダーとフォロワーはトピックが変われば簡単に入れ替わる関係にあり，誰もがオピニオン・リーダーになれる可能性を秘めているということにもなります。多元的社会論と親和的な限定効果理論のこうした主張は，エリートによる支配を強調するミルズたちの議論を否定するものだとも言えます。だからこそ，先に述べたようにミルズは，オピニオン・リーダーがパワーエリートによる操作の対象になっているという指摘をしなければならなかったのです。

　メディア多元主義論とその問題点　　他方で，マスメディアそのものが社会の多元性を推進する役割を有しているという考え方もあります。それがメディア多元主義論です。このモデルは，マスメディアは世論に訴えかける力を持っているがゆえに政治家や官僚に大きな影響を与えると想定しており，マスメディアの影響力を小さく評価する限定効果理論とは異なる側面を有しています（蒲島 2010: 38）。にもかかわらず，エリートがマスメディアを利用して人びとを操作しているという主張を展開するわけではありません。

　というのも，政府や財界，労働組合などの組織に属している人びとに比べ，マスメディア組織には特定の支持政党を持たない記者が多く，イデオロギー的な中立性も高い傾向にあるとされるからです（前掲書: 44）。加えて，マスメディアはニュースバリューの高い情報を入手するために，政府関係者や財界人といったエリートのみならず，権力の中心からは遠いところにいる社会運動や組織などにも接触し，それらの意見を広く周知する役割を果たしているというの

です。このようにマスメディアが起点となって様々な団体が政治に影響を及ぼせるのであれば、少数のエリートによる支配は困難になると考えられます。以上のようなメディア多元主義論は、日本での調査に基づいて考案されたモデルではあるのですが、他国の政治にも適用可能だとされています。

しかし、メディア多元主義論には批判も寄せられています。一つは、マスメディアが世論に訴えかけることが可能だったとしても、その効果は一過性のものにすぎず、長期的な政策形成過程に影響を及ぼさないのではないかという点です（大石 1998: 77）。もう一つは、マスメディアがイデオロギー的に中立だと言っても、それはアンケート調査による主観的な回答に基づく判断であり、記者が無自覚のうちに特定の人びとの声を聞き漏らしてしまう可能性があるということです。エリートによる操作に関して述べたように、記者自身がある主張や問題を「取るに足らないもの」と考えるのであれば、それを広く周知することも怠ってしまうのです。実際、第17講で論じる貧困問題が見過ごされてきた背景には、そういった無自覚的な排除が作用していたとも考えられます。

経済格差と民主主義　先にも述べたように、パワーエリート論に対する重大な批判の一つが、その根拠の乏しさでした。それに対して、近年ではより実証的な観点から米国における多元主義的な民主主義の危機を論じる研究も行われています。政治学者のマーティン・ギレンズは様々な世論調査結果をもとに、低所得層、中間層、高所得層がそれぞれにどのような政策的志向性を有しているのかを明らかにします（Gilens 2012）。たとえば、失業給付の拡大について低所得層は肯定的なのに対し、高所得層はやや否定的な傾向にあるという違いが存在しています。ギレンズはそういった違いを踏まえたうえで、それぞれの階層の志向性がどの程度まで政策に反映されているのかを検証し、低所得層の志向性に比べて富裕層のそれが政策に反映される傾向が強く、しかもその傾向が年々強まってきていることを明らかにしています。

ギレンズはそのような違いが生じる大きな原因として、高所得層による政治献金を挙げています。マスメディアによるキャンペーン費用など、米国では政治に必要となる資金が増大してきているのですが、その多くを高所得層が拠出しているために、彼らの政策的志向性が政治に反映されやすくなってきているのではないかというのです。言い換えれば、多くの人びとが期待する政策を採用することで支持を獲得するのではなく、膨大な資金を費やした政治キャンペ

ーンによって支持を獲得するというやり方が選ばれるようになってきているとも考えられます。

　金権政治とも呼びうるこういった状況は，膨大な政治資金を拠出できるだけの財を高所得層が蓄えていく一方，政治参加に必要な時間的，金銭的コストを負担するのが難しい低所得層に属する人びとが増えていくことで，ますます加速していくとも考えられます。つまり，経済格差の拡大は，多元的な民主主義を実現するうえでも大きな脅威となりうるのです。

3　熟議と闘技の手段としてのメディア

公共圏とはなにか　　これまで本講では，民主主義の実態に関する論争を取り上げてきました。エリートによって支配されているのか，それとも利益集団間の調整により成り立っているのかという見解の相違が存在するのです。それに対して以下で注目するのは，民主主義はいかにあるべきかという「規範」に関する理論です。こうした規範理論の立場からすれば，利益集団間の調整に基づく多元的な民主主義であっても批判の対象になりえます。利益の調整とは言わば妥協にすぎないわけですが，民主主義にはそのような妥協のみならず，人びとが同意できる「善きもの（共通善）」を対話によって作り上げていくことが必要ではないかというのです（田村 2008: 31）。

　民主主義における対話という点に関してもっとも重要な研究と言えるのが，哲学者のユルゲン・ハーバーマスによる**市民的公共圏論**です。それによると，17世紀後半から18世紀初頭の英国やフランスでは，資本主義の発達によって新たに生まれた市民階級が力をつけてきます（ハーバーマス 1994: 52）。富と教養とを兼ね備えた彼らはコーヒーハウスやサロンなどに集い，新聞によってもたらされる情報をもとに様々な議論を繰り広げるようになります。その議論において重要とされたのは「誰が言ったか」ではなく「なにを言ったか」でした。王族や貴族が幅を利かせていた時代には，どんなにくだらなくても彼らが言ったことは尊重されねばならなかったのに対し，コーヒーハウスでの議論では，誰の意見であっても優れた発言には耳を傾けるべきだと考えられるようになったというのです。このように誰もが自由に発言でき，発言者の地位ではなく主張の内容が尊重される空間こそが「公共圏」なのです。

熟議民主主義論と輿論の復活　　そして，公共圏での話し合いは参加する者の考え方を変えていくとされます。新たな視点や発想に触れることで，一人ひとりが成長していくことが期待されるのです。このように人びととのあいだでの対話とそれに伴う個々人の成長を重視するのが**熟議民主主義論**です。世論調査での質問のようにその場で「はい」「いいえ」と答えて終わりなのではなく，政治的な問題について対話を行い，新たな知識を得ていくことで人びとが合意に達することを目指すのが熟議民主主義論の基本的な発想と言えるでしょう。

　言うまでもなく，公共圏や熟議民主主義においてマスメディアは重要な役割を果たすことが期待されます。人びとにいまだ認識されていない，すなわち公共圏の内部ではいまだ論じられていない問題を発見し，それを報じることで熟議の場をより豊かなものにしていくことが求められるのです（花田 1996: 294）。さらに，多数派に属する人びとの議論からは抜け落ちてしまいがちな少数派の意見や見方を積極的に伝えていくことも必要とされます。以前には排除されてきた人びとの声を積極的に取り入れていくことを目指す民主主義論は，根本に回帰する民主主義という意味で**ラディカル・デモクラシー**とも呼ばれています（千葉 1995: 20-21）。

　また，熟議民主主義論と類似した問題意識に基づき，メディア史研究者の佐藤卓己は世論（セロン）と**輿論**（ヨロン）とを区別する必要性を論じています。佐藤によれば，明治期において両者は別物であり，世論が情緒的なムードであるのに対し，輿論は討議を通じて鍛え上げられた理性的な言論と見なされていました（佐藤 2008: 23-30）。ところが，政治の大衆化が進み，やがて戦時体制が確立されていくなかで両者の区別が曖昧になってしまい，輿論が世論に飲み込まれていってしまったというのです。佐藤は感情と理性とを厳密に区別することが困難であることを認めつつも，理性に基づく輿論という概念の復活を熟議的な民主主義へ至るためのステップとして位置づけていると言えるでしょう。ただし，戦前においても世論と輿論との区別はそれほど明確ではなく，熟議に裏付けられた輿論など決して存在しえない以上，両者を区別することは混乱を招くだけだという指摘も行われています（峰久 2010: 53-54）。

闘技民主主義論による批判　　他方で，同じくラディカル・デモクラシーの流れにありながらも，熟議民主主義論のこうした主張に異を唱えるのが**闘技民主主義論**です。闘技民主主義論では，友／敵の対立という「政治的なもの」が

重視されます。つまり，話し合いではなく，仲間をつくり，敵に対抗するという行為にこそ政治の本質があるという発想です。戦間期のドイツにおいて「政治的なもの」の重要性を強調した政治哲学者カール・シュミットは，主として国家間の関係に友／敵の対立を見たわけですが（シュミット 1970: 15-23），闘技民主主義論ではむしろ国内の政治過程における友／敵の関係が重視されています。

闘技民主主義論を代表する一人であるシャンタル・ムフは，熟議民主主義論が話し合いによる合意を重視するあまり，「政治的なもの」の重要性を見失っていると主張します（ムフ 1998: 296）。政治において友／敵の対立が失われるというのは決して望ましいことではない。にもかかわらず，現実政治の次元でも「政治的なもの」が失われつつある。先進諸国では，権威の必要性を強調して不平等の存在を容認する右派と，平等の実現を目指す左派という従来の対立軸が曖昧になってしまい，政党の「中道化」が進んでいる。結果として，政治的な無関心が蔓延する一方で，既存の政党に満足できない層を排外主義政党が吸収し，自国民と移民とのあいだに友／敵の関係が設定されるようになっている，というのです。

「友」と「敵」の創出　以上の闘技民主主義論の発想からすれば，政治的立場の異なる人びとのあいだでの対話を促進することよりも，いかに敵の勢力を削ぐか，いかに友を増やしていくかが政治的なコミュニケーションにおいては重要だということになります。

左派に関して言えば，かつての左派は労働運動に基盤を置いていました。労働条件をいかにして向上させるのか，もっと言えば労働者のための平等な社会をいかにして創り出していくかが重要な課題だったのです。そして，労働者や労働組合という明確な支持基盤がある限り，誰が友で誰が敵なのかについてはそれほど悩む必要がありませんでした。

ところがその後，様々な社会問題や社会運動が出現するなかで，人びとを左派へとまとめ上げていくための枠組みが失われていきます。人種，ジェンダー，環境や動物の保護，宗教などにまつわる問題が注目されるようになってきたのです。民主主義の深化という観点からすればそれ自体は望ましい動きだったとしても，人びとを分断する境界線がどんどん可視化されるようになることで，友として団結することもまた難しくなってきました。

闘技民主主義論のこうした問題意識からすれば，多様な要求をまとめ上げるとともに，共通の敵を指し示すための言葉やシンボルを見つけ出すということが重要な課題となります（山腰 2012: 104-105）。たとえば，人種差別に反対する運動とフェミニズム運動とが「人権」という言葉を介して団結することが可能になったり，貧困問題に取り組む運動と公営事業の民営化に反対する運動とが「新自由主義」という共通の敵を見つけることで共闘することが可能になったりするということです。言うまでもなく，こういった友と敵の創出は左派のみならず右派によっても行われてきました。移民や難民という共通の敵が設定されることで，白人労働者と白人中産階級の人びとが同じ陣営に組み込まれるというのはその一例です。

そして，メディアはこのような言葉やシンボルをめぐる政治が行われる場ということになります。出来事がどのように論じられるのかによって友と敵の境界線の引かれ方が大きく変化しうるからです。たとえば鉄道労働者によるストライキが「資本家」と「労働者」との対立として語られるのか，それとも「ストライキ参加者」と「働きたい労働者／迷惑を被る鉄道利用者」との対立として語られるのかによって，それが持つ政治的な意味はまったく違ってきます。このように，闘技民主主義論においてメディアを介した「意味づけをめぐる政治」は重要な意味を持つのです。

4　民主主義とシニシズム

なぜ無関心は広がるのか　以上のように本講では，民主主義に対するいくつかの見方を紹介してきました。そのうえで議会制民主主義への無関心の広がりという最初の問題に立ち返ってみると，それぞれに異なる回答を導き出すことができます。エリートの支配を重視する立場からすれば，いくら三次元的権力を行使されていたとしても，選挙を通じて自分たちの生活がまったく良くならないのであれば無関心が広がって当然ということになります。金権政治化が進んでいるという米国の場合，低所得層の政治的志向が顧みられないという状況が続く限り，彼らが既存の政治に関心を持てないのも当たり前だと言わざるをえません。

熟議民主主義論の立場からすれば，人びとに政治への関心を持たせるような教育的配慮が足りないということも考えられます。熟議への参加は結果として

政治への関心を高めることが期待されるからです。他方，闘技民主主義論の立場からすれば，政党の中道化によって「どの政党を選んでも結局は同じ」という諦めの広がりが問題視されることになります。つまり，支持に値する政党が見当たらないことが問題なのです。本講では取り上げることができませんでしたが，一般有権者の教育水準の上昇によって政治家や官僚への敬意が失われたことや，政治に対する人びとの要求水準が上がりすぎてしまい，政治が期待に応じられなくなってきたことを指摘する研究者もいます（Flinders 2012: 20-21）。

マスメディア報道とシニシズム　マスメディアとの関係で言えば，ニュース報道が政治をあまりに下劣なものとして描き出すことを問題視する立場もあります。ニュース報道は往々にして政治家や官僚を「自分のことしか頭にない人びと」として描き出します。政治家であれば選挙での勝利や地元への利益誘導ばかりを，官僚であれば権益の拡大や天下り先の確保ばかりを考えている存在として報道する傾向があるというのです。政治家や官僚に対するこのように皮相な見方は「シニシズム」と呼ばれます（カペラ／ジェイミソン 2005: 25）。

米国での研究によれば，マスメディアの偏向や不正確さ，センセーショナリズムなどは問題として認識されていても，政治に関わる人びとが強欲で利己的だとするマスメディアの解釈は素直に受け入れられているとの知見も示されています（前掲書: 272）。もちろん，政治家や官僚が本当にろくでもない連中である可能性もありますが，彼らと実際に接する機会を持つ記者は一般の人びとに比べてシニシズムの度合いが低いという調査結果もあります（前掲書: 359）。にもかかわらず，マスメディアが政治家や官僚の利己性を誇張して報道し，人びとがそれを受け入れているのであれば，政治的無関心が広がるのも当たり前だと言えるでしょう。

もしそのようなシニシズムが低所得層を中心に広がり，彼らの政治参加が阻害されてしまうのであれば，結果として議会制民主主義の歪みがさらに広がってしまうことにもなりかねません。もちろん，政治の仕組みを濫用する人びとが実際に存在することは否定できませんし，警戒の念を捨て去るべきではありません。けれども，政治に対するそうした健全な懐疑と，政治に関わる人びとをすべて利権の亡者であるかのように考えるシニシズムは，まったく別物なのです。

第3部
社会問題とメディア

第15講

社会問題とメディアはいかに関わるのか

1　社会問題とメディア

　社会問題とはなにか　　本書の第3部では，社会問題とメディアという観点から議論を進めていきます。本講ではまず，社会問題を分析するさいの基本的な枠組みを見ていくことにしましょう。

　一言で社会問題といっても，様々なものが挙げられます。貧困，犯罪，差別，自殺，少子化，児童虐待，環境破壊，悪徳商法などなど，多くの問題が語られてきました。それでは，社会問題とはいったい何なのでしょうか？

　多くの場合，社会問題は誰が見ても存在することが明らかな客観的な現象と想定されます。環境破壊の場合，森林の減少や汚染物質の拡大などは個々人の主観に関係なく進行していると考えられますし，殺人のような犯罪では，人命が失われたという事実はほぼ揺らぎません。日本では少子高齢化が進行しているという事実を否定する人は少ないでしょう。

　しかし，そうした客観的事実が存在するにせよ，それらは問題として位置づけられることによって初めて「社会問題」になります。ある問題の実害がほかの問題と比較してそれほど深刻なものではなかったとしても，大きな関心が寄せられることで重大な社会問題としての地位を獲得することもあります。逆に，客観的事実が存在したとしても気付かれなければ，あるいは問題と見なされなければ社会問題になることはありません。

　地球温暖化を例に取れば，科学者がそれを問題として告発し，それが大々的に報道されなければ，ほとんどの人はそのような問題が存在することすら気づかなかったでしょう。児童虐待のような問題の場合，かつては子育てにおける体罰や放置は問題として認識されることはそれほど多くありませんでした。体罰はしつけの一環として見なされることも多かったのです。ところが，「児童虐待」という発想が広がるにつれて，体罰や放置を虐待だと見なす風潮が強ま

ってきます（内田 2009: 14）。そうなると，体罰それ自体は減少していたとしても，児童虐待に対する社会的関心が高まり，児童相談所などに通報されるケースやマスメディアの報道も増えていきます。結果，児童虐待は重大な社会問題と見なされるようになってきたのです。

社会問題とメディア　社会問題とメディアとの結びつきを考える場合，二つのアプローチを考えることが可能です。一つはメディアが社会問題に及ぼす影響に注目するアプローチ，もう一つは社会問題に対する人びとの関心をメディアが作り出す過程を分析しようとするアプローチです。

前者のアプローチの例としては，自殺に関する報道がさらなる自殺を生み出すという現象に注目する研究を挙げることができます。有名な事例としては，1986年4月に当時の人気アイドルだった岡田有希子が自殺し，それが大々的に報道されたことで後追いと見られる自殺が相次いだという出来事があります。このような現象はゲーテの作品にちなんで「ウェルテル効果」とも呼ばれ，有名人の自殺に顕著に見られるとも言われます（坂本／影山 2005: 63）。ウェルテル効果の発生を防ぐため，世界保健機関（WHO）では自殺報道に関するガイドラインを発表し，センセーショナルな報道をしないこと，自殺者の写真や遺書を公開しないこと，自殺手段を詳細に報じないことなどを求めています。しかし，このガイドラインから逸脱する報道が数多くなされているのが実情であり，しばしば批判の対象となっています。

この事例にも示されるように，メディアはそれ自体が社会問題の一部となる可能性を有しています。第19講で取り上げる原発問題も，原発は本来的に危険な存在だと想定したうえでメディアはその危険性を過小評価する言説を流布してきたと考えるなら，問題の一部だと言うことが可能です。本講ではこのような発想に基づく研究を社会病理学的アプローチと呼ぶことにします。

後者のアプローチでは，あまり知られていなかった現象がメディアの報道によって広く知られ，問題だと見なされるようになっていく過程が分析されます。先に述べたように，多くの人びとに問題だと見なされる現象が社会問題なのだとすれば，これはまさに社会問題が発生する過程を明らかにしようとする研究だと言えるでしょう。ただし，このアプローチはさらにモラルパニック論と社会的構築主義とに分類することができます。

それでは，社会病理学，モラルパニック論，社会的構築主義という三つのア

プローチについて，それぞれより詳しく見ていくことにしましょう。

2　社会病理学的アプローチ

「病理」としての社会問題　社会病理学的アプローチの特徴は，社会が一種の身体にたとえられているという点にあります（徳岡 1997: 11）。本来であれば健康であるはずの身体（＝社会）を蝕むものこそが病理としての社会問題だと見なされているのです。したがって，この観点からすれば，病理をもたらしている原因をいかに除去するのかが重要な研究課題となります。

社会問題を病理として位置づけるアプローチがよく採用されるのが，犯罪に関する研究です。本来なら家庭でのしつけや教育を通じて善悪の価値観を教え込まれるべきであるにもかかわらず，何らかの理由でそれがうまくいかなかったり，価値観そのものが損なわれたりすることで，犯罪に走る人びとが生み出されてしまうというのです。社会のルールや価値観を教えることを「社会化」と言いますが，それが十分に行われていない結果として犯罪が行われるという論理です（ミルズ 1971: 412）。あるいは，少子化を例に取るなら，子どもを産み，育てていくという「当たり前」の価値観が失われた結果，出産や育児に伴う金銭的，時間的負担から逃れて豊かで自由なライフスタイルを謳歌しようとする若者について「病理」を語ることができるかもしれません。この例からも明らかなように，社会病理学的アプローチの大きな問題は，特定の価値観を当然視することで，それを共有しない人びとを「病人」や「逸脱者」と決めつけてしまう点に求められます。

文化的目標と実現手段との乖離　また，社会化に成功していても，それだけでは社会のルールから逸脱した行動の発生を防ぐことはできないという見方もあります。米国の社会学者ロバート・マートンは逸脱行動が大規模に発生する理由として，文化的目標とそれを実現するための手段が結びつけられていないことを挙げています（マートン 1961: 136）。たとえば，経済的な成功が多くの人びとによって重要な目標と見なされているにもかかわらず，成功のための合法的な機会が非常に乏しい状況下では，社会のルールからの逸脱が大規模に発生するというのです。

ここで，第7講で論じた「期待増大革命」が危機をもたらすというコミュニ

ケーション発展論の見解との共通性を指摘することができます。期待増大革命によって豊かさに対する人びとの期待が高まったにもかかわらず，経済成長がその期待の高まりに追いつけない場合，人びとの不満が高まって政情不安をもたらすというのがその主張でした。それと同様に，マスメディアは何らかの文化的目標を人びとに与えるにもかかわらず，それを実現する手段までは提供できないがゆえに社会病理の原因になりうるというのです。

これと似た指摘は日本での犯罪についても行われています。それによると，戦後直後の日本では生活苦による犯罪が顕著であり，その後も経済的要因による犯罪は後を絶ちませんでした（間庭 1982: 164）。ところが，人びとの生活水準が上昇していくと，マスメディア等によって煽り立てられた欲望を満たすための犯罪が広く見られるようになったというのです。いわゆる「遊ぶ金欲しさ」の犯罪です。

その一方で，厳しい同調圧力と競争とが存在する管理社会では，受験競争のように同じ文化的目標に向かって努力することが求められるものの，必然的にそこからはじき出される人びとが出てきます。それによって生じた，ぶつける先のない不満や憤りは，特定の人物を対象とした犯罪というよりも，通り魔事件のように無関係な第三者に対する攻撃を生み出す事態にも発展すると指摘されています。

3 モラルパニック論のアプローチ

ラベリング理論の視点　これまで見てきた社会病理学のアプローチは，社会のルールや価値観がうまく伝達されなかったり，それらが損なわれるメカニズムを問題視する一方，病理が生じる根本的な要因は社会から逸脱した側にあると考えることに特徴があります。「病理」という比喩をあえてそのまま用いるなら，感染予防は必要ではあっても，問題の根源はあくまで病原菌を保有している病人本人だということです。それに対して，ある人を病人だと見なすことで，その人をほんとうに病人にしていくのは社会の側だという発想の逆転を行ったのが**ラベリング理論**です。

熱血中学教師・坂本金八を描いた人気テレビドラマシリーズ『3年B組金八先生』（TBS系列で放送）には「腐ったミカンの方程式」（1980年）という有名なエピソードがあります。腐ったミカンが箱のなかにあると，それ以外のミカ

ンまで腐らせてしまう。だから腐ったミカンは早めに箱から取り除かねばならないという社会病理学に近似した論理に基づき，坂本が勤める中学校に転校させられてきた素行不良の生徒がいました。その生徒はやがて坂本とぶつかることになり，そこで彼から発せられるのが，貧しい生育環境のなかで周囲から「ばい菌扱い」されてきたことに対する激しい苛立ちです。この生徒を転校させた学校側の論理と生徒側の不満との対比に，社会病理学とラベリング理論との発想の違いを見ることが可能です。

　ラベリング理論では，何らかの逸脱行為を行った人びとに社会の側が逸脱者としての「レッテル」を貼っていく過程が重視されます。先の例で言えば「腐ったミカン」や「ばい菌扱い」がそれに該当します。この点について，ラベリング理論を代表する研究者であるハワード・ベッカーは「社会集団は，これを犯せば逸脱となるような規則をもうけ，それを特定の人びとに適用し，彼らにアウトサイダーのレッテルを貼ることによって，逸脱を生み出すのである」と述べています（ベッカー 1978: 18）。そのようにしてレッテルを貼りつけられた人びとは，やがてそのレッテルを自ら引き受けるようになり，周囲から予想される通りに行動するようになる。つまり「ほんとうの逸脱者」が生まれるのです。そうなれば，レッテルはさらに説得力を持つようになり，言わば悪循環へと陥っていくというのです。

　モラルパニックとはなにか　このようなラベリング理論の発想を「道徳の崩壊」をめぐるパニックの分析へと発展させたのがモラルパニック論です。モラルパニックとは「ある状態，出来事，個人，あるいは個々人の集団が，社会的な価値や利益にとっての脅威として定義されるようになる」ことで発生するパニックを指します（Cohen 2002: 1）。モラルパニックは往々にしてマスメディアの報道で火がつき，特定の集団がモンスターのような存在として語られるようになる。マスメディアに登場するコメンテーターや専門家，あるいは政治家は，問題がいかに深刻であるかを強調するとともに対応策を論じる。そうして問題が沈静化することもあれば，さらに悪化して衆目を集めるようになることもある，というのです。

　一例を挙げるなら，1980年代の英国では児童に性的虐待を行う男性への警戒感が非常に高まり，モラルパニックが生じたと指摘されています（Jenkins 1992: 71）。それ以前には，子どもに性的いたずらをする大人は哀れな存在とし

てイメージされていたのが，組織化された狡猾なモンスターとしてマスメディアによって描かれるようになったというのです。第10講で取り上げた，1988年から翌年にかけて発生した連続幼女誘拐殺人事件も，類似したモラルパニックを引き起こしたと言えるでしょう。この事件では，加害者が熱心なアニメファンだったことから，「アニメおたく」は潜在的な犯罪者であるかのような言説が週刊誌などで流布されました（浜井／芹沢 2006: 83）。

モラルパニック概念の応用　以上のようにモラルパニック論が注目するのは，「たいしたことのない問題」がマスメディアによって大々的に取り上げられ，モンスターのような存在として特定の人びとが位置づけられることによって生じるパニックということになります。言い換えれば，マスメディアが社会問題を誇張し，さも深刻な状況にあるかのように見せかける過程が分析の対象とされるのです。

このようなモラルパニック論の視点は，犯罪に関する問題だけではなく，様々なかたちで応用することが可能です。たとえば本来的にはきわめて高い安全性が確保されている原子力発電所について，浅い知識しか持たないマスメディアがささいな事故や地震の危険性を大げさに報じることによって余計な不安をかきたててきたという指摘は（中村 2004: 182），モラルパニック論と同様の発想に立脚していると言えるでしょう。そのほかには地球温暖化についてもその深刻度が大げさに語られすぎているという指摘はしばしば行われています。第5講で論じたように，これらは不安をかきたてることで特定の言論に対する需要を増大させるのを狙ったビジネスと言えるかもしれません。

モラルパニック論への批判　ただし，モラルパニック論に対しては多くの批判が行われており，「モラルパニック」という概念そのものを捨てるべきだという主張すら行われています（Waddington 1986: 258）。なかでも重要な批判が，この概念は「不均衡性」を前提にしているというものです。先に述べたように「たいしたことのない問題」に対して大げさな反応が生じるという不均衡がモラルパニック論の出発点となるわけですが，ここまでが適切な反応で，ここからが大げさになるという線引きを誰がどうやって行うかが問題とされているのです。

先に挙げた児童虐待の問題を例に取ると，たしかに子どもが親から体罰を受

けたり，放置されたりといった事象は以前よりも減っているかもしれません。モラルパニック論の発想からすれば，かつてよりも改善されている児童虐待をマスメディアが大げさに報じることで，実際にはたいしたことのない問題への社会的関心を高め，「虐待する親」というモンスターを生み出していると言えるかもしれません。しかし，その増減は措くとしても，児童虐待の被害を受ける子どもたちが現実に存在する以上，それを「たいしたことのない問題」だと切り捨ててしまうのであれば，そこには大きな歪みが生じてしまいます。しかも，児童虐待が問題視されるようになった背景には，子どもの人権により敏感な社会的価値観の形成があるわけですが，そうした価値観の変化まで否定してしまって良いのかという問題も指摘することができます。

　モラルパニック論のもう一つの難点は，モラルパニックに乗せられる一般人とそれを批判する研究者の知識の落差を前提にしているという点です。つまり，「たいしたことのない問題」であることが理解できずに大騒ぎする一般人を，「ほんとうの現実」を理解している研究者がたしなめるという論理構成になっているのです。それでは，モラルパニック論を展開する研究者はどうやって「ほんとうの現実」を知ることができたのでしょうか。先に挙げた，英国における児童の性的虐待に関するモラルパニックについて言えば，当時の有力政治家やテレビの人気司会者が大規模な性的虐待を行っていたのではないかという疑惑が近年になって次々と浮上しています。

　この問題が特に深刻になるのが，エネルギー問題や環境問題のような領域でモラルパニックを論じる場合です。モラルパニック論を展開する研究者の多くは，たいてい社会学やメディア研究を専攻しており，自然科学の専門知識を持っていることは稀でしょう。にもかかわらず，そうした研究者がどうして一般人よりも優れた知識があるという前提のもとで大げさかどうかを判断できるというのでしょうか（中河 1999: 21）。先に紹介した「マスメディアは原発事故の可能性を大げさに報じている」という指摘を行った著作が出版された7年後，福島第一原発ではきわめて深刻な事故が発生することになったのです。

　この観点からすれば，モラルパニックとは自分の政治的立場から見て気に入らない問題提起を過小評価するための概念ということにもなりかねません。たとえば，現代社会における貧困や差別の存在を否定したい人は，それらの問題提起はモラルパニックにすぎないと主張することで，問題としての重要性を切り下げることができます。モラルパニックという概念はそれを論じる人の政治

的立場が反映されやすい性格を有しているのです（Waddington 1986: 257）。

そして，モラルパニック論が抱えるこのような問題を正面から受け止めるべく登場したのが，次に紹介する社会的構築主義のアプローチということになるのです。

4 社会的構築主義のアプローチ

「太宰メソッド」批判としての社会的構築主義　これまで述べてきたように，ラベリング理論やモラルパニック論は，逸脱やモラルパニックがいかにして社会的に生み出されるかを明らかにしようという問題意識に基づいていました。社会の側が逸脱行為を行った個人や集団にレッテルを貼ることによって「ほんとうの逸脱者」を生み出してしまう，つまり「腐ったミカン」や「ばい菌」のように扱われた中学生が本物の不良になっていくという発想です。しかし，この発想には不徹底な部分があります（キツセ／スペクター 1990: 97）。これは少しややこしい話なので，太宰治の小説『人間失格』（1948 年発表）に登場するあるエピソードを例に取りながら説明したいと思います。

『人間失格』の主人公である大庭葉蔵は，友人である堀木から女性関係のだらしなさについて「しかし，お前の，女道楽もこのへんでよすんだね。これ以上は，世間が，ゆるさないからな」と諭されます（太宰 1989: 97）。それに対して葉蔵は心のなかで「世間じゃない。あなたが，ゆるさないのでしょう？」「そんな事をすると，世間からひどいめに逢うぞ」「世間じゃない。あなたでしょう？」「いまに世間から葬られる」「世間じゃない。葬むるのは，あなたでしょう？」という仮想の対話を繰り広げるのです。

このように「世間が許さない」という言い方で，自分が気に入らないことを他人にやめさせようとする行為を，ネット用語で「太宰メソッド」と呼ぶことがあります。「そんなんじゃ社会で通用しないぞ」というのが典型的な太宰メソッドです。先の指摘はラベリング理論やモラルパニック論がこの「太宰メソッド」と類似した論理になっている点を突いたものと言うことができます。

先に述べたように，ラベリング理論ではなにが逸脱なのかを決めるのは社会の側だとされています。にもかかわらず，最初の時点で社会からレッテルを貼られるに値する逸脱行為があったと想定しています。しかも，レッテルを貼られることで「ほんとうの逸脱者」になってしまうと論じている点で，なにが逸

脱行為で誰が逸脱者なのかという定義に研究者自身が参加してしまっているのです。「そんなことをしていると、お前は社会から逸脱者扱いされるだろうし、そのうちに私自身もお前を逸脱者と見なさざるをえなくなってしまうぞ」という論理になっているということです。言い換えると、もともとは逸脱を生み出す社会の論理を研究していたはずが、そうした社会の論理と研究者の視点とが混同されてしまっていることが問題視されているのです。

研究者には「現実」がわからない　このような観点から、社会的構築主義のアプローチでは研究者が「現実」について論じることを可能な限り控えるべきだとされます。つまり、誰が「ほんとうの逸脱者」なのかといったことから、「児童虐待はほんとうに増えているか」「原子力発電所はほんとうに安全か」といったことまで、社会問題の研究者は現実についての判断を控えるということです。これによって通常の社会問題研究では取り上げにくいUFOとの遭遇や都市伝説などの「問題」をも分析の対象とすることが可能になります（赤川 2012: 32）。

　それでは社会問題の研究者がなすべきことはいったい何なのでしょうか。社会的構築主義の観点からすれば、それは社会問題に関わる人びとがそれについて語る言葉を丹念に拾い集め、分析するということになります。つまり、社会問題として語られる出来事の実情がどうなのかは措いて、その問題がどのように語られ、その語りに対してどのような反応がなされるのかを分析の中心に据えるということです（キツセ／スペクター 1990: 120-121）。

　ここでのポイントは、社会問題を提起する人たちの「ほんとうの動機」もまた視野の外に置かれるということです。モラルパニック論やそれに類する分析では、社会問題を提起する人びとの動機が論じられることがあります。たとえば、公害問題への抗議運動の場合、「地域の暮らしを守りたい」といった運動当事者の語る動機のほか、運動に批判的な側からは「企業や政府からもらえる補償金を釣り上げることが目的だ」といった動機もしばしば語られます。しかし、動機があくまで心のなかの動きである以上、第三者が（場合によっては本人ですら）「ほんとうの動機」を確定させることはできません。したがって、社会的構築主義のアプローチでは「ほんとうの動機」の分析も棚上げされ、あくまで社会問題について人びとが語り、つづった言葉を分析の対象とするのです。

リスク社会と社会的構築主義　　社会的構築主義のこうしたアプローチが有効性を増している一つの要因として，**リスク社会化の進行**を挙げることができます。社会学者のウルリッヒ・ベックによると，高度な分業化が進んだ現代社会では，様々な活動がお互いに影響を及ぼし合うことで複雑な問題が続発し，人びとは予測の困難なリスクに取り囲まれて暮らすようになります（ベック 1998: 45）。しかも，外国で起きた金融危機が引き金となって世界的な景気後退が生じたり，原発事故によって広範な放射能汚染が発生したりと，そうしたリスクは直接に見聞きできるものというより，情報に接することで初めて知ることができる種類のものです。すなわち，リスクに対する認識においてメディアが伝える情報は決定的な役割を果たすのです。

しかし，このように複雑なリスクの原因はなにか，それがもたらす被害がどの程度深刻なのかを理解することは一筋縄ではいきません。リーマンショックであれ地球温暖化であれ，それらの現象を正確に理解したうえでマスメディアの報道が妥当か否かを分析しようとしても，前者の勉強が大変すぎていつまで経っても報道の分析にまで進めないかもしれません。その点，社会的構築主義のアプローチであれば，現実に関する判断はいったん棚上げしたうえで，マスメディア報道やそこに登場する個人や集団の主張を分析することが可能になります。それにより，様々な個人や集団が特定の社会問題について語るようになるなかで，それぞれの主張や論点がどう変化してきたのか，その社会問題の性格がどのように変わってきたのかを明らかにすることが可能になるのです。

5　研究者の覚悟

社会的構築主義のデメリット　　以上のように本講では，社会問題とメディアとの関係を論じるための三つのアプローチを紹介してきました。冒頭で論じたように，これら三つのアプローチにはそれぞれメリットとデメリットがあります。本講を終えるにあたり，社会的構築主義アプローチのデメリットについても述べておきたいと思います。

社会的構築主義のアプローチは，社会問題の研究者には「現実」の状態を判断する能力がないということを前提とするものでした。モラルパニック論が抱え込んでいる「たいしたことのない問題で大騒ぎするんじゃない」という論理は，第8講で取り上げたメディア批判のパターナリズムと共通している部分も

あり，世間に成り代わって研究者が「真のニーズ」「ほんとうの現実」を判断してやろうというお説教じみた側面を有しています。社会構築主義のアプローチはもっと謙虚に，社会問題の研究者にはそのような資格がないということを示しているわけです。

しかし，場合によってはそうした態度をとることが無責任になってしまうことも考えられます。科学的に見てかなり実証性の高い議論と粗雑な論理に基づくデマとが併存しているような状況において「ほんとうの現実」に関する判断を避けることは，結果としてデマの拡大に手を貸してしまうことにもなりかねません。この点を重視するなら，たとえメディアの研究者であっても他の分野の知見を参照しつつ，モラルパニック論的な観点から現実の定義に参画していくことが求められるとも考えられます。

こうした方向性を目指すのであれば，人びとにリスクを意識させたり，リスクの大きさに関する判断を歪ませるうえでメディアがいかなる役割を果たすのかは重要な研究課題になるでしょう。世の中には無数のリスクが存在する以上，あらゆるリスクを警戒することはできず，どのリスクに注意を払うかは時代や社会によって変わります（サンスティーン 2015: 42）。たとえば米国では，有害廃棄物やテロリズムに対するリスクには強い関心が払われる一方，地球温暖化や貧困，肥満等のリスクに対する関心は低いと言われます。さらに，被害を具体的に思い起こしやすいリスクほど，それが生じる可能性が過大に評価される傾向にあるとも言われます。2001 年の米国同時多発テロの報道によって多くの人びとが飛行機に乗るリスクを過剰に評価し，はるかにリスクの高い自動車での長距離移動を選んだことによって，交通事故での死亡者が 2300 人も増えたという推計も存在しています（Blalock et al. 2009: 1727）。こうしたリスク判断の歪みにメディアが何らかの影響を及ぼしていることは否定できないように思われます。

もちろん，現実についての判断に踏み込む姿勢は，判断を間違えるという危険性を抱え込むことになります。統計データがつねに現実をそのまま反映しているとも限りません。しかし，現実についての判断をつねに避けるという姿勢は，時としてメディア上で展開される言説にのみ関心を向け，実際に生きている人間に対する無関心を誘うことにもなってしまうのではないでしょうか。

第 16 講
メディアは犯罪をいかに描くのか

1　犯罪報道の変容

減少する犯罪　本書ではこれまで幾度となく犯罪とメディアとの関係について論じてきました。ここではより近年における犯罪報道の変化と，それが生じさせうる諸問題について見ていくことにしましょう。

最初に確認しておきたいのは，犯罪動向に関する変化です。日本において犯罪は減少を続けており，とりわけ少年犯罪については 1950〜60 年代をピークとして現在では大幅に減少しています（芹沢 2006: 18; 土井 2012: 22）。少子化によって子どもの数が減ってきたということも一因として挙げられますが，その影響を割り引いても青少年による犯罪が減少していることは否定できません。子どもの貧困が深刻化しているにもかかわらず，少年犯罪が減少している要因として，宿命論の広がりを指摘する研究者もいます（土井 2012: 133-134）。前講で見たように，逸脱行動が生じる原因の一つとして，豊かになりたいという期待と実際にはそれが困難だという現実とのギャップが挙げられます。しかし現在では，自分たちの置かれた苦しい環境が当たり前のものとして受け入れられ，何らかの手段によって変えられるという期待が最初から存在しなくなっているために，それに起因する不満も生じづらくなっているというのです。

なお，犯罪の減少は日本においてのみ見られる現象ではありません。日本の治安水準よりは劣るとはいえ，英国や米国においても以前に比べて犯罪が減少していることが指摘されています（*The Guardian* 2014/4/24; *The New York Times* 2014/9/16）。米国における犯罪の減少については，妊娠中絶の合法化によって劣悪な環境で育つ子どもが減ったことを挙げる研究者もいます（レヴィット／ダブナー 2006: 174）。

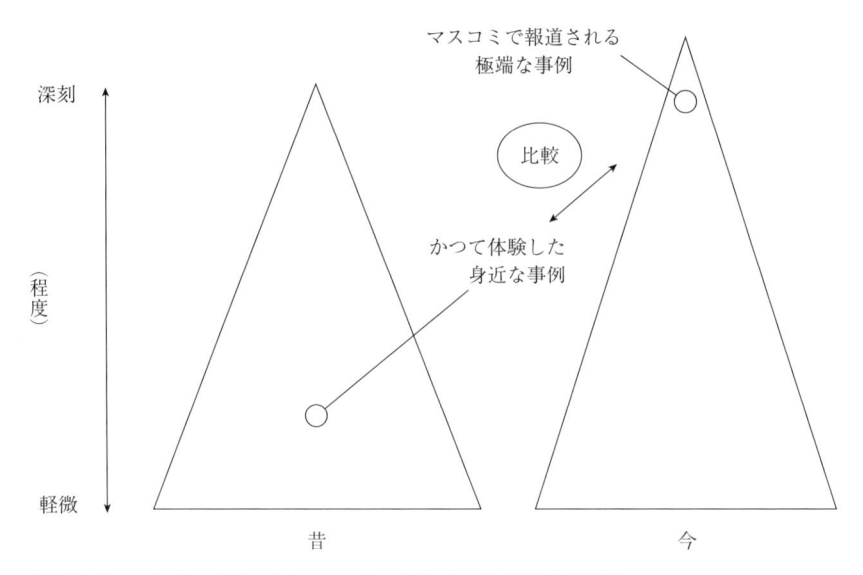

(出典）広田照幸（1999）『日本人のしつけは衰退したか』講談社現代新書, p.177。

図16-1　身近ないじめとマスメディア報道の事例

「昔は良かった」の正体　　ただし，犯罪が減少しているにもかかわらず，日本では犯罪被害に対する不安は高い水準で推移しており，前講で取り上げたモラルパニック状況にあるという指摘も行われています（浜井／芹沢 2006: 60）。「昔の日本は安全だったのに，いまは治安が悪化してしまった」という発想が生まれる背景には，メディアで報じられる出来事と，人びとが自ら体験してきたこととのギャップがあると言うことができます。

　第12講でも述べたように，メディアはニュースバリューの高い珍しい出来事，犯罪で言えば被害が深刻だったり，珍しい犯罪を大々的に取り上げる傾向にあります。もちろん，そういった犯罪が発生することはまれであり，実際にそれを体験した人も限られています。ところが，メディアで伝えられる深刻な犯罪と，かつての自分の体験とを比較することで，「世の中が物騒になってきた」という印象が生まれるのです。図16-1は「いじめ」に関して，このような錯覚の発生を図にしたものですが，メディアで伝えられるいじめと，かつて自分の身の回りで起きたいじめとが比較されることで，「むかしのいじめは今のように陰湿ではなかった」という印象が生まれやすくなります（広田 1999: 177）。これはモラルパニックが生じる大きな要因の一つと言えるでしょう。

モンスター化される犯罪者　加えて，社会が加害者に向けるまなざしの変化も論じられています。加害者の「モンスター化」が進み，精神に異常をきたした，人間性のカケラもないような存在として加害者が見なされるようになってきたというのです（芹沢 2006: 91）。

犯罪を扱う以上，このようなスタイルの報道が当たり前だと思われるかもしれませんが，加害者がつねにモンスターのように見なされるとは限りません。加害者が犯罪に至らざるをえなかった理由が重視されることもあるからです。青少年の非行による犯罪で，その背後に家族の問題や貧困などが垣間見えるような犯罪の場合には，加害者が同情的に描き出されることもあります。第10講でも触れた，1968年から翌年にかけて発生した連続射殺事件では，犯人の永山則夫が幼いころに一度は親からも棄てられ，極貧のなかで育ったという経歴を持つことから，その犯罪に社会の歪みを見出す言説がさかんに語られました。たとえば社会学者の見田宗介は，永山が自らの両親に向ける恨みの言葉について「どうしてこの呪詛を，われわれすべてへの呪詛として聞かずにおられようか」と語り，その犯罪を社会の問題として引き受ける必要性を論じています（見田 2008: 69，傍点は原著者，この論文の初出は1973年）。

「動機」の不明確化　とはいえ，介護殺人の報道などを除くと，加害者に同情的と言える報道が多いわけではありません。とりわけ，1990年代以降には先に述べた加害者のモンスター化が進行していきます。その大きな理由は，「不可解な動機」によってとんでもないことをしでかす加害者がクローズアップされるようになってきたことがあります。社会が複雑化していくなかで，貧困や怨恨といった「わかりやすい動機」ではなく，常人には理解しがたい動機による犯罪を行う人びとが増えてきたと認識されるようになっていったのです。

前講でも指摘したように，人間の動機は心の動きである以上，「ほんとうの動機」を実際に見ることは他人にはできません。そのため，動機の語りにとって重要なのは，行為を行った本人がほんとうの動機を語っているかどうかではなく，周囲の人間を納得させられるかどうかだと指摘されています（ミルズ 1971: 348）。たとえば，信仰心の薄れた社会では信仰のために人を殺したという動機はなかなか受け入れられません。むしろ，そのような「表面的な動機」の背後には金銭，怨恨，性欲といった「わかりやすい動機」が隠れているという主張のほうが受け入れられやすい傾向にあります。

ところが，1980年代後半以降，大きく報道された犯罪事件ではこうした「わかりやすい動機」に基づく解釈よりも，「不可解な動機」が好まれる傾向が生じます（浜井／芹沢 2006: 76）。1988年から翌年にかけて東京や埼玉で生じた連続幼女誘拐殺人事件，1997年の神戸連続児童殺傷事件，2000年に発生した高校生による殺人やバスジャック事件などが「不可解な動機」による犯罪として脚光を浴びました。それらの事件の語りでは「心の闇」という言葉が多用され，それを解明する必要性が論じられました（鈴木 2013: 56-57）。しかし，どうすれば「心の闇」が解明されたことになるのかは定かでなく，いかなる情報が出てこようとも絶対に解けない謎として「心の闇」が語られ続けることになったのです。
　かくして，このような「不可解な動機」「心の闇」を理解する試みは結局のところ挫折し，やがて犯罪の動機を理解しようとする態度それ自体が失われてきたとも指摘されています（芹沢 2006: 83）。貧困のような社会問題に起因するのでもなく，複雑化した社会のもとで生み出された不可解な動機に起因するのでもない，言わば社会的な影響のまったくないところで罪を犯す加害者。彼らはもはや理解されるべき対象なのではなく，断罪され，排除されるだけの存在として見なされていくことになるのです。
　他方で，1990年代以降に犯罪報道において重視されるようになったのが被害者です。そこで次に，この被害者報道のあり方に目を向けることにしましょう。

2　被害者の選別

　被害者の救済　犯罪報道において加害者が重視されてきた背景の一つには，犯罪に対する国家の姿勢があったとも考えられます。前講で取り上げた社会病理学的な発想からすれば，犯罪とは社会化の失敗を意味するとともに，国家の秩序に対する挑戦でもあります。言わば，国家の秩序こそが犯罪の「被害者」なのであり，その被害を修復するためには加害者の隔離と矯正が必要になります。もちろん，秩序からの逸脱があまりに著しい場合には加害者を社会から永遠に排除するという方策が取られることもあります。以上の説明からも理解されるように，犯罪への対応において重視されていたのは国家の秩序とそこから逸脱した者との関係なのであって，犯罪の被害を実際に受けた人びとに割り振

られるのはせいぜい「目撃者」としての役割でしかなかったというのです（Goodey 2004: 13）。

　しかし，1990年代以降になると被害者やその家族（以下では，一括して被害者と記述）の救済を求める声が高まりを見せるようになり，被害者自身も声を上げるようになっていきます。結果として，事件に関する情報の開示や支援金などの制度の整備が進みました。こうした状況を反映して，被害者の悲しみに焦点を当てる報道も増えていくことになったのです。被害者重視の傾向は，日本のみならず米国や英国の犯罪報道においても生じているとの指摘もあります（Wardle 2007: 269）。

「理想的な被害者」の条件　　ただし，ここで重要なのは，報道の次元においては犯罪の被害者であっても無条件に被害者としての扱いを受けられるとは限らないという点です。犯罪報道では，読者や視聴者の同情を集めやすそうな被害者は好意的に取り上げられる一方，同情しづらく見える被害者に対してはバッシングのような扱いが行われることがあります。同情の対象となる「理想的な被害者」としてマスメディアに扱われるためには，以下の条件を満たす必要があるとも指摘されています（クリスティーエ 2004: 271-268）。①被害者が脆弱であること，②被害者が尊敬に値する行いをしていること，③被害者が非難されるような場所にいなかったこと，④加害者が大柄で邪悪であること，⑤被害者が加害者とは知り合いでないこと，⑥被害者が自らの苦境を広く知らせるだけの気力を有すること，です。

　補足すると，①については子どもや高齢者が該当しやすく，深刻な病気を患っていることも条件にあてはまりやすくします。ただし米国では，たとえ子どもであってもアフリカ系米国人の殺害は白人の子どもの殺害に比べてメディアの扱いが小さくなる傾向にあるとも指摘されており（Jewkes 2004: 94），人種やエスニシティによって「理想的な被害者」としての扱いに変化が生じる可能性も指摘できるでしょう。

　②はたとえば家族の介護をしていることなどが挙げられます。被害者のモラルの高さが共感を呼びやすくするからです。③は，深夜の盛り場などの犯罪が頻発する場所にいなかったことを意味しており，被害者側に落ち度がなかったことが示しやすくなります。④は被害者が加害者に抵抗することが困難だったことを示し，⑤も③と同じく被害者側に落ち度がなかったことを明確にします。

実際には暴力や殺人の多くが家族や知人とのあいだで発生するのですが，見ず知らずの人間から危害を加えられるという出来事は人びとの不安を煽りやすく，ニュースバリューが高いと言えるでしょう。

⑥は単に被害に遭遇するのみならず，その事実を周囲に伝えるだけの気力が被害者としての承認には必要だということです。組織的な観点から言うと，日本では 2000 年に「全国犯罪被害者の会」が結成されましたが，被害者の声が広く報じられるようになった背景にはそうした取り組みが大きな役割を果たしてきたのです。逆に言えば，そういった組織的支援を欠く人びとの声はなかなか広まらず，その被害も認識されづらいということになりがちです。

「理想的な被害者」と「理想的な加害者」　　ところで，上述の「理想的な被害者」に求められる条件のなかには加害者に関する項目が入っていました。本来であれば，見ず知らずの屈強な男性に殺害されようとも，知り合いの女性に殺害されようとも被害者の苦しみは同じはずです。にもかかわらず，加害者がいかなる人物であるのかによって被害者の扱いが変わってくるのであり，加害者が残酷で冷酷な存在であるほど，つまり人びとの憎悪をかきたてるうえで好都合な「理想的な加害者」であるほどに，被害者は「理想的な被害者」としての扱いを受けやすくなるということになります。これを裏側から見れば，被害者が「理想的な被害者」の条件を満たす同情を喚起しやすい人物であるほどに，加害者が「理想的な加害者」として憎悪の対象となる可能性が高まることにもなります（クリスティーエ 2004: 263-262）。

3　「理想的な被害者」化の帰結

「理想的な被害者」像からの逸脱　　ところで，被害者が女性であった場合には，「理想的な被害者」とされるための条件がもう一つ加わります。それは，専業主婦のような慣習的な女性の役割に従事しているというものです（Meyers 1996: 61-62）。逆に言うと，そうした役割から逸脱すると見なされた被害女性に対しては，同情どころかその落ち度を強く批判する声が高まりやすいのです。その代表例が売春婦の殺害であって，この場合にはマスメディアはしばしば被害者の非難されるべき過去を暴き出し，「普通の」被害者との差別化を図ると言われています（Marsh and Melville 2009: 107）。第 10 講で触れた東京電力の女

性社員の殺害事件では，被害女性が殺害される前に売春を行っていたということが大きくクローズアップされました。この事件の場合，被害女性が大企業の管理職という立場にあったということと売春を行っていたという二つの要素が絡まり合うことで，「理想的な被害者」どころか人格を侮辱するような報道が繰り返される結果を生んだと言えるでしょう。

このように「理想的な被害者」像からの逸脱は，被害者に対するバッシングを生じさせるのみならず，時には容疑者として扱われる可能性すら生み出します。2007年11月に香川県坂出市で発生した殺人事件を例に取ると，二人の児童とその祖母が殺害されたこの事件では，一部のマスメディアが被害児童の父親が犯人ではないかということをほのめかすような報道を行い，インターネット上でも父親への中傷が繰り返されました。その背景には，前年に秋田県で発生した連続児童殺害事件の犯人が被害児童のうちの一人の母親だったという集合的記憶が作用したことに加えて，犯人扱いされた父親が屈強そうな外見を有し，仕事をしていないと報じられたことがあったと考えられます。つまり，「理想的な被害者」像からの逸脱が，一種の冤罪を生んだのです。

「理想的な被害者」へのバッシング　　他方，「理想的な被害者」像に合致し，マスメディアから同情的な扱いを受けた被害者であっても，時に世間からバッシングに近い扱いを受ける可能性があります。「理想的な被害者」であり続けるためには，世間からの同情を受けやすいふるまいを続けていかねばならず，そこから逸脱してしまうと同情が一気に損なわれてしまうのです。この点については，飛行機事故で3人の家族を失った被害者が次のように述べています。

> 世間には勝手な被害者像があります。私が笑うと「あんなことがあったのに平気なのね」。ピンク色の服を着ると「もう大丈夫なの」。たまたま車を買い換えると「慰謝料が入ったの？」。……遺族は，そんなにいつも下を向いて，小さくなっていないといけないのでしょうか。(高橋／河原編 2005: 92)

同様に，1999年4月に山口県光市で発生した母子殺害事件の遺族男性も「あのひと家族をなくしたのにもう楽しんでるよ，と陰で言うような偏見が日本社会には根強い。例えば笑っているところを人に見られたらどうしようと思う」と語っています（『AERA』2004年4月26日号）。

同情の対象だった被害者がバッシングの対象になったり，陰口を叩かれたりするような状況はなぜ生まれるのでしょうか。もともと，他人への同情が生まれやすいのは，他人が不幸な境遇によって一方的に苦しめられるだけの「客体」である場合だと言われています（奥村 1998: 112）。つまり，悲惨な状況になすすべもなく翻弄されるかわいそうな存在である場合に同情は集まりやすいということです。これは先に挙げた「理想的な被害者」の条件の①および④とも合致します。かくして被害者は被害によって苦しめられるのみならず，同情してもらう「客体」となり，同情を寄せる側は同情してあげる「主体」としての立場に立つことになります。こうした非対称な関係のもとでは，同情を寄せる側はその対象に対して「かわいそうな被害者」であり続けることを暗黙のうちに求めてしまうのです。

　しかし，もちろん被害者も人間ですから「かわいそうな被害者」という受け身のイメージに合致しない行動をとることもあります。言い換えれば，自発的な意志によって被害者が主体としてふるまう可能性はつねに存在するのです。しかし，そうなると同情を寄せていた側が逆に客体の側に座らされ，主体としての地位が脅かされる可能性も出てきます。一方的に要求を聞かされたり，何らかの要求をされたりする側にまわるという可能性です。そうなったとき，「ずるい」「がめつい」といったネガティブなイメージが一気に噴出してしまうことになるのです（前掲書: 116）。

　2004 年 5 月に小泉首相（当時）が北朝鮮を訪問したさい，拉致被害者の家族会が日本政府の対応を批判する映像がテレビで流れると，家族会に対する批判が殺到したことはその一例と言えるでしょう（『朝日新聞』2004 年 5 月 27 日朝刊）。政府に「助けてもらう」客体的な存在ではなく，政府に「要求している」主体的な立場にあるように見えたことが，かわいそうな被害者像からの逸脱に映ったと考えられます。

　刑事事件ではありませんが，福島原発事故で避難生活を強いられている人びとに対して当初は同情的だったにもかかわらず，選挙などのさいに自らの意に沿わない行動を被災者の人たちがとったという理由で厳しい批判を始める人は，インターネット上でも少なくありませんでした。これも被災者を「かわいそうな被害者」としてのみ眺め，自分の考えとは異なる言動を行いうる存在としては見なしていなかったことの表れと言えるでしょう。以上のように，「理想的な被害者」はそのイメージをニュースの受け手が快適に消費しうる場合にのみ

「理想的」であり続けることができるのです。

4 不可視化される犯罪

「福祉の最後の砦」　加害者がモンスター化され，「理想的な被害者」と対比されるような状況のなかでは，そのイメージに合致しない多くの加害者は注目されることが少なくなります。その結果，一般的に共有される加害者のイメージと，実際に刑務所に収監されている人びととのギャップがどんどん大きくなっているとも指摘されています（浜井／芹沢 2006: 198）。世間の注目を集める事件の場合，その加害者には粗暴，狡猾，残酷，不気味といった負のイメージが与えられ，あたかもそれが犯罪者一般の姿であるかのような印象を広げる要因となります。しかし，2015年上半期に65歳以上の高齢者による犯罪件数が14～19歳の青少年のそれを上回ったことに象徴されるように（『読売新聞』2015年7月16日朝刊），刑務所の収監者のあいだでも高齢化が進んでいます。のみならず，福祉制度の網からこぼれ落ちた障がい者や，労働市場からはじき出された外国人も収監されており，刑務所こそが言わば「福祉の最後の砦」になっているというのです（浜井／芹沢 2006: 214）。

障がい者による犯罪　外国人の犯罪については第18講で改めて論じることにして，ここでは障がい者の犯罪について見ておきましょう。障がい者が刑務所に収監されるケースは珍しくなく，差別や貧困に苦しんだ結果として刑務所が一番暮らしやすいと語るようになる障がい者や，自らが刑務所のなかにいると自覚していない障がい者，あるいは他者とのコミュニケーションがほとんどできない障がい者が収監されていると言われます。この点を踏まえて，収賄容疑により実刑判決を受けて服役した経験をもつ元国会議員の山本譲司は，次のように述べています。

> 障害者（ママ）による犯罪が報道されてこなかったこともあって，多くの触法障害者が，「この社会にはいない者」として捉えられている。日本のマスコミは，努力する障害者については，美談として頻繁に取り上げる。……だが一方で，健常者と同じように，問題行動を起こす障害者もいる。……障害者が起こした犯罪そのものをマスコミが隠蔽（いんぺい）しているため，多くの福祉関係者は，近辺に触法障害

者が現れたとしても，彼らを極めて特異な存在として受け取り，福祉的支援の対象から外してしまうのだ。こうした状況のなかでは，罪を犯した障害者の親族までもが匙(さじ)を投げざるを得なくなる。(山本 2006: 215-216)

　山本はさらに，このような問題が起きるより根本的な要因として，寝たきりのような重度の障がい者に福祉的支援が集中し，軽度の障がい者への支援が十分に行われていないことを指摘しています。

　もっとも，障がい者の犯罪については，報道のあり方いかんでは差別や偏見を助長してしまいかねません。しかし，それを恐れるあまり単に報道を控えるだけなのであれば，上述したような問題そのものの不可視化につながってしまいます。障がい者のみならず高齢者や外国人についても同様の難問を指摘することができます。

　いかにすれば差別や偏見を助長することなく社会問題として提起できるのか。これは次講で取り上げる貧困に関する報道にもつきまとう難題なのです。

第17講

メディアは貧困を再生産するのか

1 経済格差と貧困

見えにくい貧困　21世紀に入り，日本でも「格差」や「貧困」が再び語られるようになってきました。経済格差は広がっているのか，格差の広がりは良くないことなのか，あるいは貧困が本当に深刻化しているのかについては様々な見解が存在します。「やる気」を生み出すために収入の格差は必要だが貧困は解決すべき問題である，日本の経済格差は貧困層と富裕層との格差の増大というよりも高齢化の進行によるものである，開発途上国における貧困と比較すれば日本の貧困などは問題のうちに入らないなどといった見解も提示されています。

現代における貧困問題の難しさの一つは，それが多くの人びとにとって見えづらいという点にあります。どこに住むか，どこで教育を受けるかということが，生まれついた家庭によって大きく左右されるからです。高級住宅地で育ち，私立の学校に通って大学まで進み，大手企業に就職するような場合，貧困の存在を身近に感じる機会はどうしても制約されがちです。住む場所や人生の歩みが階層によって分断されている状況では，他の階層に属する人たちの生き方はより間接的な手段，典型的にはメディアを通じて知るしかありません（Larsen 2013: 126）。

ところが，マスメディアで働く人びとは恵まれた階層の出身であることが多く，そのために報道においても貧困問題は軽視されがちだという指摘があります（Jones 2012: 28）。実際，「子どもの貧困」というテーマをNHKの番組で取り上げたディレクターは次のように述べています。

> （番組作りで苦労したことは：引用者）まずは企画を通すことですね（苦笑）。5年ほど前から上司に「子どもの貧困」を取りあげたいと提案はしていたのです

が，なかなか通らなかったんです。まだまだ「子どもの貧困」の深刻さが知られていなくて，「本当にそんなことあるの？」といった反応が多かったです。

(新井 2014)

　階層によって分断された社会において，マスメディアが貧困層の実情を伝える努力を怠れば，自分たち自身の生活実感を根拠に「貧困とは遠い国の問題」という発想がそれ以外の階層で蔓延することは必然と言ってもよいでしょう。しかし，現代の日本においても6人に1人の子どもが相対的貧困[1]の状態にあり，先進国のなかでもかなり高率であることが指摘されています（山野 2014: 27）。近年では子どもの貧困が社会問題化したこともあり，マスメディアによる報道も増えてはいます。その一方で，この問題にのみ関心が高まることは，万人が貧困から自由であるべきだという理念を切り崩してしまうのみならず，低賃金，不完全雇用，雇用の不安定化などの貧困にまつわる構造的な問題から人びとの関心を逸らしてしまうことにつながるのではないかという懸念も寄せられています（Redden 2014: 11）。

　貧困の連鎖　　経済格差が問題となるさいにしばしば語られるのが，「機会の平等は必要だが，結果の平等は不必要だ」といった主張です。つまり，経済的な競争を行うにあたって全員が同じスタートラインにつくことは必要だが，競争の結果として得られる報酬には開きがあってもよいということです。結果の平等については「悪平等」といった言葉で語られることもあります（佐藤 2002: 72）。

　しかし，実際には機会の平等と結果の平等とを完全に切り離すことはできません。というのも，結果の不平等が増せば増すほど，次世代における機会の平等を達成することは困難になっていくからです（Rothstein and Uslaner 2005: 43）。現代社会では学歴の高い人がより多くの報酬を得られる職業に就く傾向にありますが，親の年収や学歴と子どもの成績とが強く相関することはよく知られています（苅谷 1995: 80; 国立大学法人お茶の水女子大学 2014）。つまり，経済的に豊かな家庭に生まれた子どもはその後も豊かな生活を送ることが多いのに対し，貧しい家庭に生まれた子どもはその後も報酬の低い仕事に従事せざるをえない傾向が存在するのです。これが**貧困の連鎖**です。

　ところが，高い学歴を得るためにはそれなりの努力も必要となるため，高学

歴者は現在の地位は自らの努力だけで勝ち得たものだと主張し，学力による選抜システムが生まれによる不平等を再生産しているという事実を認めたがらないということにもなります。「自分は頑張って受験勉強をしたわけで，いい大学に入れなかった連中は努力が足りなかったのだ」という発想です。こうした発想から抜け落ちるのは，親が子どもの勉学に対してきわめて後ろ向きであったり，勉学に必要な空間的，時間的，金銭的余裕を欠いた子どもたちが日本にもたくさんいるという事実です。

　データで見ても，経済格差の大きい米国や英国と比較した場合，様々な制度を通して結果の平等の実現に労力を割いている北欧諸国のほうが，親の所得が子どもの所得に与える影響は小さいことがわかります（エスピン=アンデルセン 2011: 122）。つまり，貧しい家庭に生まれたとしてもその後の努力によって高い所得を得られるようになる可能性が高いのは，ある程度まで結果の平等を保証している社会なのです。

2　貧困者とはいかなる存在か

自己責任か，社会の犠牲者か　　貧しい人たちをいかなる存在として捉えるのかは，それを論じる者の政治的な立場によって大きく影響される傾向にあります。たとえば，資本主義社会における自由競争を重視し，競争の勝者はそれに見合った報酬を受け取るべきだと考える立場からすれば，貧しい人たちは競争に敗れた存在でしかありません。つまり，彼らが貧しいのは怠け者だったり，モラルが欠けていたりするからであり，その責任は彼ら自身にある（バウマン 2008: 148）。したがって，支援の手を安易に差し伸べることは彼らを甘やかし，かえって駄目にしてしまうということになりかねない。貧困を減らすには彼ら自身の考え方や慣習を改めることが必要であり，ただ現金を給付するようなやり方では福祉制度への依存をもたらすだけで貧困をかえって永続化させてしまう，というのです。

　他方で，資本主義社会それ自体が貧困をもたらすという立場からすれば，貧しい人びとはむしろ犠牲者と見なされます。資本主義的な自由競争のもとでは必然的に富が一部の人びとに集中し，多くの人びとは貧困に陥るようになる。貧困の連鎖が生じている状況下においては，貧困者自身の責任ばかりを論じるのは一面的な主張だと言わざるをえない。生まれによって格差が生じているの

であれば，機会の平等を重視する立場から言っても何らかのかたちで是正を図る必要がある，ということになります。

　資本主義を放棄し，別の経済体制への移行を目指すという大胆な変革を目指す方向性もありえますが，より穏健な方策としては，税による富の再分配や福祉を通じて自由競争の歪みを是正するという方向性も考えられます。いずれにせよ，社会の側の問題を重視する立場からすると，貧困者はなにより支援されるべき存在なのであり，彼らの考え方や習慣の改善といった問題意識は弱くなりがちです。

　相反する貧困者のイメージ　このように貧困者自身の責任を強調する立場と，資本主義社会の問題を重視する立場とでは，想定される貧困者のイメージが大きく異なる傾向にあります。前者の立場からは**支援に値しない貧困者**（undeserving poor），後者の立場からは**支援に値する貧困者**（deserving poor）というイメージが生み出されやすいのです。前者のイメージの典型的なものは「働けるにもかかわらず働こうとせず，福祉給付によって与えられた現金を酒や遊びに使ってしまう人物」というものです。たとえば，NHK の取材班による著作では 50 代の生活保護受給者の暮らしが次のように描き出されています。

> （生活保護受給者の：引用者）部屋に入って目に飛び込んでくるのは，32 インチの液晶テレビ。そして棚を埋め尽くす DVD。
> 「300 本ぐらいあるで，このテレビもええやろ」
> 　テレビは，働いていた時に買ったもの。趣味の DVD には，月に 2 万～3 万円を支払うこともあるという。ほとんどの時間を部屋で過ごし，映画を見続けて，気がつけば一日が終わっているという。……
> 「正直，北海道の果てか，尖閣諸島に行けとでも言われない限り，仕事をする気にはならないよ」（NHK 取材班 2012: 18-19）

　また，日本ではそれほど一般的ではありませんが，「支援に値しない貧困者」のイメージとして「福祉目当てに子どもを産むシングルマザー」も挙げられます。子どもがいれば福祉受給や公共住宅の割当てで優遇されるため，わざと妊娠して福祉にたかっている女性がいるというのです。こうしたイメージが広く共有されれば，貧困とは自己責任であり，福祉による支援は甘えを助長するだ

けだという主張がぜん説得力を帯びることになります。

　他方，後者の「支援に値する貧困者」のイメージからは，懸命に働き，倹約に励みつつも生活苦から抜け出せない人びとの姿が伝えられることになります。つまり，自分自身ではどうしようもない要因によって貧困に追い込まれているというイメージです。こうしたイメージを補強する報道としては，次のようなものを挙げることができます。

> 大阪府内で生活保護を受けている女性（74）は，4畳半のアパートで一人暮らしをしている。20年ほど前，夫の暴力が原因で離婚した。離婚前に夫が自分名義で借りていた借金が約1千万円もあり，離婚後も住み込みの家政婦として返済に追われた。年金保険料を払う余裕はなく，年金は受け取れない。清掃の仕事で働いて月5万円ほど稼ぎ，それでも足りない数万円分の生活保護をもらった。だが，その仕事も70歳の時に高齢を理由に辞めさせられた。今は杖がないと歩けず働けない。生活保護で約6万9千円の生活費と約3万円の住宅費が頼りだ。（『朝日新聞』2012年12月12日朝刊）

　この記事に示されるように，本人の努力では克服しがたい要因によって貧困に陥るのであれば，福祉による支援が必要だという主張の説得力は増すことになります。

　以上のことから，福祉に批判的な政治勢力は「支援に値しない貧困者」のイメージを，福祉の拡大を求める政治勢力は「支援に値する貧困者」のイメージをそれぞれ広めようとします。貧困者についていかなるイメージを描くかは，それ自体が政治的な行為なのです。

3　選別の逆説

「支援に値する貧困者」の条件　　これまで「支援に値しない／値する貧困者」のイメージ構築について述べてきましたが，貧困者自身の属性や態度によってもどちらに割り振られやすくなるのかは変化します。ヨーロッパ諸国での意識調査では，もっとも多くの人びとから「支援に値する貧困者」と見なされやすいのが高齢者であり，次に病人および障がい者，子どもを抱えた貧困家庭，失業者と続くのに対し，移民がそのように見なされる可能性は低いという結果

が示されています（van Oorschot 2008）。高齢者の貧困に対しては同情が集まりやすい一方，移民の貧困に対する支援は強い反発を生じさせやすいということです。

前講で取り上げた「理想的な被害者」の条件にも似ていますが，こうした調査結果を踏まえて「支援に値する貧困者」と見なされるための条件も論じられています（Larsen 2013: 188）。それによれば，①自分たち自身のせいで貧困に陥ったわけではないこと，②病人や障がい者のように支援の必要性が高いと判断されること，③自分たちと同じ集団に所属していると見なされること，④支援に対して感謝を示していること，⑤過去に税金の支払いなどを通じて集団的な利益に貢献していた実績があること，という条件を満たす人びとは「支援に値する貧困者」と見なされやすいというのです。

「支援に値する貧困者」の条件を明らかに満たす存在として挙げられるのが，生活に困窮する帰還兵や戦死した兵士の遺族です（前掲書: 189）。上記の条件に照らし合わせてみると，彼らは①自分たちが戦争を始めたわけではなく，貧困に陥ったのも彼ら自身の責任とは言いがたい，②明らかに生活に困窮しており支援が必要である，③「われわれ」の国家のために戦った兵士か，その遺族である，⑤生命を危機に晒すことで国家に対する究極の貢献を行った，ということになります。それゆえに帰還兵や遺族を支援する制度に対しては世論の支持を獲得しやすいというのです。

「ほんとうに支援が必要な人」の選別　以上のように，貧困者が支援に値するかどうかの判断は，対象となる人の属性や態度によって大きく変化します。それもあって，「ほんとうに支援が必要な人」だけを選び出し，彼らにだけ支援を与えるべきだという主張がしばしば行われることになります。とりわけ福祉依存に関する問題がさかんに語られるなかでは，そういった主張は説得力を増していきます。NHKの取材班によって取り上げられた先の生活保護受給者の場合であれば，「支援に値しない貧困者」として保護を打ち切るか，テレビやDVDを全部没収してから保護すべきだという話になるかもしれません。

しかし，「ほんとうに支援が必要な人」だけを選び出すという方法は大きなジレンマを抱えています。先に述べたように，「支援に値する貧困者」と見なされやすいのは，自分自身ではどうしようもない理由によって生活を営むことが困難だと考えられる人たちです。したがって，支援を受けるためには自分の

無力さをアピールしなくてはならないという状況が生まれるのです（Anderson 1999: 306）。第15講で紹介したラベリング理論の観点からすれば，「ほんとうに支援が必要な人」だけを支援するという論理そのものが，無力な貧困者というスティグマ（烙印）を貧困者に受け入れるよう促すことで「ほんとうに支援が必要な人」を生み出してしまうのです。加えて，生活保護受給者に娯楽や嗜好品を禁止することによって「ほんとうに支援が必要な人」であり続けさせようというやり方では，その人が自立するのに必要なエネルギーまでも奪い取ってしまうことにもなりかねません。

「貧困者」というレッテル　そもそも，「貧困者」というのは強烈な負のレッテルです。日本でも生活保護の受給者はしばしば偏見に晒されますし，いわれのない中傷を受けることも多々あります。そのため，生活保護の受給資格を持っている人でもそうした負のレッテルを嫌って申請しない人が数多く存在し，結果として国の負担が抑えられているという側面もあります。けれども，そのことが時にほんとうに支援が必要な人を福祉から遠ざけてしまい，餓死や児童虐待，育児放棄のような出来事を招いていることは忘れるべきではありません。

さらに，貧困者に対するそのような偏見が，貧困者が自立するためのエネルギーを奪っているという指摘も行われています（リスター 2011: 148）。貧困者を社会にとっての負担として，あるいは道徳的堕落の象徴として位置づける見解が広く共有されることで，自立にとって必要となる自尊心を奪ってしまうというのです。同様の現象は貧困者の無力さを強調し，人びとの哀れみを誘うことで支援の必要性を訴えようとする「良心的な」報道によっても生じうることは，重要な問題として認識されるべきでしょう。

4　不信と格差の悪循環

経済格差と信頼　ところで，経済格差の広がりは人びとのあいだの信頼を損なうと言われています（Uslaner 2002: 186）。多くの社会調査では「たいていの人は信頼できると思いますか」という趣旨の質問が行われるのですが，経済格差の大きな国ほどこの質問に否定的な回答をする人の割合が高くなる傾向にあるのです。また，英国や米国などではここ数十年のあいだに経済格差が広がってきたのに伴って「たいていの人は信頼できる」と回答する人の割合が低下

第3部　社会問題とメディア

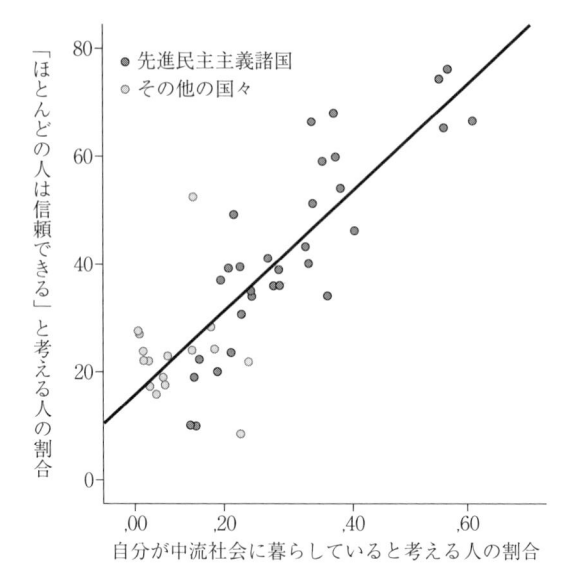

世界価値観調査（WVS）および国際社会調査プログラム（ISSP）における1999-2000年前後と2008-2009年前後の調査結果に基づく。サンプル数50カ国，相関係数0.84。
（出典）Larsen, C.（2013）*The Rise and Fall of Social Cohesion: The Construction and Deconstruction of Social Trust in the US, UK, Sweden and Denmark*, Oxford University Press, p. 100より作成。

図17-1　他者への信頼と中流社会イメージの相関

しているのに対し，格差の小さいデンマークやスウェーデンでは逆にその割合が上昇しています（Larsen 2013: 15）。

　ここで注目したいのは，他者への信頼はジニ係数[2]によって示される経済格差の実際の大きさからよりも，格差の大きさに対する人びとの認識とより強い相関関係にあるという指摘です（Larsen 2013: 94）。つまり，自分の国を格差の小さな中流社会としてイメージしている人の割合が高いほど，他者を信頼すると回答する人の割合も高くなるというのです（図17-1）。逆に言えば，大多数の人びとが低所得層である格差の大きな社会に自分は暮らしていると考える人の割合が高いほど，他者を信頼する人の割合は低くなる傾向にあります。この点からすると，マスメディアが格差の広がりを強調するほどに他者への信頼が低下していく可能性も指摘できます。

　それではなぜ，経済格差の存在が強く意識されている社会では他者を信頼す

る人の割合が低下するのでしょうか。その説明としては，それぞれの階層に向けられるイメージの問題が挙げられます。格差の大きな社会では通常のやり方では豊かになることが難しいため，富裕層は何らかの不正な手段によってその地位を手に入れたに違いないと多くの人びとが不信感を抱くようになります（Rothstein and Uslaner 2005: 69）。それに対し，中間層の人びとは社会的な信頼を大切にして生きていると考えられる傾向にあり，それゆえに信頼されやすいというのです（Larsen 2013: 88）。低所得層に関しては「不正をしても失うものがない」と見なされがちであり，それゆえに信頼することが難しいとされます。低所得層についてのネガティブなイメージ構築がそうした不信感を増大させることは言うまでもありません。かくして，富裕層と低所得層に二極化し，中間層が少ないという社会像が共有されるほどに，他者への信頼は損なわれていくと考えられています。

格差と不信の悪循環　このように経済格差に対する意識と他者への不信とが結びつくのであれば，困った状況が生じることになります。まず，経済格差を是正するためには大規模な富の再分配や福祉制度が必要です。ある程度までは結果の平等を保証することで機会の平等の実現が促進されることも先に述べた通りです。

　第2講で論じたように，先進国での福祉制度の発達は，総力戦の遂行のための大規模な軍事的動員と深く結びついていました。しかし見方を変えれば，大規模な軍事的動員によって培われた国民内部での信頼感があったからこそ，福祉の必要性を世論に納得させることができたと言うことも可能です。先にも述べたように，帰還兵や戦死した兵士の遺族が「支援に値する貧困者」と見なされやすいというのはその一例です。逆に，そうした信頼が損なわれてしまうと福祉の維持や拡充はきわめて困難になっていきます（Uslaner 2002: 221; 吉田 2014: 230）。

　なかでも，福祉の利用者が貧困層に集中するような制度形態をとっている国では，制度に対する疑念が蔓延しやすい傾向にあります（Rothstein 1998: 159）。多くの人びとにとって福祉とは自分たちが支払った税金を「自分たち以外の誰か」が使う制度であり，その利用が適切に行われていないのではないかという疑念を引き寄せやすいのです。運営主体である政府の職員が汚職に手を染めていたり，非効率的な業務を行っていたりするのではないかという疑念，あるい

は資格のない人が偽って受給していたり，受給資格はあってもせっかくの給付金を無駄に使う「支援に値しない貧困者」が増加したりしているのではないかという疑念が頻繁に生じます。経済格差の広がりによる不信感の増大は，こういった疑念をさらに膨張させ，制度の拡大はおろか存続すらも難しくしてしまいます。

以上のように，経済格差が広がることで他者に対する信頼が損なわれてしまうと，経済格差を是正するのに必要な制度の存続や拡張が困難になり，結果的に経済格差がさらに拡大していく……という悪循環が生じてしまいかねません（Rothstein and Uslaner 2005: 70）。多くの人びとが格差の縮小を望んでいながらも，お互いを信じることができないために望ましい制度を実現することができないというジレンマが生まれるのです。自由競争が重視され，福祉が嫌われる傾向にある米国ですら，大多数の人びとは格差の小さな社会を望んでいるにもかかわらず，です（Larsen 2013: 19）。

人種的偏見と福祉への反発　　他者への信頼が低下する背景に富裕層や貧困層に関するネガティブなイメージがあるのだとすれば，マスメディアも何らかの役割を果たしていると考えられます。実際，米国や英国のように格差の大きな社会と，デンマークやスウェーデンのように格差の小さな社会における貧困報道を比較した研究では，前者では貧困層が「支援に値しない貧困者」として描かれる傾向が強かったのに対して，後者では「支援に値する貧困者」として描かれ，貧困がより制度的な問題として位置づけられる傾向にあったという知見が示されています（Larsen 2013: 148-150）。米国や英国の場合，働いていても貧困に苦しんでいる人びと，いわゆる**ワーキングプア**が貧困層のかなりの割合を占めているにもかかわらず，貧困報道で取り上げられるのは大部分が失業者である。他方，デンマークやスウェーデンでは貧困層に占めるワーキングプアの割合が非常に低いのに，報道で取り上げられる割合は高い，というのです。

さらに米国の場合，貧困層に対するネガティブなイメージと人種的な偏見が深く結びついていると論じられています（Gilens 1999）。意識調査によれば，米国人の多くは米国の人口全体や貧困層に占めるアフリカ系米国人の割合をかなり過大に見積もっています。さらに，アフリカ系米国人は米国で大切にされてきた労働倫理を持たず，仕事に対する熱意に欠けるとも認識されています。そのことが，福祉制度を拡充しても得をするのはアフリカ系米国人ばかりだとい

う発想を生み出す傾向にあるというのです。事実，米国の福祉受給者のほとんどはアフリカ系米国人だと認識している人ほど，貧困者は支援に値しない存在だと考え，福祉に反対する傾向が強くなるという調査結果も示されています（前掲書: 140）。

そして，貧困に関するそのようなイメージが広がるうえで大きな役割を果たしたのがマスメディアです。米国における貧困報道の分析によると，1960年代までアフリカ系米国人の貧困は無視される傾向にありました（前掲書: 102）。ところが，1960年代に入って多くのアフリカ系米国人が米国北部へと移動するとともに，それまでは締め出されてきた福祉制度をより頻繁に利用するようになると，マスメディア報道を通じて彼らの貧困が一気に社会問題化します。それどころか，米国の貧困問題とは要するにアフリカ系米国人の問題なのだという認識が広がり，言わば「貧困問題の人種化」が進んでいったのです。

「貧困者」バッシングの政治　　もっとも，貧困者に関するネガティブなイメージが必ずしも人種的な偏見と結びつくとは限りません。たとえば英国における貧困報道の場合，福祉に依存して生きる「支援に値しない貧困者」のイメージはエスニック・マイノリティと結びつけられることも多い一方，白人の労働者ともしばしば結びつけられます（Golding and Middleton 1982: 77; Larsen 2013: 177）。イギリスでは貧困者に対するそうしたバッシングが，福祉の削減を進めるうえで重要な役割を果たしたというのです。

日本でも2012年には有名タレントの親族が生活保護を受給しているという報道が大々的に行われ，「支援に値しない貧困者」のイメージを広げるとともに，福祉依存が問題化されるうえで大きな役割を果たしました。2013年1月に決定された生活保護受給者への支給額の削減は，そうした「世論」の追い風を利用していたとも指摘されています（山野 2014: 173）。また，排外主義的な運動や，一部の政治家からは外国籍の人びとによる生活保護受給を攻撃する動きも出てきています。

先述のように，貧しい人びとのイメージをどう描くかは，それ自体がきわめて政治的な側面を持っています。利己的で怠惰な存在として描くやり方も，憐れむべきかわいそうな犠牲者として描くやり方も，それぞれに大きな問題を抱えています。そしてこのイメージに関わる問題は，差別や偏見のみならず，社会が貧困とどう向き合っていくのかという課題とも密接に関わっているのです。

注
（1） 人口一人あたりで計算した可処分所得の平均値ではなく中央値の50％（貧困ライン）以下の所得で生活しているということ。日本における17歳以下の子どもの相対的貧困率は1985年に10.9％だったのに対し，2009年には15.7％まで上昇している（厚生労働省調べ）。相対的貧困に関しては「社会全体の所得が上がれば貧困ラインも上昇するため，相対的貧困はなくならない」といった誤解がなされることも多いので，詳しく知りたい人は山野（2014）を参照のこと。
（2） 所得格差の大きさを示すために用いられる指標の一つ。0から1のあいだの値をとり，値が大きいほどに不平等だとされる。日本においては1980年代からジニ係数が上昇し始めたが，その大きな要因としては公的年金（所得として計算されない）などで生活する高齢者の比率が高まってきたことがあるとされる（『日本経済新聞』2013年10月12日朝刊）。また，税金や社会保障制度による所得再分配によって格差の拡大は一定程度に抑えられている。ただし，再分配によって若年層から高齢層への所得移転が行われていることに加えて，若年層に限って見た場合には近年においてジニ係数が大きく上昇していることから，子育て世帯を含む若年層の貧困問題が重要な社会問題として認識されるようになっている。

第 18 講

メディアは排外主義といかなる関係にあるのか

1 排外主義の高まり

移民への反発　近年，移民や難民の流入によって先進諸国では**排外主義**，つまり自国から外国人を追い出そうという動きが強まっています。文化や言語，宗教が異なる人びとがたくさんやってくることで，生活習慣や価値観の違いによる摩擦が発生したり，犯罪の増加に対する不安が広がったりしていることがその背景にあると言えます。ヨーロッパにおけるイスラム教過激派のテロは，そういった排外主義の広がりにおいても大きな役割を果たしています。

加えて，自分たちが高い税金を支払うことで維持してきた福祉制度が移民によって濫用されているのではないかという不満もヨーロッパを中心に広がりを見せています。つまり，福祉制度の維持に貢献することなく「ただ乗り」している外国人がたくさんいるのではないかというのです。このように福祉制度を守るという理由づけによって外国人を排斥しようとする動きは**福祉ショーヴィニズム**と呼ばれることがあります（宮本 2013: 156-157）。

福祉ショーヴィニズムに象徴されるように，先進諸国において排外主義的な動きが高揚している背景には，国民共同体の原理がもはや自分たちを守ってくれないのではないかという不安があると指摘されます（ハージ 2008: 43）。「豊かな国の一員である」ことによって守られてきた自分たちの暮らしが，グローバルな資本主義とそれに伴う競争や格差の拡大によって脅かされているという不安が広がっており，国民共同体を外部から脅かしているように見える存在（＝移民）への反発を生じさせているのではないかというのです。

日本における排外主義　日本においても排外主義的な動きは顕著になってきています。ただし，日本における排外主義は他の先進国のそれとは違った特徴も有しています。一つには，他国の排外主義が近年における移民の流入と密

接に関係しているのに対して，日本の排外主義は何十年も前から日本に居住し，外国人登録者数の上では減少してきている在日コリアンを主要なターゲットとしていることが挙げられます。その背景には，日本における排外主義には「移民の増加による生活不安」よりも，イデオロギー的な要因が強く働いていることがあります。この点については後述します。ただし，移民の流入に対する反発にしても，経済構造の変化にともなって生じた諸問題のスケープゴートにされているにすぎないという指摘が数多くなされています。

　もう一つの特徴は，海外ではマイノリティ（少数者）に対する差別には何らかの規制が行われ，彼らに対する**ヘイトスピーチ**は刑事罰の対象となることも多いのに対し，2015年12月現在の日本ではそういった規制が欠けているためにほぼ野放しになってしまっているという点にあります。ここではヘイトスピーチを「人種，民族，国籍，性などの属性を有するマイノリティの集団もしくは個人に対し，その属性を理由とする差別的表現」としておきます（師岡2013: 48）。日本でもヘイトスピーチの法的規制に向けた動きも見られますが，その一方で規制は「言論の自由」を損なうのではないか，言論の是非を政府当局の裁量に委ねてしまうことはマイノリティ自身の言論にとっても危機をもたらすのではないかといった懸念も寄せられています。

　いずれにせよ，外国人に対する排外主義が広がるにあたって，メディアは重要な役割を果たしています。外国人に対する反感は，実際に移民と頻繁に接触することによってもたらされるというよりも，メディア報道などを通じてもたらされた「認知」に起因することのほうが多いからです（島田 2011: 7）。つまり，排外主義が高揚する背景には，メディアによって作り上げられた外国人像や不安が強く働いているのです。

2　「差別ではなく区別」?

　外国人犯罪の過大視　　排外主義を正当化するためにしばしば語られる言葉が「差別ではなく区別」というものです。使う人によってそのニュアンスは異なりますが，一つの意味としては「差別には根拠がないが，区別には根拠がある」ということになるかと思います。たとえば外国人による犯罪が増えるのであれば彼らを追い出すことも正当化されるのであり，これは差別ではないという論理がそれに該当します。

しかしここでまず注意すべきは、「差別ではなく区別」という主張で持ち出される根拠に往々にしてデマや誇張が含まれているという点です。日本でも外国人犯罪が問題視されることが多く、意識調査において「日本で起きる犯罪のうち、外国人によるものの割合」を尋ねたところ、平均で26％、半分以上が外国人によるものだと答えた回答者もいたと報告されています（Richey 2010: 202）。しかし、『犯罪白書』の統計によると、一般刑法犯（刑法によって罰せられる窃盗や殺人等の罪を犯した者）と特別法犯（軽犯罪法違反、銃刀法違反、風営適正化法などの違反者。ただし、交通法令違反者を除く）のうち、外国人が占める割合は、来日して3カ月以内の外国人と永住者や在日米軍関係者などを合わせても5％前後で推移しています。さらに、永住者や在日米軍関係者などが占める割合は過去25年以上にわたって2％以下にとどまっています。つまり、日本で起きる犯罪のほとんどは日本人によるものであるにもかかわらず、外国人犯罪の割合が過剰に見積もられる傾向にあるのです。

　こうした現象が起きる理由の一つとして、マスメディア報道の特性が挙げられます。日本国内で起きた日本人による犯罪の場合、何らかの事情がない限りそれが日本人によるものだとわざわざ示されることはありません。自明の事柄であるために情報としての価値がなく、それを受け取る側の記憶にも残らないのです。他方、外国人による犯罪が報道される場合、その犯罪と出自とのあいだに何の関係もなかったとしても、特に理由がない限りは外国人によるものであることが明記される傾向にあります。そのため、外国人の犯罪はどうしても記憶に残りやすく、外国人犯罪の過大視をもたらす一因になっているとも考えられます。こういった現象が生じるのは日本に限った話ではなく、出自と犯罪の原因とが直接に関係しないのであれば、外国人による犯罪でもその出自を報じるべきではないとの主張が行われることもあります（Hafez 2007: 138）。特定の国の出身者を中心としてマフィアのような犯罪組織が形成されているような場合にのみ、出自を報道すべきだというのです。

　もう一つの要因としては、「悪しきものは外からやってくる」という社会通念が挙げられるでしょう。つまり、犯罪などの社会問題が発生するのは、「われわれ」自身に問題があるからではなく、外部からの影響によるものだという発想です（吉野 1997: 208）。言い換えれば、自分たちが受け継いできたやり方さえ守っていれば問題が起きるはずはないという発想が、「悪しきもの」をすべて外部のせいにしてしまう論理を生み出してしまうのです。もちろんそこに

は，外国人には罪悪感が乏しく，ルールを守る意識が欠けているという偏見も作用しています。

「統計的差別」という問題　さらに重要なのは，貧困や失業などを理由としてマイノリティは犯罪に手を染めやすいという統計的な傾向が仮に確認されたとしても，一人の人間としてのマイノリティに対する差別は正当化されないという点です。特定の属性を有する人びとに見られる統計的な傾向を理由に行われる差別は，**統計的差別**とも呼ばれます。女性は結婚あるいは出産を機に退職することが多いという傾向を理由として会社の人事において女性を冷遇するというのが典型的な統計的差別です。

こうした統計的差別は一見すると合理的であるように見えますが，実際には特定のカテゴリーだけを選び出し，その統計的傾向をもとに人間の全人格的な評価を決めてしまうという点で，根拠のない差別と違いはありません。個々の人間は様々なカテゴリーによって分類されうるわけですが，それらのなかから一つだけを恣意的に選び出し，それを理由に差別を正当化しようという試みは，どこまでいってもやはり差別なのです。

ただし，あるカテゴリーに基づく差別が社会に広く行き渡っている場合には，そこに属する人びとに大学での学習機会や就職機会を優先的に与えるという**積極的差別是正措置**（affirmative action）が必要とされることもあります。たとえば，米国におけるアフリカ系の人びとの場合，大学への入学基準が他の集団よりも低く設定されていたり，政府機関や自治体の採用枠が定められており，一定数が必ず採用されることになっていたりします。積極的差別是正措置に対しては他の集団に対する逆差別だという批判も根強い一方，奴隷制のような過去の仕打ちに対する補償という理由に加えて，社会のマジョリティたる白人が差別の撤廃に向けて真剣に向き合っていることをアフリカ系米国人に対して示し，社会の亀裂の拡大を防ぐというシンボリックな意味もあると指摘されています（キムリッカ 2012: 274-275）。

外国人の心がけ次第？　ところで，外国人であってもつねに差別の対象となるわけではありません。それどころか，一部の外国人が非常に高く評価されることは珍しくありません。移住先の国の文化や言語に熱心に順応（同化）し，その国のなかでも保守的な考えを支持する外国人は，外国人のみならずその国

で生まれ育った人びとも見習うべき存在として称賛される傾向にあるのです。こういった外国人は**モデル・マイノリティ**とも呼ばれ，社会に差別が存在しない証拠として，つまり努力しさえすれば外国人であっても社会に受け入れられる証拠として言及されることになります。すなわち，モデル・マイノリティが存在する以上，外国人が差別されることなく受け入れられるかどうかは彼ら自身の心がけ次第だということになるのです。

　しかし，差別を正当化しようという意図がある限り，差別のための理由づけはいくらでも見つけ出すことが可能です。たとえば，「勤勉である」というのは一般的には賞賛されるべき特質と見なされる傾向にあります。ところが，差別の対象である集団の場合には，勤勉さが意地汚さの表れとして，社会全体の労働基準を損なうふるまいとして批判の対象となりがちです（マートン 1961: 390）。安い賃金でも文句を言わず，長時間労働も厭わない移民労働者の存在は脅威と見なされやすいのです。

　また，移住先の文化や言語に同化し，ホスト国にもともと住んでいた人たちと見分けがほとんどつかない状態になったとしても，差別がなくなるとは限りません。それどころか，見分けがつかず，どこにいるのかがはっきりしないからこそ，恐怖心の煽動に利用され，迫害を生み出すことすらあるとも指摘されます（小坂井 2002: 20）。ナチスドイツによるユダヤ人迫害の場合，当時においてドイツに暮らしていたユダヤ人のあいだでは同化が進み，外見上はドイツ人との見分けがつかない人も多かったといいます。ユダヤ人に「黄色い星」のバッジを着用することが義務づけられたのもそれが理由だったというのです。

　もっと言えば，「差別されている」という事実それ自体が差別を再生産してしまうこともあります。ナチスドイツが崩壊した後になっても，あれほどの過酷な迫害が行われたからにはユダヤ人にきっと悪いところがあったに違いないと考えるドイツ人が存在したというのはその一例です（ミューラー 1978: 49）。差別を正当化しようとする主張と，それを批判する主張とが対立している場合，差別をする側の意見にも見るべき部分があるはずだというある種の「バランス感覚」によって，「差別は良くないが，差別される側にも問題がある」という一見すると穏当な結論が導かれてしまうケースも，これに該当すると言えます。

　ステレオタイプの一人歩き　　以上の点を踏まえるなら，外国人がどのようにふるまおうとも，社会の側に強固な差別への意思が存在する限り，差別はな

くならないということになります。第9講でも述べたように，そもそも差別的な主張のなかで描き出されるマイノリティの姿と，マイノリティの実像とのあいだには，ほとんどつながりは存在しないのです。そのため，極度にステレオタイプ化されたマイノリティの虚像だけが一人歩きし，人びとの不安や恐怖，あるいは軽蔑をかきたてていくということになります。

　集団に対する**ステレオタイプ**は往々にして対極的なイメージによって構成されます（Hall 1997: 263）。日本人男性に対するステレオタイプを例に取れば，空手や柔道に長けたサムライやニンジャのような強靱なイメージだけしか存在しない場合，このイメージに合わない日本人男性と遭遇すればステレオタイプは即座に崩れてしまいます。そこで，強靱なイメージに加えて，メガネをかけた出っ歯でひ弱なサラリーマンという対極的なイメージが併存することで，現実との対応関係が維持されやすくなるのです。

　このようにいったん根付いてしまったステレオタイプを覆すことは容易ではなく，マスメディアはニュースのみならず風刺画やコメディ番組，ドラマなどを通じてしばしばステレオタイプを再生産していきます。ステレオタイプのそうした再生産は意識的に行われているとは限らず，無意識的な偏見に支えられているケースも少なくないと考えられます（キムリッカ 2012: 265-266）。前講で述べたように，米国では貧困層に占めるアフリカ系米国人の割合が過大に見積もられる傾向にあり，その要因としてはマスメディアが貧困関連の報道でアフリカ系米国人を過剰に取り上げたことがあると指摘されています。そうした報道が行われる背景には，ジャーナリストもまた偏見を共有しており，貧困者について報道するさいの写真の選択でも無意識的にアフリカ系米国人の写真をより多く選んでいると指摘されています（Gilens 1999: 148）。

　ステレオタイプがつねに差別に結びつくとは限らないのですが，とりわけマイノリティにとっては深刻な問題になりがちです。恐るべき不気味な存在としてのイメージと，愚かで嘲笑しうる存在であることを示すイメージとが混在している状態は，差別を肯定するうえで好都合だからです。排除の必要性を訴えるときには前者のイメージを，嘲笑することでマイノリティに対する優越感を感じたいときには後者のイメージを呼び出すことで，差別の「正しさ」と「面白さ」の両方を語ることができるのです。

3　在日コリアンに対する差別

誰が在日コリアンを差別しているのか　　先に述べたように，近年では在日コリアンに対する差別的な運動や発言の広がりが深刻な問題として浮上するようになっています。それらの運動団体は自分たちの活動を積極的にインターネットで公開しており，検索すればYouTubeなどで彼らがどのような発言をしているのかを見ることも可能です。彼らの発言は「言論活動」とはとても言えない，それ自体が暴力である罵詈雑言や脅迫に満ちています。それでは，いったいどのような人びとがこうした運動に参加しているのでしょうか。

排外主義運動への参加者については，社会経済的に弱い立場の人びとであると言われることがあります。一般論としては，こういった主張があてはまる可能性もないわけではありません。自らの自尊心が脅かされている場合，差別を通じて自尊心を維持しようとする衝動が生まれやすいとも言われるからです。自尊心を満たすためにはいくつかの手段があります（石川 1992: 27）。もっともわかりやすい方法が，努力によって自らの価値を高めるというものです。難しい資格試験に合格したり，何らかの高度な技術を身につけたりすることは，自分には存在価値があるという感覚を得るうえで有用な手段となりえます。ところが，そのようなかたちでの自尊心の確立には大変な労力が必要になりますし，つねに成功するとも限りません。それに対し，他者の価値を切り下げることで自分の価値を相対的に高めるという方法，つまり差別は，手っ取り早く自尊心を手に入れるために効率的な手段だというのです。この点を踏まえるなら，弱い立場にある人たちがさらに弱い立場の人たちを差別するという現象が生じる可能性もたしかに考えられます。

しかし，欧米や日本での排外主義運動の参加者に関する調査によれば，差別に関するこういった一般論は該当しないとされています（樋口 2014: 64）。日本の場合，日本の歴史観は自虐的であり，近隣諸国によって無用に貶められてきたという政治的なイデオロギーをもとから有していた人びとが，インターネットを通じて「真実」を知り，「反日」である近隣諸国や左翼勢力への反発をさらに強めていくなかで，在日コリアンが不当に優遇されているという虚構をも受け入れるようになっていったと論じられています。つまり，日本の排外主義運動の参加者が在日コリアンに向ける敵意は，彼らがもともと韓国や北朝鮮

に対して向けていた敵意が投影されたものにすぎないというのです。

そして，それと類似した態度は排外主義運動への参加者のみならず，日本政府の姿勢にも見られると指摘されています（前掲書: 193）。日本社会の住民としての在日コリアンに正面から向き合うのではなく，韓国や北朝鮮との外交関係や，国連人権規約や難民条約の批准といった国際条約に基づいてその処遇を変えてきたというのです。したがって，排外主義団体との関係性だけで在日コリアンへの差別を考えるのは視野を狭めることになる点にも注意が必要です。排外主義運動団体の活動は確かに突出していますが，その運動の背後には無数の「普通の人びと」の差別的な意識が存在しているのです。

4　サイバーカスケードと排外主義

インターネットと排外主義　　先に少し触れたように，排外主義運動にとってインターネットは自分たちのメッセージを広く伝えるための重要な手段となっています。マスメディアが伝えない「真実」がネットには存在するという信念が排外主義運動の活動家によって共有されていることはよく指摘されるところです（安田 2012: 71）。実際，ネットの使用時間が長い人ほど在日コリアンが劣っている，あるいは何らかの特権を不当に有していると考える傾向にあり，なかでも２ちゃんねるや２ちゃんねるまとめブログの利用者にその傾向が強いことを示す調査も存在しています（高 2015）。他方，ネット上で社会的発言を積極的に行う在日コリアンに対しては様々な誹謗中傷や脅迫が日常的に行われています。

ただし，こうした現象は日本でのみ見られるわけではありません。たとえば中国では，インターネット上で過激な反日ナショナリズムが高揚し，「小日本」や「鬼子」といった日本人への侮蔑語がさかんに用いられるようになる一方，そういった動きに反対する人びとに対しては「裏切り者」として嫌がらせが行われるといった事態が生じています（Conversi 2012: 1367）。

インターネットにおいて排外主義が高揚しやすい要因の一つとしては，言うまでもなく発言に対する規制が緩いことが挙げられます。マスメディア，とりわけ放送法による規制下にあるテレビ放送では問題となるような差別的発言であっても，直接的な殺害予告でもない限りネット上であれば問題なく流通してしまいます。もっとも，ネット上での差別発言がいつでも見過ごされるとは限

りません。何らかの理由によって発言が注目を集めた場合，厳しい糾弾がなされる可能性も存在しています。

「沈黙の螺旋」の弛緩　ところで，先に「自尊心を獲得するための効率的手段としての差別」について述べましたが，実際のところ差別にはリスクが伴います。第13講で論じたように「差別は良くない」という沈黙の螺旋が働いている場合，人前で差別的な発言をすることは非難や軽蔑の対象になる可能性があると認識されるからです。しかし，インターネット上で匿名による差別的な発言が流通するようになると，そういった沈黙の螺旋が崩れていきます。これまでは人前で言うことができなかった差別的な発言であっても許されるという空気が生まれてしまうのです。そうなれば，たとえ実名であってもはばかることなく差別的な発言を行う人が出てきますし，それがさらに「差別は良くない」という規範を侵食していくことにもなりかねません。

　インターネットでは同じような意見を持つ人たちがお互いに結びつき，そのなかでも極端な意見を持つ人の声が強まっていく傾向にあります（サンスティーン 2003: 85）。それぞれのグループの内部で自分たちの考えに合致する情報ばかりが流通し，合致しない情報は見えなくなっていくのです。このような情報の流れ方は**サイバーカスケード**とも呼ばれますが，これが進行するなかでは差別的な考えを持つ人たちが互いに結びつき，さらに極端な差別思想が発達していきます。そうなればヘイトスピーチが許容されるどころか推奨されるようなコミュニティがネット上に生まれ，排外主義運動を支えていくことにもなりかねません。

5　マスメディアはどう対応すべきか

報道による排外主義運動の拡大　それでは，こういった排外主義運動に対してマスメディアはどのように対応すべきなのでしょうか。第14講で取り上げたメディア多元主義論に示されるように，マスメディアには社会のなかに存在する多様な声を拾い上げて，それを社会に伝えるという役割が一般的には期待されています。政治家や官僚，大企業などの発表や主張だけを伝えるのではなく，小規模な社会運動や一般の人びとの声を広く周知させるべきだというのです。このような観点からすれば，排外主義運動による差別的な主張であって

もマスメディアは取り上げるべきだということも可能です。

　実際，排外主義的な運動の主張はセンセーショナルであることが多く，人びとの関心を集めやすいことから，マスメディアが利益を目的としてさかんにそれを取り上げるケースも存在します。運動の規模が小さく，地方議会にわずかな議席を持つにすぎない運動であっても，規模に見合わない注目を集めてしまうことがあるのです（Ellinas 2010: 3）。もちろん，そういった報道は運動に対して批判的なことが多いのですが，批判的なかたちではあっても運動の主張を幅広い読者や視聴者に伝えることによって，それに接した100人のうち2人か3人であっても新たな賛同者を増やしてしまうことがあるのです。さらに，マスメディアで取り上げられること自体が排外主義の主張を「正当な」ものとして人びとに認知させる役割を果たしうるとも言われます。排外主義政党の立場からすれば，たとえ批判的に報道されるのであっても，無視されるよりははるかに良いというのです。

　欧州の排外主義政党とマスメディアとの関係を分析した研究によれば，それらの政党の成長過程には二つの段階があるといいます（前掲書: 17-18）。第一の段階では，運動の規模が小さく，自分たちの主張に賛同してくれそうな層に接触する手段も非常に限られています。そのため，この段階ではたとえ批判的にではあってもマスメディアで主張が取り上げられることは，運動の拡大にとっては非常に有益な手段になります。そうして地方議会での議席数を増やし，やがては国政に進出していくことが可能になるのです。ただし，第二の段階になると，マスメディア報道よりも，排外主義政党がうまく自分たちの運動組織を維持，拡大できるか，あるいは既存の主要政党がどのような方針をとるかが排外主義政党の命運を大きく左右するようになります。たとえば，主要政党が排外主義政党の主張を取り入れるような場合，排外主義政党の勢いは削がれる傾向があります。もちろん，そうなれば国政そのものがより排外主義的な傾向を帯びるようになってしまうという点は忘れるべきではありません。

　こうした観点からすると，排外主義運動が第一の段階から第二の段階へと進むのを防ぐためにも，マスメディアが排外主義運動の主張内容を伝えることは論外であり，運動の存在そのものを黙殺することが望ましいということにもなります。インターネットの普及が排外主義運動による主張の拡散をある程度までは可能にしてきたとはいえ，より幅広い人びとにメッセージを伝えるという点ではマスメディアの影響力はいまだ非常に大きいからです。実際，ドイツの

マスメディアには，排外主義政党に関する報道を控えるという点ではかなりの一致が見られ，そのことが排外主義政党の国政進出を阻むうえで大きな役割を果たしていると指摘されています（前掲書: 77）。ただし，近年ではドイツにおいても，移民や難民の受け入れに批判的な政党が支持を伸ばしてきていると報じられています。

ヘイトスピーチが生み出す被害　マスメディアが排外主義運動を黙殺することによって運動の拡大をある程度まで防ぐことができたとしても，それが運動の被害者までも放置することになりかねないという点はきわめて重要です。たとえ排外主義運動の規模はそれほど大きくなくとも，それが生み出すヘイトスピーチは多くの人びとを深く傷つけてしまいます（安田 2015: 75）。ヘイトスピーチが生み出す暴力的な効果は，それをぶつけられる当事者になってみないと理解することがきわめて困難です。「言論の自由」の名のもとでこういったヘイトスピーチが放置されるのであれば，その攻撃の対象とされた人びとの「言論の自由」が脅かされてしまうことも忘れるべきではありません。在日コリアンのフリーライター，李信恵（リシネ）はヘイトスピーチを撒き散らすデモを目撃したときの経験について，次のように述べています。

> 人間じゃない，ゴキブリだから，害虫だから駆除して当然。そう路上で叫ぶ人たちが，心底恐ろしかった。そして，その怖さが吐き出せるようになるまで，とても時間がかかった。多くの仲間と出会い，安心できる場所を見つけて，ようやく本心を話せるようになった。自分もまた，沈黙させられていた一人だった。（李 2015: 94）

マスメディアが排外主義運動やヘイトスピーチを黙殺することによって，その被害までもが見えなくされてしまう点をどう考えるべきか。マスメディアと排外主義との関係を考えるうえで重要な論点になるのではないでしょうか。

第19講

メディアは原発をいかに報じてきたのか

1 「メディアと原発」という問題設定

福島第一原発事故の衝撃　2011年3月11日に東日本大震災が発生した直後，マスメディアではさかんに「がんばろう，日本」や「絆」といったフレーズが用いられました。重大な危機に直面しているのだから，普段の対立や無関心はいったん脇に置いて，みんなで助け合い，団結しようという発想があったのだと思われます。けれども，団結を難しくした要因の一つが，震災によって発生した福島第一原発での事故でした。大量に放出された放射性物質が人びとの不安を招き，時として激しい対立が発生することになったのです。

　福島第一原発での事故において潜在的にもっとも大きな脅威を抱えていたのが4号機だったと言われています（福島原発事故独立検証委員会 2012: 41）。4号機の使用済み核燃料が格納容器の外の燃料プールで保管されていたのですが，このプールの冷却機能が失われてしまったのです。核燃料を冷やすことができなければやがて火災と爆発が発生し，広大な地域が汚染されるという「最悪のシナリオ」が実現してしまう可能性がありました。

　事故発生後に首相官邸内で提示された「最悪のシナリオ」を想定したシミュレーションによれば，福島第一原発から250キロ圏内の住民が避難対象となり，東京や横浜も含まれるためにその数は3000万人に及ぶというのです（大鹿 2012: 138）。当時，この「シナリオ」の存在は伏せられており，関係者の証言によればこの危機は一般に考えられているよりもずっと長く，事故発生から1ヵ月後にまで及んだといいます。自衛隊，消防，警察や原発作業員による懸命の努力や，事故発生前に行われた工事のミスが原因で燃料プールに偶然のようなかたちで水が流れ込んだことから，「シナリオ」の実現は回避されました。むしろ現在では，福島県の放射性物質汚染を過度に強調する言説がもたらす風評被害が深刻な社会問題とされるようになっています。それでも2015年9月

現在，原発事故によって7万人以上が政府の指定する地域からの避難生活を強いられています（『朝日新聞』2015年9月5日）。

このようにきわめて重大な事故が発生したこともあり，震災後には原発とメディアとの関係を論じる研究成果がいくつも発表されています。原発事故をマスメディアがどのように報じたのかという分析は言うに及ばず，日本に原発が導入され，それが増加していくなかでマスメディアはいかなる役割を果たしてきたのかという歴史的な視座に立った研究も進められてきました。ここではそれらの研究に依拠しながら，原子力の「平和利用」と「安全神話」という二つのテーマに沿って議論を進めていくことにしましょう。

2 原子力の「軍事利用」と「平和利用」

原爆報道の制約　原発の導入を考えるうえで重要な論点となるのが，「原爆を投下された経験をもつ日本社会において，なぜ原発の導入が広く支持されたのか」です。爆弾の製造であれ発電であれ，原子力の利用には技術的に共通する部分がありますから，原発導入に強い反対が起きても不思議ではないように思えます。しかし，原発が実際に設置される地域ではしばしば反対運動が起きたものの，戦後の日本では全体として原発に好意的な世論が形成されていきました。その過程で重要な役割を果たしたのがマスメディアでした。

まず重要なのは，連合国軍の占領下において原爆の被害に関する情報の流通が制約されていたという事実です（山本 2012: 77; 上丸 2012: 45）。情報が完全に遮断されていたというわけではないのですが，米国に対する反発を抑制するため，視覚に訴えるような情報は抑制されていました。

その一方で，原子力に対する夢や期待がさかんに語られることになりました。戦争に負けたのは科学を軽視していたからであり，資源の少ない日本が発展するためには原子力の開発が必要である。むしろ被爆国である日本こそが原子力の研究で世界をリードすべきだ，というのです。さらに，原子力によって大規模な土木工事や台風のコントロールなどが可能になるといった夢も語られました。しかし，ソ連による原爆の完成と冷戦の激化は，核戦争に対する恐怖心を広め，原子力に対して無邪気な期待を抱くことを難しくしていきます。

「軍事利用」と「平和利用」の峻別　そこで重要になっていくのが原子力の「軍事利用」と「平和利用」とを厳格に区別し、後者のみを追求するという論理です。被爆国である日本には原子力の平和利用を追求する責任があり、それこそが広島や長崎の犠牲者を弔うための方法であるといった主張が行われました（上丸 2012: 60）。ここでも被爆国という日本の自己規定（ナショナル・アイデンティティ）が、原子力開発の推進と結びついていくことになったのです。

　ただし、平和利用が強調された背景には米国の世界戦略があったことも指摘されねばなりません。1953 年 12 月にドワイト・アイゼンハワー大統領(当時)は国連総会で「アトムズ・フォー・ピース」と呼ばれる歴史的な演説を行います。この演説のなかでアイゼンハワー大統領は、原子力の平和利用のために諸外国を支援していく方針を打ち出しました。その背景には第 7 講で論じた冷戦状況があり、原子力技術の提供によって諸外国を自陣営に取り込むとともに、平和利用のイメージを広げることで大量の核兵器を世界中に配備する方針への抵抗を抑えたいという思惑があったとも言われています(中日新聞社会部編 2013: 65)。

　他方で、原子力の軍事利用への反感をさらに強めたのが 1954 年 3 月の第五福竜丸事件でした。太平洋マーシャル諸島のビキニ環礁でマグロ漁を行っていた第五福竜丸の乗組員が、米国による水爆実験によって大量の放射線を浴びた事件です。これによって乗組員一人が亡くなったほか、他の乗組員も放射線障害に苛まれることになりました。さらに、放射線によるマグロの汚染が大々的に報道され、放射線に対する恐怖が人びとのあいだで共有されるようになっていきます（山本 2015: 26）。この事件を契機に開始された原水爆禁止署名運動は 3200 万に達する署名を集め、1955 年 8 月の原水爆禁止世界大会へと結実します。とはいえ、第五福竜丸事件も原子力の平和利用に対する歯止めになったわけでなく、軍事利用は悲惨な結果をもたらすのだから平和利用にまい進すべきだという論理が導かれたと論じられています（上丸 2012: 82）。

3　メディアイベントとしての原子力平和利用博覧会

原子力に対する「世論の啓発」　先に述べたように、日本での原発の導入には米国政府の意向が強く働いていましたが、日本側でもその意向を利用して積極的に原発導入を推進した人びとがいました。政治家としては後に首相となる中曾根康弘、読売新聞の社主から政治家に転身し、原子力担当国務大臣とし

て原発導入を推し進めた正力松太郎，正力の部下として米国政府との仲介に大きな役割を果たした元日本テレビ重役の柴田英利といった人物の名前がしばしば挙げられています（烏谷 2012: 188-192）。原発の早期導入に消極的だった湯川秀樹をはじめとする科学者たちの意見を抑えるようなかたちで，彼らは海外からの原子炉の輸入を進めていったのです。その背後には，原発の早期導入を手柄として総理大臣のポストを手に入れようとした正力個人の政治的野心に加え（有馬 2008: 57），核兵器の保有を潜在的には可能にしておきたいという日本政府の思惑があったとも指摘されています（上丸 2012: 148）。

このように早急な原発導入にあたって重要な課題とされたのが，世論の啓発でした。原爆の記憶による放射線への恐怖を払拭し，原子力の平和利用の必要性を認識させることが必要だと考えられたのです。そうした世論の啓発において重要な役割を果たしたのが，正力が社主をつとめていた読売新聞でした。同紙は原子力に関わる研究者や財界人を海外から招いて講演会などを実施する一方，米国の対外宣伝機関である USIS（U. S. Information Service）との共催で原子力の博覧会を実施しました。それが「原子力平和利用博覧会」でした。

メディアイベントとはなにか　近年の研究において，この原子力平和利用博覧会はメディアイベントとして位置づけられています（井川 2002）。少し脱線しますが，ここでメディアイベントとはなにかについて説明しておきましょう。この概念を提起したダニエル・ダヤーンらによれば，メディアイベントとはテレビによって放送される歴史的な行事を指します（ダヤーン／カッツ 1996: 13）。たとえテレビで放送されたとしても突発的な事故はメディアイベントには該当せず，あくまで事前に予定されていた行事が該当するとされます。第12講で取り上げた擬似イベントと比較するなら，いずれもメディアで取り上げられることを前提として実施される点では共通していますが，よりセレモニー的な行事に焦点を当てるのがメディアイベント概念の特徴です。

ダヤーンらはメディアイベントの類型として，サッカーのワールドカップやオリンピックのような競技型，月面着陸のように歴史的な進歩や発展を誇示する制覇型，王室の戴冠式や結婚式のようにセレモニー的な要素の強い戴冠型という三つを提示しています。こうしたメディアイベントのさいには，それを放送するテレビや視聴者の側に，普段とは違った特徴が見られることがあるとも指摘されています。普段は一人でテレビを見ている人であっても，ワールドカ

ップのときには家族と一緒にテレビを見たり，スポーツバーやパブリックビューイングで大勢の人たちと一緒に盛り上がるという行動がそれにあたります。

　また，ダヤーンらはこうしたメディアイベントの主催者はマスメディア以外であることが多いと述べていますが（ダヤーン／カッツ: 18-19），日本の研究ではマスメディアが主催者に加わるイベントが「メディアイベント」として分析の対象となることが多くあります（吉見 1996: 4）。よく知られている例で言えば，春夏の高校野球（毎日新聞社および朝日新聞社主催）や箱根駅伝（読売新聞社主催）などが挙げられます。加えて，ダヤーンらはテレビに注目しているものの，新聞やラジオによる報道でもメディアイベントは成立します。これらの点を踏まえるなら，原子力平和利用博覧会はまぎれもなく制覇型のメディアイベントであったと言うことができるでしょう。

原子力平和利用博覧会とその背景　　東京での原子力平和利用博覧会は，1955 年 11 月から 12 月までの 6 週間にわたって実施されました。先にも述べたように，主催は読売新聞社と USIS であり，総入場者数は 36 万 7000 人に達し，読売の紙面では博覧会に関する報道が積極的に行われています。米国との仲介にあたった柴田英利によると，その費用はすべて米国側が負担したといいます（柴田 1995: 113）。博覧会はその後，名古屋，京都，大阪などでも実施されましたが，そのさいには読売ではなく中日や朝日などの新聞社の主催となっています。開催地によって主催する新聞社が異なる背景には，それぞれの開催地で最大の効果を生み出すべく，地域内で影響力の強い新聞と組みたいという USIS の意向があったとも指摘されています（井川 2002: 255-256）。事実，それぞれの開催地で主催新聞社が積極的な報道を行ったことから，日本全国での博覧会の入場者数は合計で 260 万人に達しました（吉見 2012: 128）。

　博覧会では原子力の平和利用についての PR 映画が流され，原子炉の模型，放射性物質を遠隔操作するマジックハンドなどのほか，原子力船や原子力飛行機の模型といった原子力によるバラ色の未来を描く展示物が公開されました。こうした博覧会の様子を伝える主催新聞社は，先にも述べた「被爆国だからこそ原子力の平和利用を推進せねばならない」という論調の記事をそれぞれに掲載しています（前掲書: 144-145）。なかでも重要なのが，1956 年 5 月から 6 月にかけて中国新聞社の主催によって被爆地広島で開催された博覧会です。「長崎原爆青年乙女の会」の一行が会場を訪れたさい，同紙は「私たちは原爆とき

いただけで心からの憤りを感じますが，会場を一巡してみて原子力がいかに人類に役立っているかが分りました。原子力が戦争にだけ使われるのではなく，真に平和のために使われるのを強く望みます」という彼らのコメントを掲載しています（上丸 2012: 126）。

「平和利用」言説の限界　　以上のように，当時の日本では原子力の「軍事利用」と「平和利用」とを峻別し，後者の必要性がさかんに強調されていました。けれども，そういった主張が世論を完全にコントロールすることで，人びとが原発を抵抗なく受け入れていたと言うことはできません。それどころか，原子力関連施設の設置が決まった地域ではしばしば反対運動が発生していました。加えて，環境問題が注目を集めるようになった1970年代以降には，世界的に反原発運動が高まりを見せるようになっていきます。

そこで電力会社は反対運動が発生する前に用地を確保するべく，原発設置計画の公表前に観光開発という名目で系列の不動産会社にひそかに用地買収を進めさせ，原発の既成事実化を図るといった方法を採用していました（上丸 2012: 204-205）。他方で，政府は1974年に電源三法を制定し，電気料金に税金を上乗せして原発を受け入れた自治体にそれを流す仕組みを作ります。過疎に悩む自治体側はこの電源三法交付金や固定資産税収入によって地域振興を期待するわけですが，ここには深刻なジレンマが存在しました。というのも，万が一の事故に備えて原発は人口過疎地域に設置されることが決まっており，原発が稼働し続ける限りその地域は「永遠の過疎」を受け入れざるをえなくなってしまうのです（武田 2011: 166）。それでも，原発を受け入れた自治体には安定的な雇用が生まれ，道路や公共施設の整備も大幅に進みます（開沼 2011: 131）。原発の老朽化に伴ってそれらの経済的メリットは徐々に失われていきますが，いったん手に入れた便益を手放すことは非常に難しく，新規の原発の建設を要望するようになるという，言わば中毒的な状態へと陥ることになります。

このように，原子力の平和利用を強調するだけでは人びとの不安や抵抗を抑制することは困難であり，強引な用地買収や電源三法交付金などによって原発の受け入れが促されてきました。そして，原発の受け入れを促すもう一つの手段が，原発の安全性を強調する広報活動でした。電力会社やその関連団体は，緻密な広報戦略と膨大な資金によって，マスメディアを通じて原発の安全性や必要性を訴える様々な広告を流し続けたのです（本間 2013）。これが原発の

「安全神話」へとつながっていくことになるのです。ただし，福島原発事故が発生するまで人びとは安全神話によって騙されていたというのは単純すぎる見方です。以下ではこの点について見ていくことにしましょう。

4 「安全神話の崩壊」はなぜ必要とされたか

繰り返される「安全神話の崩壊」　福島原発事故が発生したのち，さかんに語られたのが「安全神話の崩壊」でした。「原発は安全だ」という神話が広く共有されていたがゆえに，人びとのあいだでは原発に対する警戒感が希薄になる一方，原発の危機管理もおろそかになり，結果として重大な事故を引き起こしてしまったというのです。

けれども，ここで気になる点が二つあります。一つは，原発の安全神話が崩壊したのは，福島原発事故が初めてではなかったという点です。たとえば，1979年3月に米国のスリーマイル島で原発事故が発生したさい，朝日新聞は「『安全神話』お粗末防災　日本の原発行政」という見出しの記事を掲載していますし，読売新聞も「(スリーマイル島：引用者) 事故の決定的な意味は，放射性物質が発電所外に出ることはないとされてきた原子力発電の"神話"を，一挙に崩壊させたことにある」と論じています（『朝日新聞』1979年4月1日朝刊／『読売新聞』1979年12月28日朝刊）。これ以降も原発関連の大きな事故が起きるたびに安全神話の動揺や崩壊が語られ続けてきたのです（津田 2013: 21）。

気になるもう一つの点は，安全神話は本当に人びとによって共有されていたのかということです。たとえば1975年7月に行われた朝日新聞の世論調査によれば，日本の原子力開発に不安を表明している回答者は48％であり，不安を感じないとする37％を上回っています（『朝日新聞』1975年7月23日朝刊）。この前年に発生した原子力船「むつ」の放射線漏れ事故の影響があったとも考えられますが，それ以降も原発に対する不安は高い水準で推移し，1986年4月にチェルノブイリでの原発事故が発生してからはさらに不安は高まりを見せます。1999年の著作において柴田鐵治らはこうした世論調査結果を踏まえつつ，「原子力関係者がいくら安全性を強調しても絶対安全なんてあり得ない，いつかは事故も起こるだろうと国民はすっかり見抜いていた」と述べていました（柴田／友清 1999: 84）。この点を踏まえると，原発安全神話なるものは本当に信じられていたのだろうかという疑問がわいてきます。

「安全神話」とはなにか　そこで考えてみたいのが，そもそも安全神話とはなにかという問題です。以下で引用するのは朝日新聞に掲載されているコラム「天声人語」の一節です。2012年7月に実施された大飯原発の再稼働について次のように論じています。

> 歌舞伎の舞台を見るような型通りの儀式をこなして，政府はきのう（大飯原発を再稼働するという：引用者）「最終判断」を下した。つまり「安全神話」への逆コースに他ならない。都合の悪いことは知らんぷりで，体裁の整う事柄だけを甘くつないで「安全」をうたう。うそで化粧してきた産官学とは違い，だまされた側は忘れようもない。(『朝日新聞』2012年6月17日朝刊)

この文章を見る限り，安全神話とは，原発が本当は安全ではないのに安全だと言い張って人びとをだます虚構を意味しているようです。原発が本来的に危険なのであれば，原発を稼働させるためには人びとの目をごまかさねばならず，そのための手段が安全神話だというわけです。朝日新聞の編集委員である上丸洋一は「（福島原発での：引用者）事故が起きる前に安全神話を崩せなかったという意味で，それは新聞の敗北を意味した。新聞は『原発は安全だ』というフィクションに敗れた」と述べていますが（上丸 2012: 421），ここでも安全神話は同様の意味で用いられていると言っていいでしょう。

それに対し，2012年7月の読売新聞の社説に見られる安全神話という言葉は，やや異なるニュアンスを持っています。

> 国会の東京電力福島原子力発電所事故調査委員会が，報告書で「事故は自然災害ではなく人災」と結論づけた。政府と東電は，厳しく受け止めるべきだ。重大事故は起こらないという「安全神話」と決別し，原発の安全性向上に全力を挙げねばならない。……適切な手立てを講じていれば，深刻な事故は防げたはずだ。人災と判断されても仕方がない。(『読売新聞』2012年7月6日朝刊)

この社説では「原発で重大事故が起こらない」という思い込みが安全神話だとされていますが，注目すべきは安全神話を捨て去れば「原発の安全性向上」は可能だとされている点です。言わば，安全神話とは事故を引き起こす原因そのものなのであって，それに惑わされなければ原発を稼働しても事故は防げる

ということです。

　このように，上の二つの文章では同じ安全神話という言葉が用いられているにもかかわらず，それぞれのニュアンスが少しずれています。こうした意味の違いは，朝日新聞と読売新聞の原発に対する姿勢の違いに起因していると考えられます。福島原発事故以降，脱原発の方針を明確に打ち出すようになった朝日新聞の観点からすれば，安全神話とは危険な原発を正当化するための虚構であり，それを否定することはすなわち原発の本来的な危険性を認め，脱原発を選択するということを意味します。他方，正力松太郎以来，原発推進に賛同し続けている読売新聞の観点からすれば，安全神話とはそこで働く人びとを油断させて事故を引き起こしてしまう思い込みであり，原発を安全に稼働するために乗り越えねばならないものだということになるわけです。虚構としての安全神話が原発関係者以外の人びとに向けられるものとすれば，油断としての安全神話は原発関係者の内部で共有されるものという区別も可能です。

　またも本題から外れますが，メディア研究においてこのように言葉の意味を探ることはとても重要です。言葉の意味はつねに明確であるわけではなく，様々な言外のニュアンスを含んでいます。そういったニュアンスを含めて，記事や文章（一括して「テクスト」とも呼ばれます）で用いられている言葉の意味を読み解き，その背景になにがあるのかを探っていくことが必要になります。こうした解読はどうしても分析者の主観に依存しやすくなるのですが，最近ではテクストで用いられている言葉と言葉の関係を数量的に示すソフトウェアも開発されており，より客観的に意味解釈を行う手法が洗練されてきています。

「安全神話の崩壊」はなぜ必要とされたか　　話を戻すと，福島原発事故以降，「安全神話の崩壊」がまたしても繰り返し語られた理由とはいったい何だったのでしょうか。まず，虚構としての安全神話という観点からすれば，先にも見たように多くの人びとは事故が発生する前から原発が抱える潜在的なリスクに気づいていました。2005年の内閣府による意識調査によれば，原発に対して不安だと回答した人は65.9％（「不安」17.8％＋「何となく不安」48.1％）であり，安心だと回答した24.8％（「安心」4.4％＋「何となく安心」20.4％）を大きく上回っています（内閣府 2006）。

　にもかかわらず，家の近くにさえなければよいという発想のもと，リスクに目を塞いで消極的にではあれ原発に賛成してきたわけです。先の内閣府の調査

でも，今後の原子力発電について「推進していく」と回答したのは 55.1％（「積極的に推進」8.0％＋「慎重に推進」47.1％），「現状を維持」が 20.2％であり，「廃止する」と回答したのは 17.0％（「将来的に廃止する」14.7％＋「早急に廃止する」2.3％）にとどまっていました。リスクのある施設には賛成でも，自分の家の近所に建設されるのは困るという態度は NIMBY（Not In My Backyard）と呼ばれます。

こうした世論状況のなかで福島原発事故は起きました。虚構としての安全神話の崩壊は，NIMBY 的な態度で原発のリスクに見て見ぬふりをしてきた世論の免責を図るために必要な物語となりました。政府や電力会社，マスメディアが流布してきた安全神話によって騙されていたのであれば，無垢な被害者としての地位を人びとは手に入れることができるからです（宮島 2011）。こうした構図から抜け落ちるのは，原発のリスクを遠く離れたところに暮らす人びとに押し付けつつ，原発が生み出すエネルギーだけを享受することに疑問を持たなかった（筆者を含む）人びとの姿です。

他方，油断をもたらす思い込みとしての安全神話にも重要な役割がありました。先ほども述べたように，この定義に基づくなら，原発作業員の人為的なミスを誘発する安全神話とはまさしく事故の原因そのものです。言い換えるなら，いかなる事故が起ころうともその原因を押し付けることができるもの，それが安全神話なのです。

ここで簡単な思考実験をしてみましょう。もし仮に油断としての安全神話が完全に克服され，作業員に何のミスもなかったにもかかわらず原発事故が起きたとします。その場合，「原発には構造的に何らかの欠陥があるのではないか」「地震の多いわが国には原発は向いていないのではないか」，あるいは「人間に原子力は使いこなせないのではないか」といったより根源的な疑問が生じることは避けられません。したがって，油断としての安全神話は，事故が起きたさいに原発を根源的な疑問から守るための緩衝材としての役割を果たしうるのです。以上の観点からすれば，事故が起きるたびに「安全神話の崩壊」が語られてきたことにもそれなりの理由があったと言えるのではないでしょうか。

5　原発を語る立場

「原発推進」の立場からのメディア分析　　以上のように，本講では原発と

メディアとの関係について「平和利用」および「安全神話」という観点から論じてきました。筆者は本講を「今は難しくとも，数十年のうちに原発は廃棄すべきだ」という立場から執筆しており，マスメディアの報道についてもそうした観点から論じています。

したがって，「今後も原子力発電を推進すべきだ」という立場からすれば，本講とはまったく異なる分析がなされるはずです。「平和利用」のアピールについては，原爆によって根づいてしまった原子力に対する否定的な意識を克服するうえで必要な手段だったと見なされるかもしれません。「安全神話」の崩壊については，多くのマスメディアが些細な事故や放射線漏れを誇張して報じ，人びとの不安を煽ってきたにすぎないとも考えられます。第15講で行った整理に従うなら，モラルパニック論のアプローチに接近することになるでしょう。加えて，原発への不安が煽られる状況のもとで安全性の強化を試みれば，「やっぱり原発は危険なんじゃないか」という反応を引き出してしまう。そのために十分なリスク対応を行うことができず，安全神話に依存せざるをえなかったのだ，という主張も導き出されます。本講での議論はそういった角度からのメディア研究を否定するものではありません。

なにかを批判するということは，批判対象が「あるべき姿」とズレているという想定があるということを意味しています（Hay 2002: 183）。マスメディアの原発報道に関する批判について言うなら，「マスメディアは原発の危険性を人びとにもっと積極的に周知するべきだ」もしくは「マスメディアは原発の安全性に関する人びとの理解をもっと進めるべきだ」といった判断が，批判の背後には存在しうるということです。もちろん，これ以外の「あるべき姿」が想定されることも当然にありえます。

筆者は，メディア研究においてこうした価値判断から完全に逃れることは非常に難しいと考えています。むしろ重要なのは，価値判断を避けることではなく，自分がいかなる価値観に依拠しているのかをはっきりと自覚することなのではないでしょうか。研究に価値判断を持ち込んでいるにもかかわらず，それに無自覚であるほうがよほど問題は大きくなるからです。本書を締めくくるにあたり，最後にこの点について論じておきたいと思います。

おわりに

何のためにメディアを学ぶのか，再考

1 「正しさ」の二つの意味

「どれが一番正しいのか？」　本書ではこれまで様々なテーマや理論を紹介してきました。そこでは様々な考え方が提示されており，読者のなかには「結局，どれが一番正しいのか？」という疑問を持つ人もいるかもしれません。

けれども，なにをもって「正しい」とするべきなのかは，それ自体でかなり厄介な問題です。正しさが語られるさいには，観察や分析によって示される正しさと，価値観に基づく正しさとが混在していることが少なくないからです。

たとえば，「死刑制度には強力な犯罪抑止効果がある」という主張に関しては，観察や分析によってその正否を判定することが可能でしょう。けれども，その結果をもって「死刑制度は正しい／間違っている」という結論をそのまま導くことはできません。たとえ強力な犯罪抑止効果が認められたとしても死刑制度の廃止を求める立場もありえますし，逆に効果が認められなかったとしても存続を要求する立場も当然に考えられます。データをいくら積み重ねたところで，死刑制度の是非に関する判断を最終的に導くのは「人間としてこれは正しい／間違っている」という価値観なのです。

本書で主に紹介したのは，観察や分析によって示される正しさをめぐる議論ですが，価値観に起因する正しさの問題が完全に切り離されているわけではありません。たとえば，筆者には「犯罪加害者の親族までバッシングするのは間違っている」「貧困は根絶されるべきだ」「排外主義の広がりは阻止されるべきだ」等々の価値観がありますし，そうした正しさに関する判断は本書の至るところに入り込んでいます。したがって，筆者と価値観を共有しない人にとって，本書の記述の多くは正しくないということになるでしょう。

「価値自由」の難しさ　社会科学では通常，観察や分析と価値観とを切り離すことが求められます。つまり，どのような価値観を持っていようとも，万人が共有できる観察や分析の正しさを目指すべきだというわけです。観察や分析から価値観を排すべきだという立場は**価値自由**と呼ばれることがあります。ただし，価値自由を標榜したことで知られる社会学者のマックス・ヴェーバーは，完全なる価値自由が可能だと主張したわけではありません（ヴェーバー 1998: 30）。どの問題を観察，分析するのかを選択する問題設定の時点で，価値観は否応なしに入り込んでしまうからです。「貧困は解消されるべき問題である」という価値判断を完全に排してしまうと，貧困問題を研究することそのものが困難になってしまいます。研究にあたって求められるのは，そのように自らが抱える価値観を自覚したうえで，その価値観にできるだけ左右されない客観的な観察や分析を行うことだというのです。

社会科学の再帰性　とはいえ，そのように客観的な観察や分析という正しさを目指すにしても，社会科学には独特の難しさがあります。それは，社会科学の観察や分析は，それ自体が観察対象である社会に入り込んでいってしまうからです。

たとえば，第2部で紹介したマスコミュニケーションの効果に関する研究がさらに進展し，きわめて予測能力の高いX理論が生み出されたとしましょう。「マスメディアが○○のような報道をすれば，世論に××という変化が生じる」といった理論です。そのような理論はきわめて政治的，経済的価値が高いですから，それが知られるようになれば様々な組織がX理論を使って自分たちに有利になるように世論操作を試みるでしょう。他方，X理論は一般の人びとにも知られるようになり，「この報道はX理論に基づくものに違いないから，操作されないようにしよう」という判断が働くようにもなります。しかし，そうなればX理論の説明力はどうしても落ちていってしまうのです。このように社会科学の理論が社会そのものに影響を及ぼしていく現象は**再帰性**と呼ばれ，客観的な観察や分析を困難にする要因の一つとされています（ギデンズ 1993: 61）。

このように社会科学ではいかなる時代，いかなる社会でも成り立つような理論を生み出すことが非常に困難であり，本書での議論に関して言えば，マスメディアの影響力の大きさも時代や状況によって大きく変化します。だからと言って，理論を学ぶことがまったく無駄というわけではありません。社会で生じ

ている様々な現象を理解するうえで，理論の手引きはきわめて有効です。理論に引きずられて現実を歪めて理解してしまうというケースも頻繁にあるにせよ，何の手がかりもなしに現実を理解しようとすれば，往々にして世間で流布している偏見や俗説に絡め取られてしまいます。

　以上の点を踏まえると，現象を眺めるための理論のレパートリーをいくつも持っていることが重要なのではないでしょうか。「この現象については，X理論よりもY理論を修正したもので説明しやすくなる」といったように，手持ちの理論を調整しながら分析できるようになれば，世の中の観察がどんどん面白くなっていくと思います。

2　氾濫するメディア批判

「目線」の問題　価値判断の問題とは別に，メディア理論の客観性に関連してもう一つ重要な点は，観察や分析を行う者がどのような「目線」に立っているかということです。本書ではこの目線に関する問題を繰り返し論じてきました。第4講で論じたプロパガンダの正当性に関する問題，第9講のパターナリズムの問題，第13講で取り上げた「理論の理論」，第14講で紹介した三次元的権力に関する議論などがそれに該当します。インターネットの普及によって変化してきたとはいえ，メディアによって影響を与える者／与えられる者とが依然として分かれる構造のなかで，それを観察，分析しようとする者が自らの目線をどこに定めているのかというのは，決して些細な問題ではありません。

　図20-1はマスメディアの送り手と受け手との関係をどのような目線から眺めるのかを図にしたものです。まず送り手に位置する「操作者の目線」とは，マスメディアを介して人びとにいかにして影響を与えるのか，人びとをどう動かすのかに主たる関心を向ける目線です。マスメディアに就職を希望する大学生などによく見られる目線ですが，ここからは操作される側にまわるという意識はどうしても希薄になります。次に「批評者の目線」とは，マスメディアによって伝えられる情報を面白い／面白くない，役立つ／役立たないといった消費者的な観点から評価する目線です。

　これらに対して，「分析者の目線」とは，マスメディアが受け手に与える影響を観察し，場合によってはそれを批判する目線です。第2部で紹介したマスコミュニケーション効果研究の多くはここに位置しますが，インターネットで

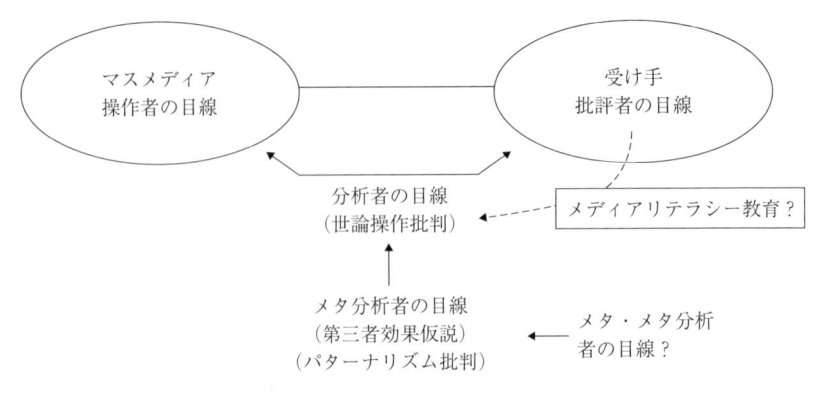

図20-1　マスメディアとその受容に対する「目線」

よく見られるマスメディア批判もここにカテゴライズされることになります。いずれも，マスメディアと受け手との関係を離れたところから眺めようという姿勢を有しているからです。

　もちろんこれは単純化した図式であって，一人の人間が操作者，批評者，分析者という三つの目線を使い分けながら日常的なメディア接触を図っているのが実情だと考えられます。実際，子どもであっても操作者の目線と批評者の目線とを行き来しながらテレビを楽しんでいることを示す調査も存在しています (ターナー 1999: 200)。

　とはいえ，ネット上でのマスメディア批判の氾濫は，分析者の目線の広がりを示しており，その意味ではメディア研究の存在意義を見えづらくしているとも考えられます。旧来的なメディア批判を繰り返しているだけでは，世の中に溢れるメディア批判との差異化が図れないからです。もっと言えば，社会科学の他の領域でメディアに関係する研究がさかんに行われるようになっていることもあり，相対的にメディア研究の影が薄くなっているという印象が筆者にはあります。

　メタ性の無限後退的追求　そうした状況下においてメディア研究の優位性を見出すための一つの方法が，分析者を分析するというよりメタな (高見に立った) 目線を採用するというやり方です。もともと社会学にはそういった発想が古くからあるのですが，メディアが人びとにどんな影響を与えるのかではなく，メディアの影響について人びとがどのように考えるのかを分析するという

アプローチがこれに該当します。第13講で取り上げた第三者効果仮説は，まさにこうしたメタ理論として位置づけることができます。また，文化帝国主義論や三次元的権力観へのパターナリズム批判も，マスメディアによる世論操作に対する批判の足元を切り崩すという意味で，同様の目線に立つものと言えるでしょう。

　ただし，先ほど述べた社会科学の再帰性を前提とすれば，メタ理論であってもそれが広く受け入れられるようになれば優位性は損なわれます。仮に第三者効果仮説が広く知られるようなことになると，それを論じただけではメタな目線に立てなくなるのです。そうなれば，さらにメタ・メタな理論が必要になってくるわけで，無限後退のような様相を呈することにもなりえます。誰が最終的な分析者の地位を，言い換えれば「もっとも上から目線で分析を行える者」の地位を手に入れるのかをめぐる競争になってしまうのです。

　もちろん，これはあまり意味のある努力ではありません。重要なのは，他人よりもメタな目線に立とうとする努力よりも，自分がどのような目線に立っているのかについて自覚的であることではないでしょうか。自らが立っている目線の位置を自覚的にすれば，それがもたらす歪みや見落としているものを理解しやすくなるからです。実際，パターナリズム的な主張の多くは，自らがパターナリズム的な思考に陥っているということを自覚していないがゆえに行われているような印象を受けます。

「メディアリテラシー」は可能か　　少しわかりにくい話になってきましたので，この問題を異なる角度から論じるために「メディアリテラシー」の問題に目を向けることにしたいと思います。

　メディアに関して大学生が書いたレポートや試験答案では，結論の部分でメディアリテラシーの必要性を説くというのがお約束のパターンになっています。メディアが伝える内容を鵜呑みにすることなく，批判的，多角的に情報を読み説くことが必要だというのです。加えて，メディアがどのような立場で情報を伝えるのかを理解するとともに，自ら情報を発信するスキルを身につけることもメディアリテラシーに含まれると言われます。

　図20-1で言うなら，「批評者の目線」から「分析者の目線」へと移行させることがメディアリテラシー教育の眼目の一つということになるでしょう。インターネットで氾濫するマスメディア批判はそうしたメディアリテラシーの実

践と言えるかもしれません。

　しかし，筆者はここで「なんか，違くね？」と思わずにはいられません。そもそも，そういったメディアリテラシーを本当に実践することは可能なのでしょうか。世の中では日々，様々な出来事が発生し，それらにまつわる膨大な情報が流通しています。それらをすべて入念に吟味して，判断するということが，果たして人間に可能なのでしょうか。むしろ，メディアが伝える内容を批判的に読み解くというよりも，「気に入らない情報」は拒絶する一方で「都合の良い情報」ばかりを受け入れるということになってしまわないでしょうか。そうなれば，「自分はメディアリテラシーを実践している」「自分は情報を批判的に読み解いている」という思い込みは，かえって認識枠組みを歪めてしまうことにもなりかねません。第18講で取り上げたサイバーカスケードにも直結しやすくなります。

　正しさと不幸への願望　ここで重要なのは，「都合の良い情報」と「利益になる情報」とが必ずしもイコールではないということです。たとえば，人類が破滅するかもしれないという主張があったとします。もちろん，人類の破滅は誰にとっても利益にはなりません。しかし，それを信じている人にとって，その主張を裏づけているかに見える情報は自己の正しさを証明しているように見なされ，それゆえに積極的に受け入れられやすくなります。つまり，自己の正しさにこだわるあまり，自分や他人の不幸すらも願ってしまう態度が生まれかねないのです。

　この点を踏まえるなら，メディアリテラシーの最初の，もっとも困難だという意味では最後のステップは，「自分がなにを信じたがっているか」を知ることではないでしょうか。信じたい情報を無批判に受け入れ，信じたくない情報を是が非でも認めないような状況に陥らないためには，自分の認識枠組みに合致する情報が流れてきたときにはそれを一歩引いて眺めるような態度が必要になるように思います。

　けれども，このような態度は政治的な対立が激しくなると，どんどん難しくなっていきます。最後にこの点について論じておきましょう。

3　○×式の「要約」を超えて

政治的な対立の激化と「要約」　本書では様々なテーマについて論じてきましたが，とりわけ第3部で取り上げた問題はどれも非常に激しい対立が生じている領域です。また，本書では取り上げることのできなかった歴史認識や安全保障に関しても鋭い対立が生じており，インターネット上での激しい罵り合いはもはや日常の風景と言ってよいほどです。相手側の陣営が不利になるようにデマが意図的に流されることも珍しくありません。政治的な対立とは潰し合いだと考えるのならそれはやむをえない事態ではあるのですが，個人としてじっくりと物事を見きわめ，思考を深めるには，必ずしも好ましい状況だとは言えません。

いまから40年以上前，『赤頭巾ちゃん気をつけて』(1969年) という小説で芥川賞を受賞した作家の庄司薫は，エッセイのなかで次のように述べています。

> 価値基準が多元化し相対化していく一方で，選択処理しなくてはならない情報が洪水のように増大するという，本来なら「要約」することの最も困難な状況の中で，そのあまりの困難さゆえにかえって不安に耐えきれず，性急な「要約」を，○×式要約を求めるという風潮が，現代の矛盾した社会全体の「方法」になっている。……ぼくたちは，明確な○と×に代わる無数の「？」には本能的に耐えがたい。ぼくたちは，一刻も早く敵味方を識別したい，少なくとも敵だけは知っておきたい。たとえ粗雑な○×式に拠ろうとも，そしてまたそれが多くの誤解や偏見を含む危険があろうとも，ぼくたちはとにかく○と×を，いや×だけでもさっさとつけて自分の不安から逃れたい……。
>
> （庄司 1973: 167-168）

庄司がこの文章を書いた1970年代初頭は大学紛争の嵐が吹き荒れている時期でした。様々な政治的党派が対立し合い，時にそれは陰惨な暴力をもたらしました。このエッセイはそういった時代の空気を反映していると言ってよいでしょう。

それから時は流れ，情報技術の発達によって現代でははるかに多くの情報が流通するようになっています。にもかかわらずと言うべきか，だからこそと言

うべきか，粗雑な○×式の要約は今も至るところで見られます。「ウヨク」「ネトウヨ」「サヨク」「リベラル」等々，なにを意味しているのかもよくわからない粗雑なカテゴリーを一括して批判し，あたかも自らが知的に優越しているかのようなアピールをするという態度がそれにあたります。

　本書を切り捨てる　　本来，思考の独自性が他者の思考との違いによって生み出されることを踏まえるなら，そうした態度は思考を深めるうえでもっとも不適切なものです。比較対象となるのが粗雑な要約でしかないのであれば，自らの思考も粗雑なものとならざるをえないからです。緻密な思考を組み立てていくためには，要約ではなく個々人の思考と向き合い，それとの対比のなかで自分の思考を築き上げていくよりほかありません。メディアを学ぶことの重要な意義は，○×式要約の限界を知り，より豊かな人間的思考の世界を認識することにあると言っていいかもしれません。

　もっとも，その意味では本書もまた様々な要約に満ちています。積み重ねられてきた膨大な研究のあらましを紹介するため，かなり大雑把な見取り図に依拠しているからです。本書を読んでくださったみなさんがさらに思考を深めていくためには，本書で参照している文献やそれらの文献で参照されている文献に接することで，筆者の要約を否定していくことが必要になります。もちろん，新たな文献を探したり，ここで紹介した研究を踏み台にして新しい視野を切り開いていくことも必要になるでしょう。入門書とは本来，そのようにして切り捨てられるために存在しているのです。

読書案内

　基本的には本書で参照している文献をあたっていただきたいのですが，それだとさすがに不親切ですので，特におすすめの著作を紹介しておきたいと思います。いわゆる古典的名著にもどんどんチャレンジしてもらいたいところですが，ここでは読みやすいものを中心にピックアップしています。なお，メディアの問題を直接的に論じているわけではないものも多数含まれています。

　まず，第1講については，佐藤俊樹『社会は情報化の夢を見る』（河出文庫，2010年）や市野川容孝『社会』（岩波書店，2006年）が良い出発点となるでしょう。鈴木謙介『ウェブ社会の思想』や『ウェブ社会のゆくえ』（いずれもNHKブックス，2007年／2013年）も読みやすくて面白いのではないかと思います。

　第2講および第3講に関しては，佐藤成基『国家の社会学』（青弓社，2014年）を読めば基礎的な知識が身につくのではないでしょうか。ナショナリズムについては塩川伸明『民族とネイション』（岩波新書，2008年）が入門書として優れています。マスメディアとの関係では少し古いですが，吉野耕作『文化ナショナリズムの社会学』（名古屋大学出版会，1997年），阿部潔『彷徨えるナショナリズム』（世界思想社，2001年）が基本文献と言えます。学術書というよりもノンフィクションですが，木村元彦『悪者見参』（集英社文庫，2001年）も民族問題の悩ましさを痛感させられる著作です。推理小説ですが，米澤穂信『さよなら妖精』（創元推理文庫，2006年）も推したいところです。

　第4講に関しては，なんといっても高木徹『ドキュメント　戦争広告代理店』（講談社文庫，2005年）と『国際メディア情報戦』（講談社現代新書，2014年）が必読です。また，佐藤卓己『言論統制』（中公新書，2004年）や佐藤忠男『草の根軍国主義』（平凡社，2007年）も戦争中の日本における「空気」を感じるうえで有用です。

　第5講および第6講については，見田宗介『現代社会の理論』（岩波新書，1996年）が読みやすく，刺激的な問題提起を行っています。戦後日本の消費社会化という点では，吉見俊哉『ポスト戦後社会』（岩波新書，2009年）が幅広い視野から論じていると言えます。記号論に関しては，池上嘉彦ほか『文化記号論』（講談社学術文庫，1994年）の解説が分かりやすいでしょう。都市に興味があるなら，藤田弘夫『都市の論理』（中公新書，1993年），若林幹夫『郊外の社会学』（ちくま新書，2007年），北田暁大『増補　広告都市・東京』（ちくま学芸文庫，2011年），新雅史『商店街はなぜ滅びるのか』（光文社新書，

佐藤俊樹
『社会は情報化の夢を見る　［新世紀版］ノイマンの夢・近代の欲望』
河出文庫

高木徹
『ドキュメント　戦争広告代理店　情報操作とボスニア紛争』
講談社文庫

2012年), 円堂都司昭『ディズニーの隣の風景』(原書房, 2013年) を推しておきます。『商店街は……』は, 商店街について新しい視点を提供してくれますし, 『ディズニーの……』は現代的な空間の意味づけについて考えるうえで良い出発点になるでしょう。

第7講で取り上げた開発途上国におけるメディア利用については, 日本語での文献が非常に少ないのが現状ですが, 久保田賢一『開発コミュニケーション』(明石書店, 1999年) を挙げておきます。また, スーザン・ソンタグ『他者の苦痛へのまなざし』(みすず書房, 2003年) に加え, またも推理小説ですが米澤穂信『王とサーカス』(東京創元社, 2015年) が「遠く離れた国の出来事を報道する」ことの意味を考えるうえで格好の著作です。

第8講で扱ったテーマについては理論的な整理も含めて, 千葉悠志『現代アラブ・メディア』(ナカニシヤ出版, 2014年) が参考になるはずです。国際メディアにおけるイスラムの描かれ方については, 古典的な著作ですがエドワード・サイード『イスラム報道』(みすず書房, 1996年) が比較的読みやすいのではないでしょうか。また, 筆者が大学生のころ, 学術書を読んで初めて感動したジョン・トムリンソン『文化帝国主義』(青土社, 1993年) はぜひおすすめしたいところです。同じ著者の『グローバリゼーション』(青土社, 2000年) もいろいろと勉強になる著作です。

第9講で取り上げた陰謀論については, 辻隆太朗『世界の陰謀論を読み解く』(講談社現代新書, 2012年) が簡潔にまとまっています。日本のメディアの産業構造に関しては, 藤竹暁『図説　日本のメディア』(NHKブックス, 2012年) の情報が豊富です。読みものとしては, 猪瀬直樹『欲望のメディア』(小学館文庫, 2013年), 河内孝『新聞社』(新潮新書, 2007年), 中川一徳『メディアの支配者』(講談社文庫, 2009年), 中川勇樹『テレビ局の裏側』(新潮新書, 2009年) が面白いでしょう。小説ですが, 幸田泉『小説　新聞販売局』(講談社, 2015年) および横山秀夫『クライマーズ・ハイ』(文春文庫, 2006年) も, 新聞販売店や地方紙について知るうえで参考になるでしょう。

第10講で触れたジャーナリズムの問題については, 原寿雄『ジャーナリズムの思想』(岩波新書, 1997年) が簡潔にまとまっています。読んで面白いものとしては, 塩田潮『田中角栄失脚』(文春新書, 2002年), 魚住昭『渡邉恒雄　メディアと権力』(講談社文庫, 2003年), 澤康臣『英国式事件報道』(文藝春秋, 2010年) を挙げておきます。映像ジャーナリズムについては, 吉田直哉『映像とは何だろうか』(岩波新書, 2003年) が興味深いエピソード満載です。また, 報道被

千葉悠志
『現代アラブ・メディア　越境するラジオから衛星テレビへ』
ナカニシヤ出版

澤康臣
『英国式事件報道　なぜ実名にこだわるのか』
文藝春秋

害の問題については梓澤和幸『報道被害』（岩波新書，2007年）と鈴木伸元『加害者家族』（幻冬舎新書，2010年）を推したいと思います。

第11講から第13講にかけて扱ったマスコミュニケーションの効果研究については，大石裕『コミュニケーション研究（第3版）』（慶應義塾大学出版会，2011年）が本書よりも厳密な整理・紹介を行っています。また，大部ですがスタンリー・バランほか『マス・コミュニケーション理論（上／下）』（新曜社，2007年）が詳しい解説を行っています。メディアの送り手に関する研究としては，大石裕ほか『現代ニュース論』（有斐閣アルマ，2000年）が簡潔にまとまっています。第12講で少し触れた「親日」と「反日」というトピックに関しては，安田峰俊『境界の民』（角川書店，2015年）というルポルタージュが非常に面白いのでおすすめです。

第14講に関しては，まず民主主義に関する入門書として，森政稔『変貌する民主主義』（ちくま新書，2008年）を挙げておきます。コリン・ヘイ『政治はなぜ嫌われるのか』（岩波書店，2012年）も重要な論点を提起しています。アメリカの話ではありますが，渡辺靖『アメリカン・デモクラシーの逆説』（岩波新書，2010年）も非常に興味深い著作です。メディアに関わるものとしては，蒲島郁夫ほか『改訂版メディアと政治』（有斐閣アルマ，2010年），菅原琢『世論の曲解』（光文社新書，2009年），逢坂巌『日本政治とメディア』（中公新書，2014年）が挙げられます。谷口将紀『政治とマスメディア』（東京大学出版会，2015年）は最新の研究動向を知るうえで最適な著作だと言えます。

第15講で取り上げた社会問題研究については，宝月誠『逸脱とコントロールの社会学』（有斐閣アルマ，2004年），あるいは赤川学『社会問題の社会学』（弘文堂，2012年）を出発点とするのが良いのではないでしょうか。また，手前味噌にはなりますが，モラルパニック論については津田正太郎「モラル・パニックとメディア」（石坂悦男編『市民的自由とメディアの現在』法政大学出版局，2010年）という論文でわりと細かく検討したので，興味ある人はそちらも読んでいただけると幸いです。

第16講の犯罪報道に関しては，浜井浩一／芹沢一也『犯罪不安社会』（光文社新書，2006年）が必読文献と言えます。広田照幸『日本人のしつけは衰退したか』（講談社現代新書，1999年）は犯罪をメインとしているわけではないのですが，名著といってよい本なので是非とも読んでいただきたいと思います。また，鈴木智之『「心の闇」と動機の語彙』（青弓社，2013年）は示唆に富む本ですし，ルポルタージュですが山本譲司『累犯障害者』（新潮文庫，2009年）も重要な著作

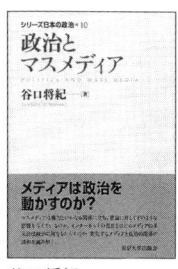

谷口将紀
『政治とマスメディア』
東京大学出版会

赤川学
『社会問題の社会学』
弘文堂

です。さらに，これも筆者の著作なので恐縮ですが，本講で取り上げた概念を使って光市母子殺害事件の週刊誌報道を分析した津田正太郎「メディアの物語と表現の自由」（駒村圭吾／鈴木秀美編『表現の自由II』尚学社，2011年）という論文もあります。

第17講に関しては，貧困問題そのものについてはたくさん書籍が出版されています。読みやすいものとして，本田良一『ルポ　生活保護』（中公新書，2010年），荻上チキ『彼女たちの売春』（扶桑社，2012年），山野良一『子どもに貧困を押しつける国・日本』（光文社新書，2014年）を挙げておきます。マンガではありますが，柏木ハルコ『健康で文化的な最低限度の生活』（小学館，2014年-）も，このテーマについて学ぶのであれば是非読んでいただきたい作品です。メディアでの語りという点ではルース・リスター『貧困とはなにか』（明石書店，2011年）がおすすめです。信頼と福祉という問題については吉田徹『感情の政治学』（講談社選書メチエ，2014年）で論じられています。

第18講で取り上げた排外主義に関しては，安田浩一『ネットと愛国』（講談社，2012年）と『ヘイトスピーチ』（文春新書，2015年）は必読です。同じ著者の『ルポ　差別と貧困の外国人労働者』（光文社新書，2010年）も読んでおきたいところです。排外主義団体の分析としては，樋口直人『日本型排外主義』（名古屋大学出版会，2014年）が重要な研究書です。加えて，外国人に関する報道に関しては，奥村隆『他者といる技法』（日本評論社，1998年）がおすすめです。これは筆者がこれまでに読んだなかで，もっとも深い感銘を受けた学術書のなかの1冊です。

第19講の原発報道については近年において急激に蓄積が進んでいます。読みやすいものとしては，武田徹『私たちはこうして「原発大国」を選んだ　増補版「核」論』（中公新書ラクレ，2011年），吉見俊哉『夢の原子力』（ちくま新書，2012年），山本昭宏『核と日本人』（中公新書，2015年）が挙げられるでしょう。また，日本の原発政策の全体像については吉岡斉『新版　原子力の社会史』（朝日選書，2011年）を読めば把握しやすくなるはずです。福島という地域に焦点を当てた著作としては，開沼博『「フクシマ」論』（青土社，2011年）が必読です。福島第一原発の事故処理を描いたノンフィクションマンガである竜田一人『いちえふ』（講談社，2014年-）も，考えさせられる作品です。

本書では取り上げられなかったテーマに関する文献を簡単に紹介しておきます。まず，メディアの歴史については，佐藤卓己『現代メディア史』（岩波書店，1998年）が今ももっとも優れた教科書だと思い

ルース・リスター
『貧困とはなにか
概念・言説・ポリティクス』
明石書店

ますし，同じ著者の『増補 八月十五日の神話』（ちくま学芸文庫，2014年）は戦後の日本社会の出発点をメディアという観点から捉えた著作として重要な業績です。また，戦後における社会変動のなかでメディアの問題をどう位置づけるのかという点については，大石裕編『戦後日本のメディアと市民意識』（ミネルヴァ書房，2012年）も参考になるのではないかと思います。社会科学的な方法論については，久米郁夫『原因を推論する』（有斐閣，2013年）と高根正昭『創造の方法学』（講談社現代新書，1979年）が良い出発点になるでしょう。

　もちろん，ここで紹介してきたのは筆者の乏しい読書量のなかから選び出した著作にすぎません。なかでも，筆者が特に苦手とするインターネット論，広告論，ジェンダー論といった領域については，ほかの方の著作をあたっていただくよりほかありません。もっと重要な，あるいはもっと面白い本がある！　という方は，筆者までご一報いただければ幸いです。

　最後に，学術的な本を読むにあたっての心構えのようなものを書いておきたいと思います。学術書のなかには理解するのが大変に難しいものが少なくありません。読んでいてもさっぱり内容が理解できないために心が折れそうになることも多いと思います。少なくとも筆者にはそういうことが頻繁に生じます。そこでまずお願いしたいのは，理解できない部分が出てきても諦めず前に進むということです。いったん最後まで読み終えたあとで，わからなかった部分をもう一度読み直すと，案外すんなりと頭に入ってくるということもあります。

　もう一つは，重要だと思う箇所には横線を引くなり付箋を貼るなどして，何らかの印をつけておくことです。その箇所を読んでいて思いついたことを余白にメモしておくのも良いでしょう。また，本の内容というのは一度読んだぐらいでは簡単に忘れてしまいます。時間に余裕があるなら，それらの箇所をノートかパソコンで抜き書きしておくと後で見返すときに便利です。

　そのためにも，できるだけ本は買ってほしいところなのですが，値段が高すぎる，学術雑誌に収録されている，あるいはすでに絶版だという場合には，図書館を活用しましょう。ただし，図書館の本に横線を引いたり，書き込みをしたりしてはいけません。

　もちろん，読書のスタイルには人それぞれ好みがありますから，このやり方が絶対だというわけではありません。いろいろと試行錯誤をして，自分なりのスタイルを見つけ出していただきたいと思います。

大石裕 編
『戦後日本のメディアと市民意識 「大きな物語」の変容』
ミネルヴァ書房

参考文献一覧

[はじめに]
武田徹（2004）『調べる，伝える，魅せる！　新世代ルポルタージュ指南』中公新書ラクレ．
デュルケム，エミール（1978）宮島喬訳『社会学的方法の規準』岩波文庫．

[第1講]
アレント，ハンナ（1994）志水速雄訳『人間の条件』ちくま学芸文庫．
粟田房穂（2013）『新版　ディズニーリゾートの経済学』東洋経済新報社．
市野川容孝（2006）『社会』岩波書店．
市野川容孝／宇城輝人編（2013）『社会的なもののために』ナカニシヤ出版．
木村義子ほか（2015）「テレビ視聴とメディア利用の現在　『日本人とテレビ・2015』調査から」（『放送研究と調査』65(8), pp. 18-47）．
厚東洋輔（1991）『社会認識と想像力』ハーベスト社．
桜井哲夫（1994）『TV 魔法のメディア』ちくま新書．
佐藤俊樹（2010）『社会は情報化の夢を見る　[新世紀版] ノイマンの夢・近代の欲望』河出文庫．
津田正太郎（2012）「戦後日本の社会理論における権力主体とメディア　自由と能動性の背反」（大石裕編『戦後日本のメディアと市民意識　「大きな物語」の変容』ミネルヴァ書房）．
中野収（1997）『メディア人間　コミュニケーション革命の構造』勁草書房．
バウマン，ジグムント（1993）奥井智之訳『社会学の考え方　日常生活の成り立ちを探る』HBJ出版局．
橋元良明（2011）『メディアと日本人　変わりゆく日常』岩波新書．
マクルーハン，マーシャル（1967）後藤和彦／高儀進訳『人間拡張の原理　メディアの理解』竹内書店．
宮澤淳一（2008）『マクルーハンの光景　メディア論がみえる』みすず書房．
ミルズ，ライト（1971）青井和夫訳「社会病理学者の職業的イデオロギー」（アーヴィング・ホロビッツ編，青井和夫／本間康平監訳『権力・政治・民衆』みすず書房）．
吉見俊哉（1995）『「声」の資本主義　電話・ラジオ・蓄音機の社会史』講談社選書メチエ．
ライアン，デイヴィッド（2002）河村一郎訳『監視社会』青土社．
和田伸一郎（2013）『国家とインターネット』講談社選書メチエ．
Billig, M. (1995) *Banal Nationalism*, Sage.
Mihelj, S. (2011) *Media Nations: Communicating Belonging and Exclusion in the Modern World*, Palgrave Macmillan.
Thatcher, M. (1987) 'Interview for Woman's Own ("no such things as society"),' (http://www.margaretthatcher.org/document/106689) [2015/9/20 アクセス]．

[第2講]
浅田彰（1983）『構造と力　記号論を超えて』勁草書房．
アルチュセール，ルイ（1993）柳内隆訳「イデオロギーと国家のイデオロギー装置」（ルイ・

アルチュセールほか『アルチュセールの〈イデオロギー〉論』三交社)。
イグナティエフ，マイケル (1996) 幸田敦子訳『民族はなぜ殺し合うのか　新ナショナリズム6つの旅』河出書房新社。
イーグルトン，テリー (1999) 大橋洋一訳『イデオロギーとは何か』平凡社ライブラリー。
石井寛治 (1994)『情報・通信の社会史　近代日本の情報化と市場化』有斐閣。
伊藤昌亮 (2012)『デモのメディア論　社会運動社会のゆくえ』筑摩選書。
ウェーバー，マックス (1960) 世良晃志郎訳『支配の社会学Ⅰ』創文社。
大石裕 (1998)『政治コミュニケーション　理論と分析』勁草書房。
萱野稔人 (2005)『国家とはなにか』以文社。
ギデンズ，アンソニー (1999) 松尾精文／小幡正敏訳『国民国家と暴力』而立書房。
佐藤成基 (2014)『国家の社会学』青弓社。
ジョーンズ，キャサリーン (1997) 美馬孝人訳『イギリス社会政策の形成　1830年〜1990年』梓出版社。
ソルニット，レベッカ (2010) 高月園子訳『災害ユートピア　なぜそのとき特別な共同体が立ち上がるのか』亜紀書房。
永嶺重敏 (2004)『〈読書国民〉の誕生　明治30年代の活字メディアと読書文化』日本エディタースクール出版部。
フーコー，ミシェル (1977) 田村俶訳『監獄の誕生　監視と処罰』新潮社。
フリッシー，パトリス (2005) 江下雅之／山本淑子訳『メディアの近代史　公共空間と私生活のゆらぎのなかで』水声社。
村上直之 (1995)『近代ジャーナリズムの誕生　イギリス犯罪報道の社会史から』岩波書店。
ライアン，デイヴィッド (2002) 河村一郎訳『監視社会』青土社。
和田伸一郎 (2013)『国家とインターネット』講談社選書メチエ。
Alesina, A. and Glaeser, E. (2004) *Fighting Poverty in the US and Europe: A World of Difference*, Oxford University Press.
Calhoun, C. (1987) 'Class, Place and Industrial Revolution,' in P. Williams and N. Thrift (eds.) *Class and Space: The Making of Urban Society*, Routledge & Kegan Paul.
Sreberny-Mohammadi, A. and Mohammadi, A. (1994) *Small Media, Big Revolution: Communication, Culture, and the Iranian Revolution*, University of Minnesota Press.

[第3講]

アンダーソン，ベネディクト (2005) 糟谷啓介ほか訳『比較の亡霊　ナショナリズム・東南アジア・世界』作品社。
――― (2007) 白石隆／白石さや訳『定本 想像の共同体　ナショナリズムの起源と流行』書籍工房早山。
イグナティエフ，マイケル (1999) 真野明裕訳『仁義なき戦場　民族紛争と現代人の倫理』毎日新聞社。
小熊英二 (1995)『単一民族神話の起源　〈日本人〉の自画像の系譜』新曜社。
加藤秀俊 (1977)『文化とコミュニケイション（増補改訂版）』思索社。
ギデンズ，アンソニー (1993) 松尾精文／小幡正敏訳『近代とはいかなる時代か？　モダニティの帰結』而立書房。

木村元彦（2001）『悪者見参　ユーゴスラビアサッカー戦記』集英社文庫。
佐々木隆（1999）『メディアと権力』中央公論新社。
佐藤成基（2014）『国家の社会学』青弓社。
津田正太郎（2007）「ナショナリズムの生成および再生産過程におけるマス・メディアの役割　ナショナリズム概念の再検討による新たな視座の探求」（『マス・コミュニケーション研究』70号，pp. 195-211）。
西川長夫（1995）「日本型国民国家の形成　比較史的観点から」（西川長夫・松宮秀治編『幕末・明治期の国民国家形成と文化変容』新曜社）。
真木悠介（1997）『時間の比較社会学』岩波書店同時代ライブラリー。
村上春樹／安西水丸（1990）『日出る国の工場』新潮文庫。
ロスチャイルド，ジョゼフ（1989）内山秀夫訳『エスノポリティクス　民族の新時代』三省堂。
Balakrishnan, G. (1996) 'The National Imagination', in G. Balakrishnan (ed.) *Mapping the Nation*, Verso.
Billig, M. (1995) *Banal Nationalism*, Sage.

[第4講]

イグナティエフ，マイケル（1999）真野明裕訳『仁義なき戦場　民族紛争と現代人の倫理』毎日新聞社。
岩島久夫（1968）『心理戦争　計画と行動のモデル』講談社現代新書。
江畑謙介（2006）『情報と戦争』NTT出版。
キーン，サム（1994）佐藤卓己／佐藤八寿子訳『敵の顔　憎悪と戦争の心理学』柏書房。
武田徹（2003）『戦争報道』ちくま新書。
木村元彦（2001）『悪者見参　ユーゴスラビアサッカー戦記』集英社文庫。
高木徹（2002）『ドキュメント戦争広告代理店　情報操作とボスニア紛争』講談社。
─────（2014）『国際メディア情報戦』講談社現代新書。
永島啓一（2005）『アメリカ「愛国」報道の軌跡　9・11後のジャーナリズム』玉川大学出版部。
ヌーマン，ジョアンナ（1998）北山節郎訳『情報革命という神話』柏書房。
ハチテン，ウィリアム／ハチテン，マーヴァ（1996）佐藤雅彦訳「検証・湾岸戦争報道」（ドリス・A. グレイバー編，佐藤雅彦訳『メディア仕掛けの政治　現代アメリカ流選挙とプロパガンダの解剖』現代書館）。
モレリ，アンヌ（2002）永田千奈訳『戦争プロパガンダ10の法則』草思社。
若桑みどり（2000）『戦争がつくる女性像　第二次世界大戦下の日本女性動員の視覚的プロパガンダ』ちくま学芸文庫。
Davison, W. P. (1983) 'The third-person effect in communication,' in *Public Opinion Quarterly*, vol. 47(1), pp. 1-15.
Deutsch, K. (1966) *Nationalism and Social Communication: An Inquiry into the Foundations of Nationality (2nd Edition)*, MIT Press.
Doob, L. (1947) 'The utilization of social scientists in the overseas branch of the Office of War Information,' in *American Political Science Review*, vol. 41(4), pp. 649-667.
Kellner, D. (1995) *Media Culture: Cultural Studies, Identity and Politics between the Modern*

and the Postmodern, Routledge.
Korać, M.（1996）'Understanding ethnic-national identity and its meaning: questions from women's experience,' in *Women's Studies International Forum*, vol. 19(1/2), pp. 133-143.
Pettman, J.（1996）'Boundary politics: women, nationalism and danger,' in M. Maynard and J. Purvis（eds.）*New Frontiers in Women's Studies: Knowledge, Identity, and Nationalism*, Taylor & Francis.
Schudson, M.（2011）*The Sociology of News (2nd Edition)*, W. W. Norton & Company.
Shils, E. and Janowitz, M.（1948）'Cohesion and disintegration in the Wehrmacht in World War II," in *Public Opinion Quarterly*, vol. 12(2), pp. 280-315.

［第5講］

アンダーソン，ベネディクト（2007）白石隆／白石さや訳『定本 想像の共同体　ナショナリズムの起源と流行』書籍工房早山。
池上嘉彦（1984）『記号論への招待』岩波新書。
池上嘉彦ほか（1994）『文化記号論　ことばのコードと文化のコード』講談社学術文庫。
内田隆三（1987）『消費社会と権力』岩波書店。
大平健（1990）『豊かさの精神病理』岩波新書。
鹿島茂（1991）『デパートを発明した夫婦』講談社現代新書。
クセノス，ニコラス（1995）北村和夫／北村三子訳『稀少性と欲望の近代　豊かさのパラドックス』新曜社。
小林修一（1994）「文明と情報」（小林修一／加藤晴明『〈情報〉の社会学』福村出版）。
萩原滋（2004）「日本のテレビ広告に現れる外国イメージの動向」（『慶應義塾大学メディア・コミュニケーション研究所紀要』54号，pp. 5-26）。
博報堂生活総合研究所編（1985）『「分衆」の誕生　ニューピープルをつかむ市場戦略とは』日本経済新聞社。
ボードリヤール，ジャン（1995）今村仁司／塚原史訳『消費社会の神話と構造（普及版）』紀伊國屋書店。
フェーヴル，リュシアン／マルタン，アンリ＝ジャン（1998）関根素子ほか訳『書物の出現（上）』ちくま学芸文庫。
マクルーハン，マーシャル（1986）森常治訳『グーテンベルクの銀河系　活字人間の形成』みすず書房。
間々田孝夫（2007）『第三の消費文化論　モダンでもポストモダンでもなく』ミネルヴァ書房。
見田宗介（1996）『現代社会の理論　情報化・消費化社会の現在と未来』岩波新書。
山田登世子（1995）『メディア都市パリ』ちくま学芸文庫。
Breuilly, J.（1996）'Approaches to nationalism,' in G. Balakrishnan（ed.）*Mapping the Nation*, Verso.
Peretti, J.（2014）'The men who made us spend（episode 1),' *BBC Documentary*.

［第6講］

東浩紀／北田暁大（2007）『東京から考える　格差・郊外・ナショナリズム』NHKブックス。
粟田房穂／高成田享（1984）『ディズニーランドの経済学』朝日新聞社。

五十嵐太郎（2006）『美しい都市・醜い都市　現代景観論』中公新書ラクレ。
上野淳子（2003）「住宅地のテーマ化と不動産広告　1980年代における大規模宅地開発の転換」（『関東都市学会年報』5号，pp. 25-36）。
岡本健（2013）『n次創作観光　アニメ聖地巡礼／コンテンツツーリズム／観光社会学の可能性』NPO法人北海道冒険芸術出版。
河合幹雄（2004）『安全神話崩壊のパラドックス　治安の法社会学』岩波書店。
北田暁大（2011）『増補　広告都市・東京　その誕生と死』ちくま学芸文庫。
隈研吾／清野由美（2008）『新・都市論TOKYO』集英社新書。
月刊『アクロス』編集室編（1987）『「東京」の侵略　首都改造計画は何を生むのか』PARCO出版。
芹沢一也（2006）『ホラーハウス社会　法を犯した「少年」と「異常者」たち』講談社＋α新書。
田中康夫（1985）『なんとなく，クリスタル』新潮文庫。
橋本健二（2011）『階級都市　格差が街を侵食する』ちくま新書。
藤澤房俊（1997）『大理石の祖国　近代イタリアの国民形成』筑摩書房。
藤田弘夫（1991）『都市と権力　飢餓と飽食の歴史社会学』創文社。
フジタニ，タカシ（1994）米山リサ訳『天皇のページェント　近代日本の歴史民族誌から』NHKブックス。
ブライマン，アラン（2008）能登路雅子監訳『ディズニー化する社会　文化・消費・労働とグローバリゼーション』明石書店。
ブレイディみかこ（2014）「貧困ポルノ」（http://www.ele-king.net/columns/regulars/anarchism_in_the_uk/003638/）［2015/9/25アクセス］。
ホブズボウム，エリック（1992）前川啓治訳「序論　伝統は創り出される」（エリック・ホブズボウム／テレンス・レンジャー編，前川啓治ほか訳『創られた伝統』紀伊國屋書店）。
増淵敏之（2012）『路地裏が文化を生む！　細街路とその界隈の変容』青弓社。
三浦展（1999）『「家族」と「幸福」の戦後史　郊外の夢と現実』講談社現代新書。
宮台真司（1997）『まぼろしの郊外　成熟社会を生きる若者たちの行方』朝日新聞社。
モッセ，ゲオルゲ（1994）佐藤卓己／佐藤八寿子訳『大衆の国民化　ナチズムに至る政治シンボルと大衆文化』柏書房。
吉見俊哉（1994）『メディア時代の文化社会学』新曜社。
────（2009）『ポスト戦後社会』岩波新書。
リスター，ルース（2011）松本伊智朗監訳『貧困とはなにか　概念・言説・ポリティクス』明石書店。
若林幹夫（2007）『郊外の社会学　現代を生きる形』ちくま新書。

[第7講]

奥村隆（1998）『他者といる技法　コミュニケーションの社会学』日本評論社。
久保田賢一（1999）『開発コミュニケーション　地球市民によるグローバルネットワークづくり』明石書店。
クライマン，アーサー／クライマン，ジョーン（2011）坂川雅子訳「苦しむ人々・衝撃的な映像　現代における苦しみの文化的流用」（アーサー・クライマンほか，坂川雅子訳『他者の苦しみへの責任　ソーシャル・サファリングを知る』みすず書房）。

ゴーレイヴィッチ，フィリップ（2003）柳下毅一郎訳『ジェノサイドの丘　ルワンダ虐殺の隠された真実（上）』WAVE出版．
ソンタグ，スーザン（2003）北條文緒訳『他者の苦痛へのまなざし』みすず書房．
フランク，アンドレ・G．（1976）大崎正治ほか訳『世界資本主義と低開発　収奪の《中枢−衛星》構造』柘植書房．
三谷文栄（2013）「CNN効果論の展開と動向　フレーム概念をめぐる一考察」（『慶應義塾大学メディア・コミュニケーション研究所紀要』63号，pp. 129-137）．
ヤング，ジョック（2007）青木秀男ほか訳『排除型社会　後期近代における犯罪・雇用・差異』洛北出版．
Batson, C. D. (2011) *Altruism in Humans*, Oxford University Press.
Brown, P. and Minty, J. (2006) 'Media coverage and charitable giving after the 2004 Tsunami,' in William Davidson Institute Working Paper, No. 885.
Fair, J. and Shah, H. (1997) 'Continuities and discontinuities in communication and development research since 1958,' in *Journal of International Communication*, vol. 4(2), pp. 3-23.
Flinders, M. V. (2012) *Defending Politics: Why Democracy Matters in the Twenty-First Century*, Oxford University Press.
Gilman, N. (2003) *Mandarins of the Future: Modernization Theory in Cold War America*, Johns Hopkins University Press.
Latham, M. (2000) *Modernization as Ideology: American Social Science and "Nation- Building" in the Kennedy Era*, University of North Carolina Press.
Lerner, D. (1958) *The Passing of Traditional Society: Modernizing the Middle East*, Free Press.
Manyozo, L. (2012a) *People's Radio: Communicating Change across Africa*, Southbound.
―――― (2012b) *Media, Communication and Development: Three Approaches*, Sage.
Melkote, S. R. and Steeves, H. L. (2001) *Communication for Development in the Third World: Theory and Practice for Empowerment (2nd edition)*, Sage.
Mody, B. (2000) 'The contexts of power and the power of the media,' in K. G. Wilkins (ed.) *Redeveloping Communication for Social Change: Theory, Practice, and Power*, Rowman & Littlefiled.
Paluck, E. (2009) 'Reducing intergroup prejudice and conflict using the media: a field experiment in Rwanda' in *Journal of Personality and Social Psychology*, vol. 96(3), pp. 574-587.
Reeves, G. (1993) *Communications and the 'Third World'*, Routledge.
Rogers, E. (1978) 'The rise and fall of the dominant paradigm,' in *Journal of Communication*, vol. 28(1), pp. 64-69.
Schramm, W. (1964) *Mass Media and National Development: The Role of Information in the Developing Countries*, Stanford University Press.
Shaw, M. (1996) *Civil Society and Media in Global Crises: Representing Distant Violence*, Pinter.
Tester, K. (2001) *Compassion, Morality and the Media*, Open University Press.

[第8講]
安達智史（2013）『リベラル・ナショナリズムと多文化主義　イギリスの社会統合とムスリム』

勁草書房。
アンダーソン，ベネディクト（2005）糟谷啓介ほか訳『比較の亡霊　ナショナリズム・東南アジア・世界』作品社。
エリアス，ノルベルト（1977）赤井慧爾ほか訳『文明化の過程　ヨーロッパ上流階層の風俗の変遷（上）』法政大学出版局。
サイード，エドワード（1993）今沢紀子訳『オリエンタリズム（下）』平凡社ライブラリー。
スクレアー，レスリー（1995）野沢慎司訳『グローバル・システムの社会学』玉川大学出版部。
千葉悠志（2014）『現代アラブ・メディア　越境するラジオから衛星テレビへ』ナカニシヤ出版。
トムリンソン，ジョン（1993）片岡信訳『文化帝国主義』青土社。
ドルフマン，アリエル／マトゥラール，アルマン（1984）山崎カヲル訳『ドナルド・ダックを読む』晶文社。
フレデリック，ハワード・H.（1996）川端末人ほか訳『グローバル・コミュニケーション　新世界秩序を迎えたメディアの挑戦』松柏社。
マイルズ，ヒュー（2005）河野純治訳『アルジャジーラ　報道の戦争　すべてを敵に回したテレビ局の果てしなき闘い』光文社。
毛利嘉孝（2011）「テレビ文化交流の歴史」（岩渕功一編『対話としてのテレビ文化　日・韓・中を架橋する』ミネルヴァ書房）。

Gillespie, M. (1997) 'Local uses of the media: negotiating culture and identity,' in A. Sreberny-Mohammadi et al. (eds.) *Media in Global Context: A Reader*, Arnold.
Hafez, K. (2007) Skinner, A. (trans.) *The Myth of Media Globalization*, Polity Press.
Hamelink, C. J. (1983) *Cultural Autonomy in Global Communications: Planning National Information Policy*, Longman.
Liebes, T. and Katz, E. (1993) *The Export of Meaning: Cross-Cultural Readings of Dallas (2nd edition)*, Polity Press.
Madianou, M. (2005) *Mediating the Nation: News, Audiences and the Politics of Identity*, UCL Press.
Roach, C. (1997) 'Cultural imperialism and resistance in media theory and literary theory,' in *Media, Culture & Society*, vol. 19(1), pp. 47-66.
Schiller, H. I. (1991) 'Not yet the post-imperialist era,' in *Critical Studies in Mass Communication*, vol. 8(1), pp. 13-28.

[第9講]
石光勝（2011）『テレビ局削減論』新潮新書。
ヴァン・ウォルフレン，カレル（1994）篠原勝訳『日本／権力構造の謎（上）（下）』ハヤカワ文庫NF。
奥村健太（2013）『それでもテレビは死なない　映像制作の現場で生きる！』技術評論社。
大治朋子（2013）『アメリカ・メディア・ウォーズ　ジャーナリズムの現在地』講談社現代新書。
河北新報社（2011）『河北新報のいちばん長い日　震災下の地元紙』文藝春秋。
河内孝（2007）『新聞社　破綻したビジネスモデル』新潮新書。

ゴールディング，ピーター／マードック，グラハム（1995）杉山あかし訳「文化，コミュニケーション，そして政治経済学」（ジェームズ・カラン／マイケル・グレヴィッチ編，児島和人／相田敏彦監訳『マスメディアと社会　新たな理論的潮流』勁草書房）。
谷村智康（2005）『CM化するニッポン　なぜテレビが面白くなくなったのか』WAVE出版。
辻隆太朗（2012）『世界の陰謀論を読み解く　ユダヤ・フリーメーソン・イルミナティ』講談社現代新書。
中川勇樹（2009）『テレビ局の裏側』新潮新書。
ハーヴェイ，デヴィッド（2007）渡辺治監訳『新自由主義　その歴史的展開と現在』作品社。
ヒトラー，アドルフ（1973）平野一郎／将積茂訳『わが闘争（上）民族主義的世界観』角川文庫。
マクネア，ブライアン（2006）小川浩一／赤尾光史監訳『ジャーナリズムの社会学』リベルタ出版。
マートン，ロバート・K.（1961）森東吾ほか訳『社会理論と社会構造』みすず書房。
門奈直樹（2014）『ジャーナリズムは再生できるか　激変する英国メディア』岩波書店。
山本浩（2004）『仁義なき英国タブロイド伝説』新潮新書。
湯淺正敏（2006）「放送」（湯淺正敏ほか『メディア産業論』有斐閣）。
Garde, A.（2011）'Towards the liberalisation of product placement on UK television ?,' in *Communications Law*, vol. 16(3), pp. 92-99.
Redden, J.（2014）*The Mediation of Poverty: The News, New Media, and Politics*, Lexington Books.
Uslaner, E.（2002）*The Moral Foundations of Trust*, Cambridge University Press.

［第10講］

青木理ほか（2012）『メディアの罠　権力に加担する新聞・テレビの深層』産学社。
浅野健一（1987）『犯罪報道の犯罪』講談社文庫。
梓澤和幸（2007）『報道被害』岩波新書。
岩瀬達哉（2001）『新聞が面白くない理由』講談社文庫。
烏賀陽弘道（2005）『『朝日』ともあろうものが。』徳間書店。
小城英子（1997）『阪神大震災とマスコミ報道の功罪　記者たちの見た大震災』明石書店。
小林雅一（2003）『隠すマスコミ，騙されるマスコミ』文春新書。
佐々木伸（1992）『ホワイトハウスとメディア』中公新書。
佐々木隆（1999）『メディアと権力』中央公論新社。
佐々木俊尚（2013）「アルジェリア人質殺害事件とメディアスクラム」（http://www.pressa.jp/blog/2013/01/post-8.html）［2015/9/20アクセス］。
佐野眞一（2008）『目と耳と足を鍛える技術　初心者からプロまで役立つノンフィクション入門』ちくまプリマー新書。
澤康臣（2010）『英国式事件報道　なぜ実名にこだわるのか』文藝春秋。
鈴木伸元（2010）『加害者家族』幻冬舎新書。
スマイリーキクチ（2011）『突然，僕は殺人犯にされた　ネット中傷被害を受けた10年間』竹書房。
高橋シズヱ／河原理子編（2005）『〈犯罪被害者〉が報道を変える』岩波書店。

鶴木眞編（1999）『客観報道　もう一つのジャーナリズム論』成文堂。
林利隆（1993）「『記者クラブ』制度とジャーナリズム」（田村紀雄／林利隆編『ジャーナリズムを学ぶ人のために』世界思想社）。
原寿雄（1997）『ジャーナリズムの思想』岩波新書。
本白水智也（2013）「アルジェリア人質拘束事件　実名報道　朝日新聞記者と私のやりとり」（http://livemedia.jp/?p=1363）［2015/11/30 アクセス］
Street, J. (2001) *Mass Media, Politics and Democracy*, Palgrave.

[第11講]

アーレント，ハナ（1974）大久保和郎／大島かおり訳『全体主義の起原（3巻）全体主義』みすず書房。
石田勇治（2015）『ヒトラーとナチ・ドイツ』講談社現代新書。
ウォルツァー，マイケル（1999）山口晃訳『正義の領分　多元性と平等の擁護』而立書房。
烏賀陽弘道（2005）『Jポップとは何か　巨大化する音楽産業』岩波新書。
カッツ，エリフ／ラザースフェルド，ポール（1965）竹内郁郎訳『パーソナル・インフルエンス　オピニオン・リーダーと人びとの意思決定』培風館。
蒲島郁夫（2010）「モデルの提起」（蒲島郁夫ほか『改訂版　メディアと政治』有斐閣）。
キャントリル，ハードレイ（1971）斉藤耕二／菊池章夫訳『火星からの侵入　パニックの社会心理学』川島書店。
クラッパー，ジョゼフ（1966）NHK放送学研究室訳『マス・コミュニケーションの効果』日本放送出版協会。
佐藤卓己（1992）『大衆宣伝の神話　マルクスからヒトラーへのメディア史』弘文堂。
───（1996）「ファシスト的公共性」（井上俊ほか編『民族・国家・エスニシティ』岩波書店）。
───（1998）『現代メディア史』岩波書店。
ヒトラー，アドルフ（1973）平野一郎／将積茂訳『わが闘争（下）国家社会主義運動』角川文庫。
マンハイム，カール（1954）高橋徹／青井和夫訳『現代の診断』みすず書房。
ラザースフェルド，ポール・F．ほか（1987）有吉広介監訳『ピープルズ・チョイス　アメリカ人と大統領選挙』芦書房。
ロジャーズ，エベレット（2007）三藤利雄訳『イノベーションの普及』翔泳社。
Lang, K. (1996) 'the European roots,' in E. Dennis and E. Wartella (eds.) *American Communication Research: The Remembered History*, Routledge.
Lubken, D. (2008) 'Remembering the straw man: the travels and adventures of hypodermic,' in D. Park and J. Pooley, *The History of Media and Communication Research: Contested Memories*, Peter Lang.
Pooley, J. (2006) 'Fifteen pages that shook the field: "Personal Influence", Edward Shils, and the remembered history of mass communication research,' in *The Annals of the American Academy of Political and Social Science*, vol. 608(1), pp. 130-156.
Pooley, J and Socolow, M. (2013) 'The myth of the war of the worlds panic,' (http://www.slate.com/articles/arts/history/2013/10/orson_welles_war_of_the_worlds_panic_myth_the_

infamous_radio_broadcast_did.html)［2015/1/18 アクセス］.
Schramm, W. (1964) *Mass Media and National Development: The Role of Information in the Developing Countries*, Stanford University Press.
Sproule, J. M. (1997) *Propaganda and Democracy: The American Experience of Media and Mass Persuasion*, Cambridge University Press.

［第12講］
阿部潔（2001）『彷徨えるナショナリズム　オリエンタリズム／ジャパン／グローバリゼーション』世界思想社．
ウィーバー，デービッド・H．ほか（1988）竹下俊郎訳『マスコミが世論を決める　大統領選挙とメディアの議題設定機能』勁草書房．
大石裕（2005）『ジャーナリズムとメディア言説』勁草書房．
烏谷昌幸（2001）「フレーム形成過程に関する理論的一考察　ニュース論の統合化に向けて」（『マス・コミュニケーション研究』58号，pp. 78-93）．
上坂昇（1994）『キング牧師とマルコムX』講談社現代新書．
竹下俊郎（2008）『増補版　メディアの議題設定機能　マスコミ効果研究における理論と実証』学文社．
タックマン，ゲイ（1991）鶴木眞／櫻内篤子訳『ニュース社会学』三嶺書房．
バラン，スタンリー／デイビス，デニス（2007）宮崎寿子監訳『マス・コミュニケーション理論　メディア・文化・社会（上）』新曜社．
ブーアスティン，ダニエル（1964）星野郁美／後藤和彦訳『幻影の時代　マスコミが製造する事実』東京創元社．
藤田真文（2000）「放送メディア」（大石裕ほか『現代ニュース論』有斐閣）．
マクネア，ブライアン（2006）小川浩一／赤尾光史監訳『ジャーナリズムの社会学』リベルタ出版．
マコームズ，マックスウェルほか（1994）大石裕訳『ニュース・メディアと世論』関西大学出版部．
安田峰俊（2015）『境界の民　難民，遺民，抵抗者。国と国の境界線に立つ人々』角川書店．
リップマン，ウォルター（1987）掛川トミ子訳『世論（上／下）』岩波文庫．
Berelson, B. (1959) 'The state of communication research,' in *Public Opinion Quarterly*, vol. 23 (1), pp. 1-6.
Brindle, D. (1999) 'Media coverage of social policy: a journalist's perspective,' in B. Franklin (ed.) *Social policy, the media and misrepresentation*, Routledge.
Carruthers, S. (2000) *The Media at War: Communication and Conflict in the Twentieth Century*, Palgrave Macmillan.
Galtung, J. and Ruge, M. H. (1965) 'The structure of foreign news: the presentation of the Congo, Cuba and Cyprus crises in four Norwegian newspapers,' in *Journal of Peace Research*, vol. 2(1), pp. 64-90.
Johnson-Cartee, K. S. (2005) *News Narratives and News Framing: Constructing Political Reality*, Rowman & Littlefield.
Kingdon, J. (2011) *Agendas, Alternatives, and Public Policies (Updated 2nd edition)*, Longman.

Krosnick, J. (1990) 'Government policy and citizen passion: a study of issue publics in contemporary America,' in *Political Behavior*, vol. 12(1), pp. 59-92.
Lazarsfeld, P. (1952) 'The prognosis for international communications research,' in *Public Opinion Quarterly*, vol. 16(4), pp. 481-490.
Rogers, E. and Dearing, J. (1988) 'Agenda-setting research: where has it been? where is it going?,' in *Communication Yearbook*, vol. 11, pp. 555-594.
Walgrave, S. and van Aelst, P. (2006) 'The contingency of the mass media's political agenda setting power: toward a preliminary theory,' in *Journal of Communication*, vol. 56(1), pp. 88-109.

[第13講]
アーレント，ハナ（1972）大島通義／大島かおり訳『全体主義の起原（2巻）帝国主義』みすず書房．
後藤将之（1999）『コミュニケーション論　愛と不信をめぐるいくつかの考察』中公新書．
佐々木輝美（1996）『メディアと暴力』勁草書房．
佐藤卓己（2002）「ナチズムのメディア学」（小森陽一ほか編『メディアの力学』岩波書店）．
佐藤毅（1990）『マスコミの受容理論　言説の異化媒介的変換』法政大学出版局．
内閣府（2012）「「治安に関する特別世論調査」の概要」（http://survey.gov-online.go.jp/tokubetu/h24/h24-chian.pdf）［2015/9/25 アクセス］．
ノエル＝ノイマン，エリザベート（1997）池田謙一ほか訳『沈黙の螺旋理論　世論形成過程の社会心理学（改訂版）』ブレーン出版．
パットナム，ロバート・D．（2006）柴内康文訳『孤独なボウリング　米国コミュニティの崩壊と再生』柏書房．
浜井浩一／芹沢一也（2006）『犯罪不安社会　誰もが「不審者」？』光文社新書．
バラン，スタンリー／デイビス，デニス（2007）宮崎寿子監訳『マス・コミュニケーション理論　メディア・文化・社会（上）』新曜社．
安野智子（2006）『重層的な世論形成過程　メディア・ネットワーク・公共性』東京大学出版会．
山本七平（1983）『「空気」の研究』文春文庫．
Butsch, R. (2003) 'Ralph, Fred, Archie, and Homer: why television keeps re-creating the white male working class buffoon,' in G. Dines and J. Humez (eds.) *Gender, Race and Class in Media: A Text-Reader (2nd edition)*, Sage.
Carrabine, E. (2008) *Crime, Culture and the Media*, Polity Press.
Gerbner, G., et al. (1980) 'Television Violence, Victimization, and Power,' in *American Behavioral Scientist*, vol. 23(5), pp. 705-716.
――― (1986) 'Living with television: the dynamics of the cultivation process,' in D. Zillmann and J. Bryant (eds.) *Perspectives on Media Effects*, Lawrence Erlbaum Associates.
Kellner, D. (1995) *Media Culture: Cultural Studies, Identity and Politics between the Modern and the Postmodern*, Routledge.
Perloff, R. (1999) 'The third-person effect: a critical review and synthesis,' in *Media Psychology*, vol. 1(4), pp. 353-378.

Potter, W. J. (2014) 'A critical analysis of cultivation theory,' in *Journal of Communication*, vol. 64(6), pp. 1015-1036.
Putnam, R. (1995) 'Tuning in, tuning out: the strange disappearance of social capital in America,' in *Political Science and Politics*, vol. 28(4), pp. 664-683.
Uslaner, E. (1998) 'Social capital, television, and the "mean world": trust, optimism, and civic participation,' in *Political Psychology*, vol. 19(3), pp. 441-467.
Vallone, R., et al. (1985) 'The hostile media phenomenon: biased perception and perceptions of media bias in coverage of the Beirut massacre,' in *Journal of Personality and Social Psychology*, vol. 49(3), pp. 577-585.

[第14講]

大石裕（1998）『政治コミュニケーション　理論と分析』勁草書房。
蒲島郁夫（2010）「モデルの提起」（蒲島郁夫ほか『改訂版　メディアと政治』有斐閣）。
カペラ，ジョゼフ／ジェイミソン，キャスリーン（2005）平林紀子ほか監訳『政治報道とシニシズム　戦略型フレーミングの影響過程』ミネルヴァ書房。
佐藤卓己（2008）『輿論と世論　日本的民意の系譜学』新潮選書。
シャットシュナイダー，エリック（1972）内山秀夫訳『半主権人民』而立書房。
シュミット，カール（1970）田中浩ほか訳『政治的なものの概念』未来社。
田村哲樹（2008）『熟議の理由　民主主義の政治理論』勁草書房。
ダール，ロバート（1988）河村望ほか訳『統治するのはだれか　アメリカの一都市における民主主義と権力』行人社。
千葉眞（1995）『ラディカル・デモクラシーの地平　自由・差異・共通善』新評論。
花田達朗（1996）『公共圏という名の社会空間　公共圏，メディア，市民社会』木鐸社。
ハーバーマス，ユルゲン（1994）細谷貞雄ほか訳『公共性の構造転換　市民社会の一カテゴリーについての探究（第2版）』未来社。
ヘイ，コリン（2012）吉田徹訳『政治はなぜ嫌われるのか　民主主義の取り戻し方』岩波書店。
峰久和哲（2010）「新聞の世論調査手法の変遷」（『マス・コミュニケーション研究』77号，pp. 39-58)。
ミリバンド，ラルフ（1970）田口富久治訳『現代資本主義国家論　西欧権力体系の一分析』未来社。
ミルズ，ライト（1969）鵜飼信成／綿貫譲治訳『パワー・エリート（上／下）』東京大学出版会。
ムフ，シャンタル（1998）千葉眞ほか訳『政治的なるものの再興』日本経済評論社。
山腰修三（2012）『コミュニケーションの政治社会学　メディア言説・ヘゲモニー・民主主義』ミネルヴァ書房。
ルークス，スティーヴン（1995）中島吉弘訳『現代権力論批判』未来社。
Bell, C. and Entman, R. (2011) 'The Media's Role in America's Exceptional Politics of Inequality Framing the Bush Tax Cuts of 2001 and 2003,' in *The International Journal of Press/Politics*, vol. 16(4), pp. 548-572.
Dahl, R. (1958) 'A Critique of the Ruling Elite Model,' in *American Political Science Review*, vol. 52(2), pp. 463-469.

Flinders, M. (2012) *Defending Politics: Why Democracy Matters in the Twenty-first Century*, Oxford University Press.
Gilens, M. (2012) *Affluence and Influence: Economic Inequality and Political Power in America*, Princeton University Press.

[第 15 講]
赤川学(2012)『社会問題の社会学』弘文堂。
内田良(2009)『「児童虐待」へのまなざし 社会現象はどう語られるのか』世界思想社。
キッセ, ジョン／スペクター, マルコム(1990)村上直之ほか訳『社会問題の構築 ラベリング理論をこえて』マルジュ社。
坂本真士／影山隆之(2005)「報道が自殺行動に及ぼす影響 その展望と考察」(『こころの健康』vol. 20(2), pp. 62-72。
サンスティーン, キャス(2015)角松生史／内野美穂監訳『恐怖の法則 予防原則を超えて』勁草書房。
太宰治(1989)『人間失格・桜桃』角川文庫。
徳岡秀雄(1997)『社会病理を考える』世界思想社。
中河伸俊(1999)『社会問題の社会学 構築主義アプローチの新展開』世界思想社。
中村政雄(2004)『原子力と報道』中公新書ラクレ。
浜井浩一／芹沢一也(2006)『犯罪不安社会 誰もが「不審者」?』光文社新書。
ベッカー, ハワード(1978)村上直之訳『アウトサイダーズ ラベリング理論とはなにか』新泉社。
ベック, ウルリヒ(1998)東廉／伊藤美登里訳『危険社会 新しい近代への道』法政大学出版局。
マートン, ロバート・K.(1961)森東吾ほか訳『社会理論と社会構造』みすず書房。
間庭充幸(1982)『犯罪の社会学 戦後犯罪史』世界思想社。
ミルズ, ライト(1971)青井和夫訳「社会病理学者の職業的イデオロギー」(アーヴィング・ホロビッツ編, 青井和夫／本間康平監訳『権力・政治・民衆』みすず書房)。
Blalock, G., et al. (2009) 'Driving fatalities after 9/11: a hidden cost of terrorism,' in *Applied Economics*, vol. 41(14), pp. 1717-1729.
Cohen, S. (2002) *Folk Devils and Moral Panics: The Creation of the Mods and Rockers (3rd Edition)*, Routledge.
Jenkins, P. (1992) *Intimate Enemies: Moral Panics in Contemporary Great Britain*, Aldine de Gruyter.
Waddington, P. A. J. (1986) 'Mugging as a moral panic: a question of proportion,' in *The British Journal of Sociology*, vol. 37(2), pp. 245-259.

[第 16 講]
奥村隆(1998)『他者といる技法 コミュニケーションの社会学』日本評論社。
クリスティーエ, ニルス(2004)齋藤哲訳「理想的な被害者」(『東北学院大学論集 法律学』63 号, pp. 274-256)。
鈴木智之(2013)『「心の闇」と動機の語彙 犯罪報道の一九九〇年代』青弓社。

芹沢一也（2006）『ホラーハウス社会　法を犯した「少年」と「異常者」たち』講談社+α新書。
高橋シズヱ／河原理子編（2005）『〈犯罪被害者〉が報道を変える』岩波書店。
土井隆義（2012）『少年犯罪〈減少〉のパラドクス』岩波書店。
浜井浩一／芹沢一也（2006）『犯罪不安社会　誰もが「不審者」？』光文社新書。
広田照幸（1999）『日本人のしつけは衰退したか　「教育する家族」のゆくえ』講談社現代新書。
見田宗介（2008）『まなざしの地獄　尽きなく生きることの社会学』河出書房新社。
ミルズ，ライト（1971）田中義久訳「状況化された行為と動機の語彙」（アーヴィング・ホロビッツ編，青井和夫／本間康平監訳『権力・政治・民衆』みすず書房）。
山本譲司（2006）『累犯障害者　獄の中の不条理』新潮社。
レヴィット，スティーヴン／ダブナー，スティーヴン（2006）望月衛訳『ヤバい経済学　悪ガキ教授が世の裏側を探検する』東洋経済新報社。
Goodey, J. (2004) *Victims and Victimology: Research, Policy and Practice*, Pearson.
Jewkes, Y. (2004) *Media and Crime*, Sage.
Marsh, I. and Melville, G. (2009) *Crime, Justice and the Media*, Routledge.
Meyers, M. (1996) *News Coverage of Violence against Women: Engendering Blame*, Sage.
Wardle, C. (2007) 'Monsters and angels: visual press coverage of child murders in the USA and UK, 1930-2000,' in *Journalism*, vol. 8(3), pp. 263-284.

[第17講]

新井直之（2014）「大人が『子どもの貧困』を隠してきた　『チャイルド・プア』著者・新井直之氏インタビュー」（http://synodos.jp/newbook/11210）[2015/9/18アクセス]。
エスピン=アンデルセン，イエスタ（2011）大沢真理監訳『平等と効率の福祉革命　新しい女性の役割』岩波書店。
NHK取材班（2012）『NHKスペシャル　生活保護3兆円の衝撃』宝島社。
苅谷剛彦（1995）『大衆教育社会のゆくえ　学歴主義と平等神話の戦後史』中公新書。
国立大学法人お茶の水女子大学（2014）「平成25年度全国学力・学習状況調査（きめ細かい調査）の結果を活用した学力に影響を与える要因分析に関する調査研究」（http://www.nier.go.jp/13chousakekkahoukoku/kannren_chousa/pdf/hogosha_summary.pdf）[2015/9/18アクセス]。
佐藤俊樹（2002）『00年代の格差ゲーム』中央公論新社。
バウマン，ジグムント（2008）伊藤茂訳『新しい貧困　労働，消費主義，ニュープア』青土社。
山野良一（2014）『子どもに貧困を押しつける国・日本』光文社新書。
吉田徹（2014）『感情の政治学』講談社選書メチエ。
リスター，ルース（2011）松本伊智朗監訳『貧困とはなにか　概念・言説・ポリティクス』明石書店。
Anderson, E. (1999) 'What is the point of equality,' in *Ethics*, vol. 109(2), pp. 287-337.
Gilens, M. (1999) *Why Americans Hate Welfare: Race, Media, and the Politics of Antipoverty Policy*, University of Chicago Press.
Golding, P. and Middleton, S. (1982) *Images of Welfare: Press and Public Attitudes to Poverty*, Basil Blackwell.
Jones, O. (2012) *Chavs: the Demonization of the Working Class (Updated edition)*, Verso.

Larsen, C.（2013）*The Rise and Fall of Social Cohesion: The Construction and Deconstruction of Social Trust in the US, UK, Sweden and Denmark*, Oxford University Press.
Redden, J.（2014）*The Mediation of Poverty: The News, New Media, and Politics*, Lexington Books.
Rothstein, B.（1998）*Just Institutions Matter: The Moral and Political logic of the Universal Welfare State*, Cambridge University Press.
Rothstein, B. and Uslaner, E.（2005）'All for all: equality, corruption, and social trust,' in *World Politics*, vol. 58(1), pp. 41-72.
van Oorschot, W.（2008）'Popular deservingness perceptions and conditionality of solidarity in Europe,' in W. van Oorschot, M. Opielka and B. Pfau-Effinger（eds.）*Culture and Welfare State: Values and Social Policy in Comparative Perspective*, Edward Elgar.
Uslaner, E.（2002）*The Moral Foundations of Trust*, Cambridge University Press.

［第18講］

石川准（1992）『アイデンティティ・ゲーム　存在証明の社会学』新評論。
キムリッカ，ウィル（2012）岡崎晴輝ほか監訳『土着語の政治　ナショナリズム・多文化主義・シティズンシップ』法政大学出版局。
小坂井敏晶（2002）『民族という虚構』東京大学出版会。
サンスティーン，キャス（2003）石川幸憲訳『インターネットは民主主義の敵か』毎日新聞社。
島田幸典（2011）「ナショナル・ポピュリズムとリベラル・デモクラシー　比較分析と理論研究のための視角」（河原祐馬ほか編『移民と政治』昭和堂）。
高史明（2015）『レイシズムを解剖する　在日コリアンへの偏見とインターネット』勁草書房。
ハージ，ガッサン（2008）塩原良和訳『希望の分配メカニズム　パラノイア・ナショナリズム批判』御茶の水書房。
樋口直人（2014）『日本型排外主義　在特会・外国人参政権・東アジア地政学』名古屋大学出版会。
マートン，ロバート・K.（1961）森東吾ほか訳『社会理論と社会構造』みすず書房。
宮本太郎（2013）『社会的包摂の政治学』ミネルヴァ書房。
ミューラー，クラウス（1978）辻村明／松村健生訳『政治と言語』東京創元社。
師岡康子（2013）『ヘイト・スピーチとは何か』岩波新書。
安田浩一（2012）『ネットと愛国　在特会の「闇」を追いかけて』講談社。
────（2015）『ヘイトスピーチ　「愛国者」たちの憎悪と暴力』文春新書。
吉野耕作（1997）『文化ナショナリズムの社会学　現代日本のアイデンティティの行方』名古屋大学出版会。
李信恵（2015）『＃鶴橋安寧　アンチ・ヘイト・クロニクル』影書房。
Conversi, D.（2012）'Irresponsible radicalisation: diasporas, globalisation and long-distance nationalism in the digital age,' in *Journal of Ethnic and Migration Studies*, vol. 38(9), pp. 1357-1379.
Ellinas, A.（2010）*The Media and the Far Right in Western Europe: Playing the Nationalist Card*, Cambridge University Press.
Gilens, M.（1999）*Why Americans Hate Welfare: Race, Media, and the Politics of Antipoverty*

Policy, University of Chicago Press.
Hafez, K.（2007）Skinner, A.（trans.）*The Myth of Media Globalization*, Polity Press.
Hall, S.（1997）'The spectacle of the 'other',' in Hall, S.（ed.）*Representation: Cultural Representations and Signifying Practices*, Sage.
Richey, S.（2010）'The Impact of Anti-Assimilationist Beliefs on Attitudes toward Immigration,' in *International Studies Quarterly*, vol. 54（1）, pp. 197-212.

［第 19 講］

有馬哲夫（2008）『原発・正力・CIA　機密文書で読む昭和裏面史』新潮新書。
井川充雄（2002）「原子力平和利用博覧会と新聞社」（津金澤聰廣編『戦後日本のメディア・イベント　［1945-1960 年］』世界思想社）。
大鹿靖明（2012）『メルトダウン　ドキュメント福島第一原発事故』講談社。
開沼博（2011）『「フクシマ」論　原子力ムラはなぜ生まれたのか』青土社。
烏谷昌幸（2012）「戦後日本の原子力に関する社会的認識　ジャーナリズム研究の視点から」（大石裕編『戦後日本のメディアと市民意識　「大きな物語」の変容』ミネルヴァ書房）。
柴田鐵治／友清裕昭（1999）『原発国民世論　世論調査にみる原子力意識の変遷』ERC 出版。
柴田秀利（1995）『戦後マスコミ回遊記（下）』中公文庫。
上丸洋一（2012）『原発とメディア　新聞ジャーナリズム 2 度目の敗北』朝日新聞出版。
武田徹（2011）『私たちはこうして「原発大国」を選んだ　増補版「核」論』中公新書ラクレ。
ダヤーン，ダニエル／カッツ，エリユ（1996）浅見克彦訳『メディア・イベント　歴史をつくるメディア・セレモニー』青弓社。
中日新聞社会部編（2013）『日米同盟と原発　隠された核の戦後史』東京新聞。
津田正太郎（2013）「『原発安全神話』は実在したか？　朝日・読売両紙における『虚偽』と『油断』の神話」（保田龍夫編『大震災・原発とメディアの役割　報道・論調の検証と展望』新聞通信調査会）。
内閣府（2006）「エネルギーに関する世論調査　原子力エネルギーに対する意識・関心について」（http://survey.gov-online.go.jp/h17/h17-energy/2-3.html）［2015/9/15 アクセス］。
福島原発事故独立検証委員会（2012）『福島原発事故独立検証委員会　調査・検証報告書』ディスカヴァー・トゥエンティワン。
本間龍（2013）『原発広告』亜紀書房。
宮島理（2011）「カマトトぶる日本人」（http://getnews.jp/archives/121216）［2015/9/15 アクセス］。
山本昭宏（2012）『核エネルギー言説の戦後史 1945-1960　「被爆の記憶」と「原子力の夢」』人文書院。
─── （2015）『核と日本人　ヒロシマ・ゴジラ・フクシマ』中公新書。
吉見俊哉（1996）「メディア・イベント概念の諸相」（津金澤聰廣編『近代日本のメディア・イベント』同文舘出版）。
─── （2012）『夢の原子力　Atoms for Dream』ちくま新書。
Hay, C.（2002）*Political Analysis: A Critical Introduction*, Palgrave.

[おわりに]
ヴェーバー，マックス（1998）富永祐治ほか訳『社会科学と社会政策にかかわる認識の「客観性」』岩波文庫。
ギデンズ，アンソニー（1993）松尾精文／小幡正敏訳『近代とはいかなる時代か？　モダニティの帰結』而立書房。
庄司薫（1973）『狼なんかこわくない』中公文庫。
ターナー，グレアム（1999）溝上由紀ほか訳『カルチュラル・スタディーズ入門　理論と英国での発展』作品社。

あとがき

　メディア研究の入門書を書きたいと思い始めたのは，もうずいぶん前のことになります。講義で使える教科書が欲しいという理由に加えて，メディア研究の面白さ，楽しさがうまく伝わらないというもどかしさをずっと感じていたからです。本書でその目的を達成できたのかということについてはまったく自信が持てませんが，読者のみなさんが何か一つでも興味の持てるトピックを見つけ，それをきっかけとして知識を深めていっていただけるのであれば，筆者としてこれほど嬉しいことはありません。

　こういった入門書は複数の筆者がそれぞれに得意なトピックで書くことが多いのですが，今回はテーマに統一性を持たせるために今回はあえて一人で書きました。本書では数多くのトピックを取り上げましたから，それぞれ領域に詳しい方々からすれば不十分な点があるかもしれません。その場合には遠慮なくご指摘いただければ幸いです。

　この本が完成するまでにはたくさんの方にご協力をいただきました。最初に挙げねばならないのは，世界思想社編集部の方々です。当初，筆者には本書を筒井康隆の小説『文学部唯野教授』のようなスタイルで書きたいという無謀な野心がありました。大学生を主人公にした小説パートと講義パートから構成されるという著作です。結局，小説パートと講義パートとのつながりをどうしても作れなかったことから，オーソドックスな入門書のスタイルを採用することに決めました。最初の段階で書いていた小説風の原稿をいま読み返すと，中二病の記憶のせいで地面を転げまわりたくなる高校生のような気持ちになります。編集部の方々は著者のそうした勘違いや試行錯誤を（生？）暖かく見守り，完成にいたるまで手厚いご支援を頂きました。そのご助力がなければ本書が日の目を見ることはなかったと言っても過言ではありません。

　本書を執筆するにあたっては，草稿の一部を多くの方々に読んでいただきました。2015年度法政大学社会学部基礎演習（R2組），演習1および演習2（津田研究会），同大学院社会学研究科メディアコースメディア社会学基礎演習1の受講者の方々からのコメントにはいろいろと教えられました。なかでも，社会学研究科修士課程の松下峻也さんからは数多くの重要なコメントをいただきました。

烏谷昌幸さん，土居洋平さん，仁平典宏さん，山口仁さん，湯本和寛さんにはそれぞれ専門的かつ貴重なコメントをいただきました。特に湯本さんからは，マスメディア取材に関する筆者には知り得ない情報を数多く教えていただきました。ただし，本書に含まれうる誤りはすべて筆者の責任によるものです。

　筆者の研究者としての歩みについては，学部生の時代からずっと公私にわたってお世話になってきた大石裕先生を抜きにしては語ることができません。筆者が学問の面白さに目覚めたのは，先生からのご指導によるところが甚だ大きいからです。学問に対して常に真摯であり続けている先生の背中からは，いまも多くの事を学ばせていただいています。今回，教科書を書きたいという話をさせていただいたところ，先生からは「他の教科書に頼って書いた教科書は面白くない」という趣旨のアドバイスをいただきました。本書の執筆にあたってはできるだけ教科書的な型に嵌まらないように心がけましたが，もしかすると型をはみ出しすぎたかもしれないという不安もまた拭えません。

　筆者の勤務先である法政大学社会学部には大変に恵まれた教育／研究環境を提供していただいています。メディア社会学科の教員の方々は言うまでもなく，社会学科，社会政策科学科の教員の方々からも数多くの刺激を受けてきました。なかでも本書の第三部は，「社会問題の原因を究明し，社会全体を向上させる方法を考え，提言する」ことを目指す法政大学社会学部にいるからこそ，書くことができたと考えています。

　また，私的な話ではありますが，父・雄二，母・洋子に感謝を表したいと思います。家業を放り出し，遠く離れた東京でよく分からない学問にうつつを抜かしている息子を，それでも暖かく見守ってくれている両親は，筆者にとっての誇りでもあります。

　最後に，筆者をいつも支えてくれている，妻・恭子，長女・苑香，長男・有希也に本書を捧げたいと思います。

2016 年 1 月
津田正太郎

索　引

人名索引

[あ行]
アイゼンハワー，ドワイト　204
浅沼稲次郎　109
梓澤和幸　108
アルチュセール，ルイ　18
アレント，ハンナ　6, 7, 11, 141
アンダーソン，ベネディクト　25-28
五十嵐太郎　55
イグナティエフ，マイケル　13, 29
ヴェーバー，マックス　214
ウォルツァー，マイケル　118
ウォルフレン，カレル・ヴァン　96
エリザベス 2 世　93
大平健　52
岡田有希子　159

[か行]
カッツ，エリユ　121
ガーブナー，ジョージ　135-139
ガルトゥング，ヨハン　128, 129
木村元彦　40
ギレンズ，マーティン　151
グーテンベルク，ヨハネス　43
ゲーテ，ヨハン・ヴォルフガング・フォン　159
ケネディ，ジョン・F.　67
ゲーリング，ヘルマン　33
小泉純一郎　130, 131, 176

[さ行]
サイード，エドワード　80
サッチャー，マーガレット　7
佐藤卓巳　153
佐野眞一　109
柴田英利　205, 206
柴田鐵治　208
シュミット，カール　154
庄司　薫　219
上丸洋一　209
正力松太郎　205, 210
スコット，バーバラ　141

スマイリーキクチ　110

[た行]
武田徹　ii-iv
太宰治　165
田中康夫　56
ダヤーン，ダニエル　205, 206
ダール，ロバート　149
トムリンソン，ジョン　85, 86
ドルフマン，アリエル　78, 79

[な行]
中曾根康弘　204
永山則夫　109, 171
ノエル=ノイマン，エリザベート　139-141

[は行]
パットナム，ロバート　138, 139
バーナーズ=リー，ティム　11
ハーバーマス，ユルゲン　152
ヒトラー，アドルフ　3, 33, 55, 89, 115, 116, 121, 122
ビリッグ，マイケル　30, 31
ブーアスティン，ダニエル　124
フーコー，ミシェル　17
フセイン，サッダーム　34
ブッシュ，ジョージ　39
ベッカー，ハワード　162
ベック，ウルリッヒ　167
ボードリヤール，ジャン　51

[ま行]
マクルーハン，マーシャル　3
マードック，ルパート　98
マートン，ロバート　160
マンデラ，ネルソン　129
マンハイム，カール　116
見田宗介　171
ミルズ，ライト　147, 149, 150
ムフ，シャンタル　154
村上春樹　25

メイジャー,ジョン　74

[や行]
山口二矢　109
山野良一　190
山本譲司　177, 178
湯川秀樹　205

ユゴー,ヴィクトル　51

[ら行]
ラザースフェルド,ポール　116, 121, 122
李信恵　201
リップマン,ウォルター　123, 124
ルークス,スティーヴン　147, 148

事項索引

[あ行]
愛国心（愛国主義）　22, 23, 28
朝日新聞　90, 93, 100, 106, 206, 208-210
アジェンダ構築　130-132, 148
アジェンダ（議題）設定　i, 123, 125, 126, 128, 130-135, 137, 148
『新たな夜明け』（ラジオドラマ）　72
アラブの春　21, 29
アル・ジャジーラ　81
ARPAネット　20
安全神話（原子力）　203, 208-212
意見分布の無知　142
イデオロギー　18, 20, 23, 24, 35, 78, 79, 97, 150, 151, 192, 197
移民　23, 76, 77, 154, 155, 183, 184, 191, 192, 195, 201
卑しい世界症候群　138
イラク戦争　34, 35, 37, 98
インターネット　i, v, 2, 3, 5, 8-11, 20, 38, 47, 48, 52, 60, 63, 76, 77, 85, 88, 92, 95, 100, 101, 103, 110, 113, 125, 129, 175, 176, 197-200, 215-217, 219
インナーサークル　103
陰謀論　31, 33, 46, 88-91, 96-98, 112, 121, 146
ウィキリークス　20
ウェルテル効果　159
『宇宙戦争』（ラジオドラマ）　115, 118, 121
衛星放送　76, 77, 80, 81, 91
SNS　21, 126
SMS　21
NHK　59, 90, 91, 179, 182, 184
Nシステム　15
エリート　41, 44, 70, 84, 85, 103, 118, 128, 130, 131, 146-148, 150-152, 155
　　パワー——　147, 149-151

遠隔地ナショナリスト　77
エンベッド取材　37
押し紙　93
オピニオン・リーダー　67, 70, 117, 118, 120, 147, 150
オリエンテーション欲求　133

[か行]
外国人犯罪　192, 193
価値自由　214
活版印刷　43, 44
議会制民主主義　69, 146, 155, 156
記号　46-50, 109
　　——消費　47, 50, 52, 63
擬似イベント　124, 125, 205
擬似環境　123, 124
『岸辺のアルバム』（テレビドラマ）　61
記者クラブ　ii, 101-103, 107, 108, 130
期待増大革命　66, 68, 78, 160, 161
旧ユーゴスラヴィア内戦　12, 13, 29, 30, 39, 40, 42, 73
共通善　152
共鳴現象　137, 138
強力効果理論　113, 114, 123
近代化　27, 51, 66-70
　　——論　65-69, 78
空気　12, 139, 140, 199, 219
クラウド・ファンディング　11
グローバル化　vi, 84, 85
経済格差　7, 57, 78, 151, 152, 179-181, 185-188
携帯電話　2, 4, 5, 9, 21, 62, 106
KDKA局　114
ゲートキーパー　127
ケーブルテレビ　74, 91

原子化　116, 122
原子力平和利用博覧会　204-206
原水爆禁止世界大会　204
限定効果理論　i, 113, 114, 116-123, 125, 126, 132, 136, 147, 149, 150
広告　50-53, 58, 62, 78, 79, 83, 91-97, 121, 144, 208
　スポット――　94
　タイム――　94
神戸連続児童殺傷事件　61, 172
公民権運動　68, 124
国益　22-24, 27, 38, 144
国民共同体　25, 28-31, 34, 44, 191
国民国家　13, 24, 55, 82
心の闇　172
国家のイデオロギー装置　18, 20, 24
コード　49, 50
コミュニケーションの二段階の流れ　117
コミュニケーション発展論　66-70, 78, 160
コミュニティラジオ　71
コンテンツ・ツーリズム　59

[さ行]
再帰性　214, 217
再帰的モニタリング　16
サイバーカスケード　198, 199, 218
差別　20, 22, 29, 30, 34, 59, 98, 104, 124, 125, 141, 155, 158, 164, 177, 178, 189, 192, 194-199
3億円事件　4
三次元的権力　147-149, 155, 215, 217
『3年B組金八先生』(テレビドラマ)　161
サンフランシスコ大地震　14
CNN　85
　――効果　74
ジェントリフィケーション　62, 64
支援に値しない貧困者　182-184, 188, 189
支援に値する貧困者　182-184, 187, 188
『時代とともに歩もう』(ラジオドラマ)　69
実名報道　108-110
児童虐待　158, 159, 163, 164, 166, 185
ジニ係数　186, 190
シニシズム　155, 156
芝浦放送局　114
資本主義　vi, 43-46, 51, 65, 66, 77, 147, 152, 181, 182, 191

市民的公共圏(論)　152
社会運動　11, 19, 20, 150, 154, 199
社会化　160, 167, 172
社会関係資本　138
社会決定論　4, 8-10
社会的構築主義　159, 165-167
社会的なもの　7
社会の木鐸　110, 111
社会病理学　159-162, 172
社会問題　vi, 59, 154, 158-160, 163, 166-168, 172, 178, 180, 189, 190, 193
従属論　68, 78
熟議民主主義(論)　153-155
宿命論　66, 169
出版言語　44
準拠集団　142
準統計的能力　140, 142, 143
少年犯罪　60, 61, 169
消費社会　45, 46, 50-52, 78
『消費社会の神話と構造』(ボードリヤール)　51
シリア内戦　73, 75
新自由主義　155
新世界情報秩序　80
新聞縦覧所　18
新聞販売店　92-94
信頼　25, 33, 35, 138, 139, 185-188
スティグマ　185
ステレオタイプ　195, 196
スマートフォン　i, 3, 4, 50, 62, 63
スマトラ沖大地震　75
スモールメディア　20
スリーマイル島原発事故　208
生活保護　59, 182-185, 189
政治的なもの　153, 154
聖地巡礼　59, 63
西南戦争　15
積極的差別是正措置　194
世論　20, 36, 38, 39, 41, 96-98, 111-114, 116, 122, 123, 125, 127, 130, 132, 139-144, 150, 151, 153, 184, 187, 189, 203-205, 207, 208, 211, 214
　国際――　34, 39, 41
　――操作　144, 147, 214, 217
『世論』(リップマン)　123
全国紙　90, 93, 104, 127

選択的接触／知覚／記憶　　117
先有傾向　　116-119
想像の共同体　　25, 30
相対的貧困　　180, 190
総力戦　　16, 32, 187

[た行]
第一次世界大戦　　29, 114
第五福竜丸事件　　204
第三者効果　　36, 112, 143, 144, 217
大衆　　4, 41, 84, 99, 115, 116, 118, 153
　　——社会論　　115-117, 122
第二次世界大戦　　3, 29, 32, 35
太平洋戦争　　31, 35
宅配制度　　92, 93
多元的社会論　　149, 150
タブロイド紙　　93, 99
『ダラス』（テレビドラマ）　　81, 82
『誰にも言えない』（テレビドラマ）　　61
チェルノブイリ原発事故　　208
地球温暖化　　158, 163, 167, 168
地方紙　　90, 92, 104
沈黙の螺旋（理論）　　122, 134, 139-143, 199
ツイッター　　i, 3, 21, 27, 143
通信社　　90, 101, 103
　　国際——　　79-81
T型フォード　　46, 47
ディズニーランド　　4, 5, 54, 56, 57, 62, 64
敵対的メディア認知　　143, 144
テーマパーク　　54, 56, 57, 60, 62-64, 95
伝統の創造　　55
動機　　iii, 71, 166, 171, 172
闘技民主主義（論）　　153-156
東京埼玉連続幼女誘拐事件　　105, 163, 172
東京電力女性社員殺人事件　　109, 174
統計的差別　　194
同情疲労　　75
『ドナルド・ダックを読む』（ドルフマン／マトゥラール）　　78

[な行]
ナショナリズム　　vi, 21-31, 43
　　公定——　　24
　　日常的——　　30
　　反日——　　198
ナチス　　7, 33, 35, 89, 114, 116, 121, 122, 141, 195
『なんとなく，クリスタル』（田中康夫）　　56
難民　　72, 75, 144, 155, 191, 198, 201
2ちゃんねる　　198
ニュースの網　　129, 130
ニュースバリュー　　73, 75, 128-130, 150, 170, 174
『人間失格』（太宰治）　　165
認知　　123, 126, 128, 132, 134-136, 139, 140, 192, 200
NIMBY　　211

[は行]
排外主義　　vi, 154, 189, 191, 192, 197-201, 213
培養理論　　134-137
『パーソナル・インフルエンス』（ラザースフェルド／カッツ）　　121
パターナリズム　　84-86, 149, 167, 215, 217
発表ジャーナリズム　　102, 109
ハードコア層　　140, 141
『花咲くいろは』（アニメ）　　59
『花より男子』（マンガ）　　83
パノプティコン　　17
『犯罪白書』　　193
犯罪報道　　v, 18, 19, 136, 169, 172, 173
阪神・淡路大震災　　106
東日本大震災　　ii, 31, 88, 94, 202
皮下注射理論　　114
光市母子殺害事件　　175
BBC　　73, 85, 114
ヒル・アンド・ノウルトン　　39
貧困の連鎖　　180, 181
フォロワー　　67, 117, 118, 150
普及学　　119, 120
複合的平等　　118
福祉　　7, 16, 17, 19, 20, 148, 177, 178, 181-185, 187-189, 191
　　——ショーヴィニズム　　191
福島原発事故　　97, 164, 176, 202, 208-211
プライミング効果　　132
プール取材　　36, 37
フレーム　　133, 134
プロダクト・プレースメント　　95, 96
ブロック紙　　90
プロパガンダ（政治宣伝）　　32-36, 40-42, 66, 67, 72, 114, 116, 121, 122, 215

文化商品　　68, 76, 78, 82, 83
文化帝国主義論　　68, 77, 78, 81-85, 217
米国同時多発テロ　　35, 88, 168
ヘイトスピーチ　　192, 199, 201
平和利用（原子力）　　203-207, 212
ベトナム戦争　　36, 68, 73
『ベネフィッツ・ストリート（給付金通り）』（ドキュメンタリー）　　59
偏見　　22, 30, 34, 60, 70, 72, 73, 78-80, 144, 175, 178, 185, 188, 189, 193, 196, 215, 219
報道被害　　ii, 101, 105, 106, 108, 110
暴力装置　　13-15, 17

[ま行]
マイノリティ　　57, 189, 192, 194-196
　モデル・――　　195
松本サリン事件　　106
魔法の弾丸効果理論　　113-117, 120-123, 132, 143
満州事変　　31
民族浄化　　13, 39, 40
『名探偵コナン』（アニメ）　　135, 136, 138
メディアイベント　　204-206
メディア（技術）決定論　　3, 8, 9, 121
メディアシステム依存理論　　145
メディア社会　　8, 11
メディアスクラム　　107, 108, 110
メディア多元主義論　　150, 151, 199
メディア人間　　3
メディアリテラシー　　vi, 145, 217, 218

メディア論　　3
物語　　54, 57, 83, 211
モラルパニック　　159, 161-168, 170, 212

[や行]
郵政民営化　　130-133
USIS　　205, 206
ユネスコ　　80
読売新聞　　90, 93, 130, 132, 204-206, 208-210
輿論　　153

[ら行]
ラジオ・アニー　　35
ラディカル・デモクラシー　　153
ラベリング理論　　161, 162, 165, 185
リスク　　16, 41, 53, 63, 110, 137, 167, 168, 199, 210-212
　――社会　　167
理想的な加害者　　174
理想的な被害者　　173-177, 184
利用と満足研究　　145
ルワンダ内戦　　72, 128
冷戦　　12, 39, 46, 65, 80, 203, 204

[わ行]
『わが闘争』（ヒトラー）　　89, 90, 115
ワーキングプア　　188
ワールドワイドウェブ　　9, 11
湾岸戦争　　36, 37, 39, 141